"十二五"国家重点图书出版规划项目

中国社会科学院创新工程学术出版资助项目

总主编：金 碚

经济管理学科前沿研究报告系列丛书

THE FRONTIER RESEARCH REPORT ON
THE DISCIPLINE OF
BRAND MANAGEMENT

李桂华 主 编

品牌管理学
学科前沿研究报告

经济管理出版社
ECONOMY & MANAGEMENT PUBLISHING HOUSE

图书在版编目（CIP）数据

品牌管理学学科前沿研究报告（2011~2013）/李桂华主编.—北京：经济管理出版社，2017.6
ISBN 978-7-5096-5002-8

Ⅰ.①品… Ⅱ.①李… Ⅲ.①品牌—企业管理—研究报告—中国 Ⅳ.①F279.23

中国版本图书馆 CIP 数据核字（2017）第 043571 号

组稿编辑：张 艳
责任编辑：张 艳 赵亚荣
责任印制：司东翔
责任校对：雨 千

出版发行：经济管理出版社
　　　　　（北京市海淀区北蜂窝 8 号中雅大厦 A 座 11 层 100038）
网 址：www.E-mp.com.cn
电 话：(010) 51915602
印 刷：玉田县昊达印刷有限公司
经 销：新华书店
开 本：787mm×1092mm/16
印 张：19
字 数：427 千字
版 次：2017 年 6 月第 1 版 2017 年 6 月第 1 次印刷
书 号：ISBN 978-7-5096-5002-8
定 价：69.00 元

《经济管理学科前沿研究报告》
专家委员会

《经济管理学科前沿研究报告》
编辑委员会

序　言

为了落实中国社会科学院哲学社会科学创新工程的实施，加快建设哲学社会科学创新体系，实现中国社会科学院成为马克思主义的坚强阵地、党中央国务院的思想库和智囊团、哲学社会科学的最高殿堂的定位要求，提升中国社会科学院在国际、国内哲学社会科学领域的话语权和影响力，加快中国社会科学院哲学社会科学学科建设，推进哲学社会科学的繁荣发展具有重大意义。

旨在准确把握经济和管理学科前沿发展状况，评估各学科发展近况，及时跟踪国内外学科发展的最新动态，准确把握学科前沿，引领学科发展方向，积极推进学科建设，特组织中国社会科学院和全国重点大学的专家学者研究撰写《经济管理学科前沿研究报告》。本系列报告的研究和出版得到了国家新闻出版广电总局的支持和肯定，特将本系列报告丛书列为"十二五"国家重点图书出版项目。

《经济管理学科前沿研究报告》包括经济学和管理学两大学科。经济学包括能源经济学、旅游经济学、服务经济学、农业经济学、国际经济合作、世界经济、资源与环境经济学、区域经济学、财政学、金融学、产业经济学、国际贸易学、劳动经济学、数量经济学、统计学。管理学包括工商管理学科、公共管理学科、管理科学与工程三个学科。工商管理学科包括管理学、创新管理、战略管理、技术管理与技术创新、公司治理、会计与审计、财务管理、市场营销、人力资源管理、组织行为学、企业信息管理、物流供应链管理、创业与中小企业管理等学科及研究方向；公共管理学科包括公共行政学、公共政策学、政府绩效管理学、公共部门战略管理学、城市管理学、危机管理学、公共部门经济学、电子政务学、社会保障学、政治学、公共政策与政府管理等学科及研究方向；管理科学与工程包括工程管理、电子商务、管理心理与行为、管理系统工程、信息系统与管理、数据科学、智能制造与运营等学科及研究方向。

《经济管理学科前沿研究报告》依托中国社会科学院独特的学术地位和超前的研究优势，撰写出具有一流水准的哲学社会科学前沿报告，致力于体现以下特点：

（1）前沿性。本系列报告能体现国内外学科发展的最新前沿动态，包括各学术领域内的最新理论观点和方法、热点问题及重大理论创新。

（2）系统性。本系列报告囊括学科发展的所有范畴和领域。一方面，学科覆盖具有全面性，包括本年度不同学科的科研成果、理论发展、科研队伍的建设，以及某学科发展过程中具有的优势和存在的问题；另一方面，就各学科而言，还将涉及该学科下的各个二级学科，既包括学科的传统范畴，也包括新兴领域。

（3）权威性。本系列报告由各个学科内长期从事理论研究的专家、学者主编和组织本领域内一流的专家、学者进行撰写，无疑将是各学科内的权威学术研究。

（4）文献性。本系列报告不仅系统总结和评价了每年各个学科的发展历程，还提炼了各学科学术发展进程中的重大问题、重大事件及重要学术成果，因此具有工具书式的资料性，为哲学社会科学研究的进一步发展奠定了新的基础。

《经济管理学科前沿研究报告》全面体现了经济、管理学科及研究方向本年度国内外的发展状况、最新动态、重要理论观点、前沿问题、热点问题等。该系列报告包括经济学、管理学一级学科和二级学科以及一些重要的研究方向，其中经济学科及研究方向15个，管理学科及研究方向45个。该系列丛书按年度撰写出版60部学科前沿报告，成为系统研究的年度连续出版物。这项工作虽然是学术研究的一项基础工作，但意义十分重大。要想做好这项工作，需要大量的组织、协调、研究工作，更需要专家学者付出大量的时间和艰苦的努力，在此，特向参与本研究的院内外专家、学者和参与出版工作的同人表示由衷的敬意和感谢。相信在大家的齐心努力下，会进一步推动中国对经济学和管理学学科建设的研究，同时，也希望本系列报告的连续出版能提升我国经济和管理学科的研究水平。

金 碚

2014 年 5 月

前　言

作为企业的无形资产，品牌受到了前所未有的重视。品牌管理在实践中的广泛应用也引起了学术界的关注，众多学者投入到了品牌管理研究的行列中。学者们分别从品牌战略、品牌传播、品牌延伸等角度对品牌管理展开研究，并取得了丰富的研究成果。在此背景下，对品牌管理的研究现状进行分析很有必要，这不仅能加深学者们对品牌管理研究的认识，还能为其未来的研究指明方向。现有期刊虽然也偶尔会刊登品牌管理综述类论文，但是由于期刊版面的限制，这些论文无法对现有研究进行详细的描述；同时，现有图书市场中品牌管理研究综述类的书籍甚少。基于此，本课题组编写了《品牌管理学学科前沿研究报告（2011~2013）》。

《品牌管理学学科前沿研究报告（2011~2013）》是《经济管理学科前沿研究报告》系列丛书之一，由"十二五"国家重点图书出版项目和中国社会科学院创新工程学术出版项目资助。报告系统梳理了 2011~2013 年品牌管理学科的研究。报告通过查阅国内外与品牌研究相关的大量期刊、图书以及会议，并进行比较分析研究，为品牌管理理论未来可能的研究趋势和方向提供了有价值的建议。

《品牌管理学学科前沿研究报告（2011~2013）》共分为六个部分，分别是：第一章，中国大陆品牌管理研究现状，主要是对 2000~2015 年间品牌管理论文的内容进行分析，总结了目前国内品牌研究的现状，并对未来的研究方向进行了预测和建议；第二章，品牌管理学学科国内外研究综述，主要对 2011~2013 年国内外品牌研究期刊文献进行了整理和分析，并在此基础上对未来的研究提出了建议和展望；第三章，品牌管理学学科期刊论文精选，主要展示了 2011~2013 年国内外核心期刊上具有影响力的文献；第四章，品牌管理学学科图书精选，主要简单介绍了 2011~2013 年国内外出版的具有代表性的图书；第五章，品牌管理学学科大事记，主要介绍了 2011~2013 年国内外具有较大影响力的会议和事件；第六章，品牌管理学学科前沿问题文献索引，主要列举了 2011~2013 年国内外具有代表性的期刊文献。

本报告具有以下特点：

1. 系统性

本报告囊括了品牌管理学学科的所有研究。一方面，在研究的广度方面，本报告不仅对品牌管理的期刊论文进行了分析，还对品牌管理的图书以及事件进行了梳理；另一方面，在研究的深度方面，本报告不仅对品牌管理的研究进行了深入的分析，还在此基础上提出了品牌管理未来可能的研究主题趋势和研究建议。

2. 权威性

本课题小组成员长期从事品牌管理研究，并取得了比较有分量的研究成果，研究人员在业界有着一定的权威性。同时，本报告主要根据期刊是否属于核心期刊以及在业界是否具有影响力进行文献的筛选，文献来源具有一定的权威性。

3. 文献性

本报告不仅系统地总结和评价了品牌管理的研究，还提炼出了国内外品牌管理具有影响力的文献、图书、学术会议以及重大事件，因此具有工具书式的文献性，为后人进行品牌管理学术研究提供了基础性研究史料。

《品牌管理学学科前沿研究报告（2011～2013）》详略有致，内容丰富，不仅有品牌管理理论的介绍，还有品牌事件的描述；不仅有品牌管理研究的观点综述，还有丰富的论文文献。作为国内第一本品牌管理学研究报告，本书致力于推进品牌管理理论研究，以期能为品牌管理研究者提供有价值的指导和借鉴。作为一本学术前沿报告，本书主要适合品牌管理领域的学者，包括教师、研究人员、研究生作为学术研究参考。同时，品牌管理学学科的实践性很强，本书总结的许多研究成果也适用于企业、事业单位等有关部门的品牌管理工作。

本报告由于涉及面广，又有中英文不同类文献，查找和筛选文献工作量大，因此多人参与了前期工作以及文献梳理，其中张会龙和李翔宇二人做出了较大的贡献，对此表示感谢。此外，还要感谢经济管理出版社的杨世伟总编、张艳主任和赵亚荣编辑的无私支持和鼓励。

由于编选、梳理及翻译文献工作繁杂，加之水平有限，难免有疏漏或不当之处，敬请专家和读者批评指正。

李桂华　于南开大学

2017 年 3 月 1 日

目　录

第一章 中国内地品牌管理研究现状（2000～2015）

品牌管理研究在西方起步较早，并一度成为理论界和实业界关注的焦点。宝洁公司在20世纪30年代的企业品牌经理制，美国达彼斯广告公司的广告设计师R.雷斯在20世纪50年代提出的USP理论，以及后来的品牌形象论、品牌个性论及品牌资产论等，为品牌管理理论的完善做出了贡献。直到20世纪90年代我国学者、专家和企业家才开始真正关注"品牌"。他们借鉴国外品牌管理研究的成果，开始探索适合中国现状的品牌管理模式，尤其是近十年来品牌管理研究的队伍不断壮大，相关研究逐渐丰富起来。随着全球经济的发展以及品牌竞争时代的到来，实业界对品牌管理的重视也进一步加快了品牌管理相关研究的进程。

2000～2015年的16年间，国内学者围绕品牌的研究，无论在研究主题还是研究方法上都大有突破，贡献了较多的成果。然而，目前还没有相关学者对近十多年来中国品牌管理的相关研究做出全面的分析和整理，其研究现状和发展脉络及趋势不是很清晰。比如近十多年来国内学者品牌研究热点是什么，忽略了哪些研究主题，研究方法有什么变化等。本文基于以上研究背景对近16年的品牌研究文献进行收集、整理和分析，试图发现研究主题、研究方法的发展规律和变化趋势，分析现有研究的不足和局限性，为未来研究提供建议。

结合以上研究目的，我们确定了以下五个研究主题：

研究问题一：2000～2015年研究品牌管理的重点期刊是哪些？这些重点期刊品牌管理论文数量的变化趋势是什么？

研究问题二：2000～2015年品牌管理研究的热点主题是哪些？相对的研究空白在哪儿？这些研究主题基于时间维度的变化趋势是怎样的？

研究问题三：2000～2015年品牌管理研究可以分为几个阶段？每个阶段的研究热点有何变化？

研究问题四：2000～2015年品牌管理论文应用各种研究方法的情况以及基于时间维度使用的各种研究方法的变化趋势是怎样的？

研究问题五：热点研究主题与所用研究方法之间是否具有相关性？

通过对以上五个研究问题的分析，力求反映中国大陆近16年来品牌研究的现状和发展趋势，找到研究的不足和局限性，并针对这些问题提出一些建议和对未来研究的展望。

第一节　研究设计

（一）研究方法

采用内容分析法对所选取的期刊论文进行定性与定量相结合的分析，对论文主题、研究方法等通过建立类目进行编码，对编码类目间的关联关系进行统计分析，并将结果转化为可视化图表予以呈现。具体研究步骤是：选择和确定样本期刊，收集相关文献并研读，筛选样本论文，论文归类和编码，数据分析和结果讨论。

（二）抽样标准与分析单元界定

1. 抽样标准

根据本文的研究目的，首先确定选刊标准选择样本期刊，之后根据样本期刊名单，通过电子数据库（维普网和中国知网等）以"品牌"为关键词，以全文为搜索范围搜索论文。由三名研究人员在完全理解了本次研究的背景、目的以及研究方法的基础上对这些论文进行反复评价，通过阅读论文的题目、关键词和摘要以及部分论文的全文，来选择归属于品牌研究范畴的样本论文。具体抽样标准如下：

（1）期刊选择标准。在确定本次研究的期刊样本时，首先参照 CSSCI 期刊来源选择了与管理经济相关的期刊，然后参考了"国家自然科学基金委管理科学重要学术期刊表"列出的 30 种期刊。之后又参考 2011 中文社科类核心期刊影响因子排名，删除影响因子较低的期刊，最终结合专家意见确定 29 本与经济管理相关的样本期刊。值得说明的是，本书致力于勾勒 16 年来中国大陆品牌研究的发展脉络和全貌，本着尽量多覆盖品牌研究文献的原则，在选择期刊时除了考虑相关领域的顶级期刊外也较多考虑其他期刊。

（2）论文选择标准。国内品牌研究性论文是指研究区域和研究样本对象是国内有关"品牌"主题的论文。抽样限定的论文发表时间为 2000 年 1 月 1 日至 2016 年 1 月 1 日，根据本次研究选取的 29 本中文期刊，在维普网逐个期刊、逐卷、逐期地进行检索，利用"品牌管理"和"品牌"关键词，以全文为搜索范围识别相应论文。论文按照"期刊—年份—论文"的路径分类下载存档，进行选择性阅读，通过阅读论文的摘要、引言等内容辨别论文的研究领域，从而将与品牌管理研究不相关的论文删除，将符合品牌管理研究主题的论文作为文献研究样本。

2. 分析单元

研究要分析的内容单元包括期刊论文、题目、关键词、摘要，以及通过全文阅读进行归纳的简要备忘录，通过对这些分析单元的编码分析，建立编码类目。

（三）编码类目的建立

研究主要关注期刊类别、论文研究主题、研究方法等方面的关联性，因此，初期通过对论文的研读和专家咨询在以上几个方面建立编码类目。

在初步确定论文研究主题分类标准时，本书主要参考了国内有关品牌的主流教科书并咨询专家意见。把这些论文按照初步确定的主题分类标准进行归类并且在这些主题之下又划分了二级主题类目，根据初步整理的分类发现存在以下几个特点并做出了调整：首先，有一些研究主题下的二级类目论文数量较多，比如品牌战略主题下的品牌延伸和品牌组合，品牌价值主题下的品牌忠诚作为当前研究的热点有必要单列出来与一级主题类目并列。其次，值得注意的是有一些研究方向包含太多细分方向，所以有几个主题涵盖范围较广，例如品牌价值包含了品牌资产和品牌权益这些概念相近的论文，品牌营销这一主题包含了品牌体验、品牌传播和品牌定位这些细分主题。最后，在进行论文主题归类过程中发现一些主流教科书中未提及的新的研究主题，并且论文数量不少，例如品牌社群、品牌生态、品牌危机，咨询专家意见本书把其列入研究主题中。

综上所述，本书最终确定了 23 个研究主题（见附录）。通过阅读样本文献的题目、关键词和摘要部分来确定论文所属研究主题，选择性精读那些研究主题模糊的论文并且咨询专家意见进行主题分类。

研究方法分类方面，本书参照主流管理学刊物投稿时的分类标准以及许德音和周长辉（2004），李东进、任星耀和李研（2010）的研究，并结合本次研究的样本论文特点，把所有论文的研究方法划分为以下五类：①定性研究法，即以访谈、观察等形式获得的定性数据构建概念或者变量之间的关系；②定量研究法，即以定量分析验证理论性假设；③案例研究法，是指以案例研究的形式获得定性数据进行理论构建，或者以案例提出自己的一些观点和见解；④文献综述法，即对文献进行回顾、总结、评论和延伸的论文；⑤计量经济模型法，是指将相互联系的各种变量表现为一组联立方程式，来描述整个模型的运行机制，或者利用历史数据对联立方程式的参数值进行估计，根据制定的模型来预测变量的未来数值。其中定性研究方法中单独拿出文献综述法和案例研究法，因为这两种方法在这方面的论文研究中使用得比较多，把数量经济研究方法从定量研究方法中单独拿出来，因为近年来品牌管理研究渐渐引入了数量经济的研究方法，这种跨学科的研究方法是一种新趋势，值得我们关注。

在期刊类别方面，参考自然科学基金委的 A、B 分类和 CSSCI 目录，将期刊分为 A、B、C（不在 A、B 类中，但在 CSSCI 目录中）三个类别，并为了衡量期刊影响力，以期刊复合影响因子和综合影响因子作为衡量指标之一。

　　研究通过以上标准建立编码词典，并对三位编码员进行编码培训，在三位编码员对10 份样本数据编码的 kappa 系数达到 0.9 以上后，才正式开始对样本论文进行编码。

（四）数据分析方法和工具

　　本书由三位编码员对整理的样本数据使用 Nvivo 10.0 进行编码，并使用 PASW 19.0 和 Modeler 15.0 分析软件进行统计分析，主要采用频率统计分析和关联网络图、散点图等方法来观察趋势。

　　频率统计分析和散点图用来描述样本论文在研究主题、研究方法和时间上的分布，由此分析品牌研究工作的现状和发展趋势。

　　网络图用来分析研究主题和研究方法之间的相关性，从而发现哪类研究主题倾向于使用哪类研究方法，并探讨这一现象背后的原因。

第二节　数据收集概况

　　本书共收集了 29 种刊载品牌相关论文的期刊，收集研究论文 682 篇（见表 1），并对所有论文进行了关于研究主题、研究方法、所属期刊等级等数据的编码。

表 1　期刊论文搜集情况

年份	搜集到的各年品牌相关论文数量																合计
	2000	2001	2002	2003	2004	2005	2006	2007	2008	2009	2010	2011	2012	2013	2014	2015	
论文数量（篇）	42	23	24	31	29	39	57	56	63	46	37	33	24	50	54	74	682

第三节　数据分析结果

（一）品牌管理重点期刊分析

1. 刊载论文数量分布

　　通过对样本期刊 2000~2015 年论文数量的分析，可以得出品牌管理论文数量相对集中的期刊。因此，未来在研究品牌相关问题以及预测品牌研究的发展趋势时，应重点关注这些期刊。

统计结果显示，2000～2015 年这 16 年间，29 个样本期刊内涉及品牌的论文共计 682 篇，平均每年发表 42.63 篇论文。从论文在各样本期刊上的分布看，期刊之间差异较大，最多的高达 89 篇，最少的只有一篇。数量上较多的期刊分别是《华东经济管理》、《科技进步与对策》、《商业经济与管理》、《南开管理评论》、《软科学》，此五本期刊的品牌管理类论文数量共 329 篇，占总量的 48.24％。《南开管理评论》属于 A 类期刊，在学术界地位比较高，受到了各界学者的广泛认可。虽然该期刊对于论文的录用率较低，但还是吸引了众多学者的投稿，品牌研究领域的学者也更倾向于在这类权威期刊上发表论文。因此，该期刊的品牌论文刊载量相较于其他知名期刊处于领先地位。对于其他四本期刊，其中《华东经济管理》16 年间共发表 89 篇论文，其次的《科技进步与对策》是半月刊，刊载量较大，这可能是论文数量高居不下的原因，16 年共发表 80 篇论文，仅次于《华东经济管理》。笔者观察到，论文数量较多的这五本期刊中有四本都是 C 类期刊，只有《南开管理评论》是 A 类期刊，这从侧面说明我国有关品牌管理的论文水平和质量还有待进一步提高。

为了进一步了解品牌论文的变化趋势，本书对上述五种期刊在 2000～2015 年刊载品牌管理论文的数量进行了年度统计。从统计结果可以看出，《华东经济管理》在总数上位列第一，在 2006 年论文数量有明显的上升，之后虽有波动，但总体保持一个比较平稳的状态。《科技进步与对策》在 2005 年有较大的增幅，其后品牌管理论文数量逐年递减，小幅度振荡，这可能与学者们逐渐将重点转移到更专业的期刊上有关。《南开管理评论》在论文数量上波动较小，基本保持一个平稳的状态，但由于其采稿率比较低，所以年均刊载量只有 3 篇，说明这类专业期刊对品牌管理的研究一直比较重视。

2. 刊载论文主题分布

图 1 为期刊主题偏好的网络图，线条粗细代表关联关系的强弱，图形为逐渐增大阈值的显示结果，逐渐保留强关联关系。从图 1 中可以看到各期刊有明显的主题分布特征。

从网络图中可以看到：《南开管理评论》品牌价值、《管理评论》品牌战略、《科技进步与对策》品牌生态等特定期刊—主题关联分布关系，这反映了特定期刊的刊载主题集中情况，而《华东经济管理》、《科技进步与对策》在各个主题刊载量上的平均，反映了其对品牌管理各个主题的普遍关注。

这样的趋势为研究品牌管理领域相关的特定主题提供了重点参考期刊的思路，如关注品牌价值的研究就应当参考《南开管理评论》、《商业经济与管理》等期刊，而关注品牌管理的研究的广泛性和新领域则应参考《华东经济管理》和《科技进步与对策》等对各品牌管理相关主题研究普遍覆盖的期刊。

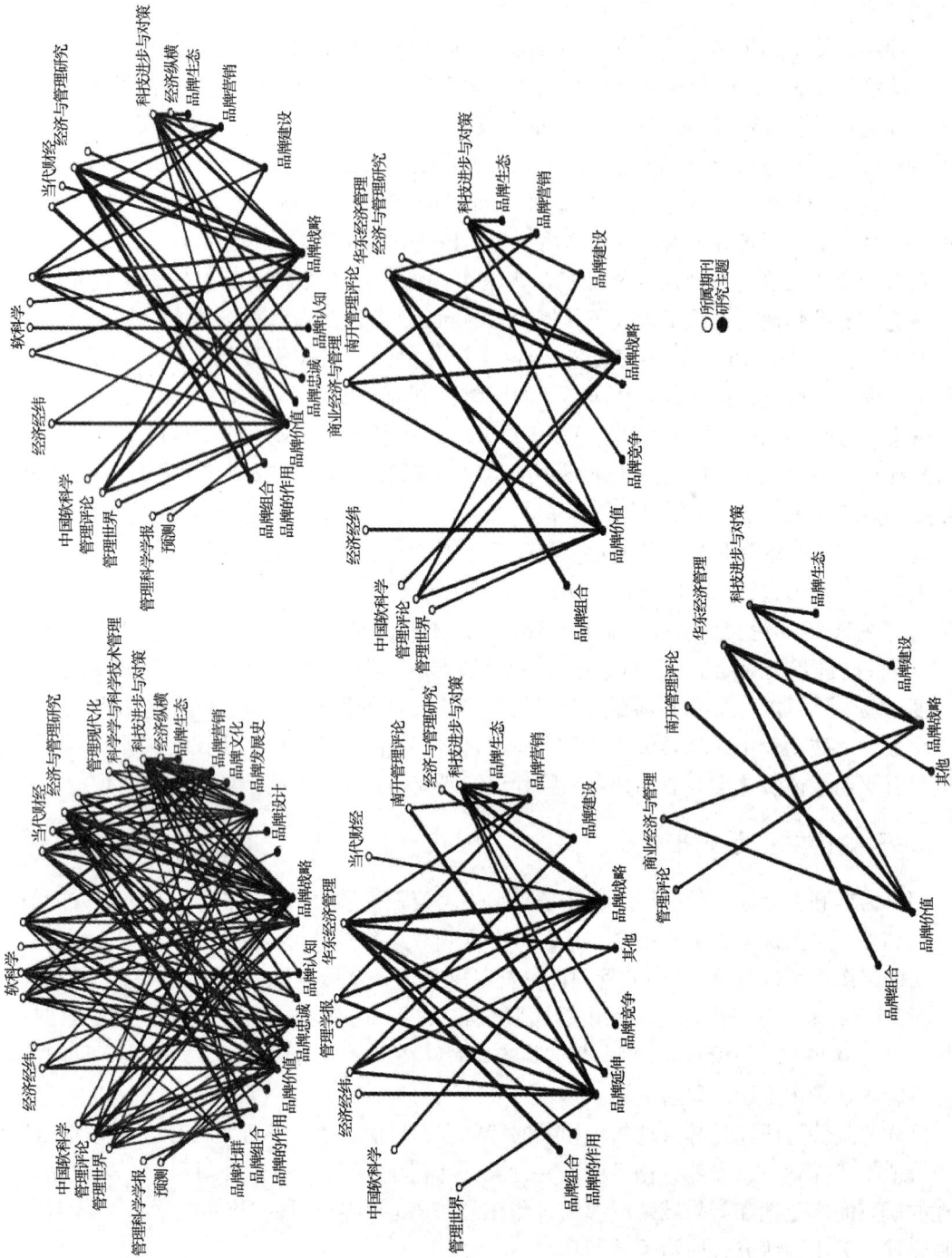

图 1　期刊论文主题分布的网络图

（二）研究热点与空白随时间维度的变化

基于研究主题，本书对 2000~2015 年的 682 篇品牌论文进行了数量统计，从而根据数量总结出研究热点和研究相对空白点。

1. 对研究热点主题的分析

统计结果显示，数量较多的研究主题分别为品牌价值（14.22%）、品牌战略（12.76%）、品牌建设（7.92%）、品牌营销（6.45%）及品牌组合（5.72%），这五个主题共占论文总数的 52.20%，是 16 年来学者们集中研究的主题。由于之前品牌研究的不成熟，学者们对相关概念的定义不清晰，例如品牌价值、品牌资产及品牌权益一直是争议的话题，所以本书在对主题进行划分时使用品牌价值这一主题涵盖了品牌资产、品牌权益的概念，这也可能是其论文数量较多的原因。

品牌营销、品牌战略及品牌建设由于具有较强的实践指导意义及作为品牌管理领域的基本研究方向，一直是学者们密切关注的主题，所以论文数量较多。而且品牌营销下包含品牌定位、品牌传播及品牌体验等多个细分方向，所以论文数量也较多。品牌组合作为品牌战略的一部分单独列出，是由于品牌组合日益受到重视，论文数量较多。而且对品牌组合的重点研究与实践中企业间的品牌联合趋势是相吻合的。非常值得注意的是，在对论文进行主题编码归类时，有一些无法归入主题之中，相似的论文最多也只有一两篇，本文就归入"其他"类别中。其他类共计 74 篇论文，数量较多，这说明品牌研究除了一些本文提出的主流主题之外还出现了很多暂时无法归类的主题方向，有可能是学者们认为研究价值不大的主题或者可能会在将来受到广泛关注的研究主题。

从时间维度上看，上述五个研究热点主题论文数量的变化趋势如下：首先，品牌营销研究的年均论文数量为三篇，并且在 2000~2015 年呈现出平稳的趋势，而且多数以应用性为主，理论研究也偏向于指导实践。其次，品牌价值研究在 2000~2007 年是稳步上升的，2008~2015 年数量呈现下降的趋势，原因可能是在国内关于品牌的研究起步较晚，初始阶段研究的重点多强调品牌作为一种无形资产的价值，引发人们树立品牌意识。而当品牌意识树立后，相关研究重点发生了一定程度的偏移。同样，品牌建设和品牌战略研究亦是如此，品牌建设先有上升趋势，到 2009 年出现下降；品牌战略在 2006 年和 2010 年经过两次研究高峰后，数量也呈现明显的下降趋势。品牌组合研究近几年波动较大，这可能是由于随着经济全球化加深，企业品牌间的合作越来越多，品牌组合管理研究的复杂程度和难度也随之不断加大。

由以上分析可见，品牌营销和品牌组合主题一直是这 16 年间的研究热点，并预计未来可能还会是热点。但是值得注意的是，面对多变的外部环境，品牌营销需要更多的创新，不能仅仅停留在传统的层面上，例如网络营销、社会化媒体营销的兴起以及品牌关系管理、品牌传播等方面的创新，即将为品牌营销提供更高层次的指导。但是作为品牌研究的传统主题，品牌建设、品牌价值和品牌战略这几个研究热点在这 16 年的发展中出现下滑现象，将会慢慢退出研究热点范围，这也符合品牌研究的发展趋势。研究重点可能会逐渐转移到精细化的研究主题上，或是与实际联系紧密的新兴主题上。

2. 对研究相对空白主题的分析

在分析研究论文数量相对较少的主题时，我们发现，在这 16 年间论文总数在 10 篇以下的主题是：品牌绩效（九篇）、品牌策略（九篇）、要素品牌（四篇）和品牌导向（一篇）。

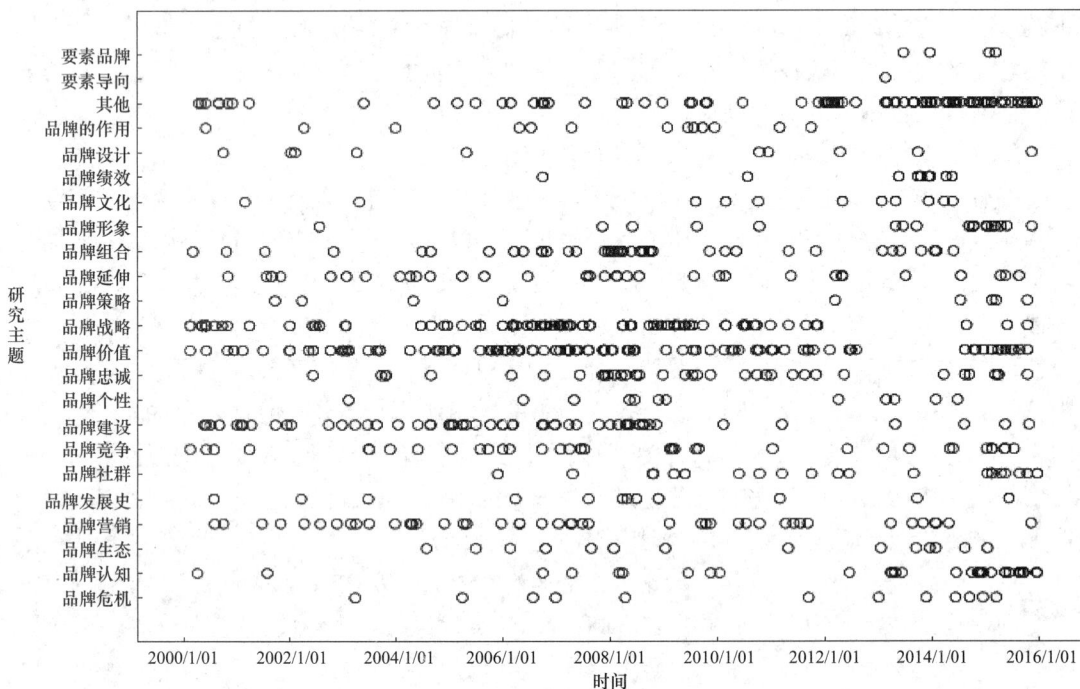

图 2　研究主题在各年的分布图

通过图 2 的分析可以得出：首先，可以看出这些研究相对空白的主题相对于品牌研究基本方向来说是一些比较新颖的主题。这是学者们没有深入探讨和挖掘的方向。其次，某些研究主题与在实践中品牌遇到的问题相吻合，品牌研究的领域与实际相结合。如品牌危机，随着近几年企业信任危机的频频爆发，严重影响了企业品牌的形象，因此对品牌危机的研究在学术界应运而生。最后，品牌社群也是从 2007 年逐步受到重视，开始从社群的角度展开品牌研究。随着客户关系管理的发展，企业也倾向于通过对品牌忠诚者的情感联系，增加其归属感。由于市场导向的观念已经深入企业，品牌导向实施困难，而且其效果并非一时能凸显出来，因此学者们都把精力放在了实用性较强的主题上，造成这一主题冷淡的现象。但是品牌导向是企业发展的趋势，是企业长期、稳定获利的关键，也会影响到品牌的长期发展。

由以上分析可以预见，品牌危机、品牌社群和品牌生态等作为新兴的主题并且实用性较强，将可能会成为以后几年学术界的研究趋势之一。同时，可以看出对品牌的研究越来越倾向于精细化，而且也更加注重与实际相结合，及多学科相结合。最后，品牌导向和要素品牌这样的研究主题是品牌长期发展的关键，应该得到更多的重视。

（三）近16年品牌管理研究的阶段性特征

图3所示是从时间维度观察的品牌管理论文数量的统计结果。

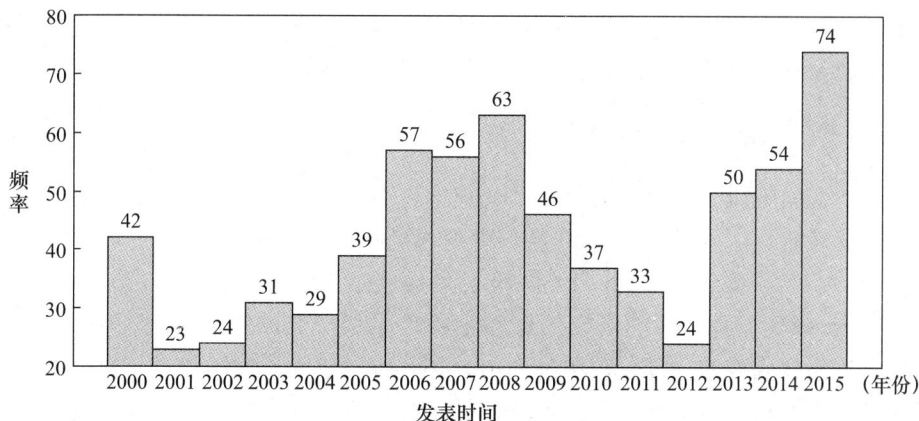

图3　2000～2015年品牌管理论文数量汇总

如图3所示，品牌论文的数量随着时间变化不仅有较大的差异性，而且有明显的波动趋势。因此，作者采取分段分析法对其进行更进一步的分析。在2001～2004年，品牌论文的数量呈现出略微增加的趋势，但总体每年的数量较少，平均为每年约27篇。其原因可能是中国学术界关于品牌研究的起步较晚并且刚开始的几年处于摸索阶段，主要是参照国外相关研究在进行初步探索。在2005～2008年，品牌论文的数量出现了明显的逐步上升趋势。说明在此阶段，国内对品牌的研究出现了显著的增长态势。经过初期的探索及国内企业对树立品牌的意识增强，这一时期学术界也相应对品牌的相关研究迅速发展起来。另外，定量研究、计量经济研究方法的运用，使得品牌研究从多个角度展开，而且也呈现出跨学科研究的特点。然而2009～2015年，品牌论文的数量在2009年出现显著下降后，接下来几年的论文数量基本呈稳定态势，平均每年的论文数量稳定在45篇。经过了初期探索和中期的快速增长后，学术界对品牌的研究趋向于平稳。一方面，品牌研究日渐成熟，而且品牌研究的趋势向更加细分化的趋势发展。另一方面，西方关于品牌的研究也趋近成熟，使得一向向西方学术界借鉴的国内学者在品牌研究的数量上也趋向平稳。

基于以上分析，我们将 2000~2015 年对品牌管理的研究划为三个阶段：探索期 2000~2004 年；成长期 2005~2008 年；成熟期 2009~2015 年。以下将分别对此三个阶段的研究热点基于研究主题的数量进行汇总比较，从而判断近 16 年来国内品牌研究热点的变化趋势。

1. 探索期 （2000~2004 年）

在探索期，品牌论文总数量为 149 篇，占总数的 21.85%。可见，此阶段是品牌研究的初级阶段，占比不足总数的 1/3。品牌研究的探索期，论文数量显著突出的主题分别是：品牌战略（17.45%）、品牌价值（16.78%）、品牌建设（14.09%）和品牌营销（10.67%），它们占该阶段总数量的 58.39%，是该阶段的重点主题。可见，在品牌研究的初始阶段，品牌研究相关论文主要聚焦于品牌管理的基本方向上，着重研究品牌资产的价值和如何建立品牌以及如何通过各种品牌战略打造品牌价值等。

2. 成长期 （2005~2008 年）

在成长期，品牌研究的论文总量为 217 篇，占总量的 31.82%。可见，此阶段是品牌研究的迅速发展阶段。在此阶段，数量显著突出的主题是：品牌价值（17.51%）、品牌战略（16.59%）、品牌建设（14.42%）和品牌组合（10.14%）共计 123 篇，占此阶段论文总量的 56.68%。此阶段的研究热点亦主要是品牌研究的基本方向。值得注意的是，品牌组合作为品牌战略的一部分被单独列出，在此阶段成为研究的热点，由此可见，对品牌战略的研究更加趋向于精细化和深刻化，品牌组合首次上升为重点研究主题。

3. 成熟期 （2009~2015 年）

在成熟期，品牌论文的总数量为 318 篇，占总量的 46.63%。在此阶段，数量显著突出的主题是：品牌价值（11.00%）、品牌战略（7.86%）、品牌认知（7.55%）、品牌忠诚（5.97%）、品牌营销和品牌形象（5.35%），总计占该阶段的 43.71%。可见，成熟期的研究热点主题发生了一定变化。首先，品牌价值、品牌战略和品牌营销虽然仍为研究的热点，但相比前两个阶段，研究热度有所下降。其次，在排序前五位的研究主题中，此阶段除了第一位在 10% 以上，其他都在 10% 以下。而前两阶段，排序靠前的几个研究主题占比均在 10% 以上，可见在此阶段，品牌管理研究主题呈现相对分散的趋势，即研究热点不再高度集中在某几个领域。最后，品牌危机、品牌社群等研究主题逐渐成为研究的方向。品牌研究向着更加细化的方向发展。

（四）品牌管理研究所用方法的变化趋势

2000~2015 年间品牌研究所涉及的研究方法情况如图 4 所示。由图可知，应用定性研究方法的论文数量远远超出其他四种研究方法，总数达 309 篇，占总量比例高达 45.31%，定量研究方法居于第二名，259 篇，占 37.98%。其次分别为案例研究法、计量经济研究法和文献综述法。同时，统计结果发现，定性研究方法在 2004 年有较大幅度的增加，而在 2008 年又有很大幅度的下滑，此后一直处于逐渐下滑的趋势，直到 2015 年逐渐趋于平稳。而定量研究法日益受到学者们的青睐，处于稳健上升的态势，在 2010 年之后论文数量超过定性研究法，成为品牌管理研究的主要方法。

文献综述法和案例研究法近些年一直没有很大的波动，论文数量相对较少，发展速度较慢，受到的关注度不是很高。值得一提的是计量经济研究法，它是结合数量经济的研究方法，以演绎数学模型为主，从 2004 年日渐被学者们采用。

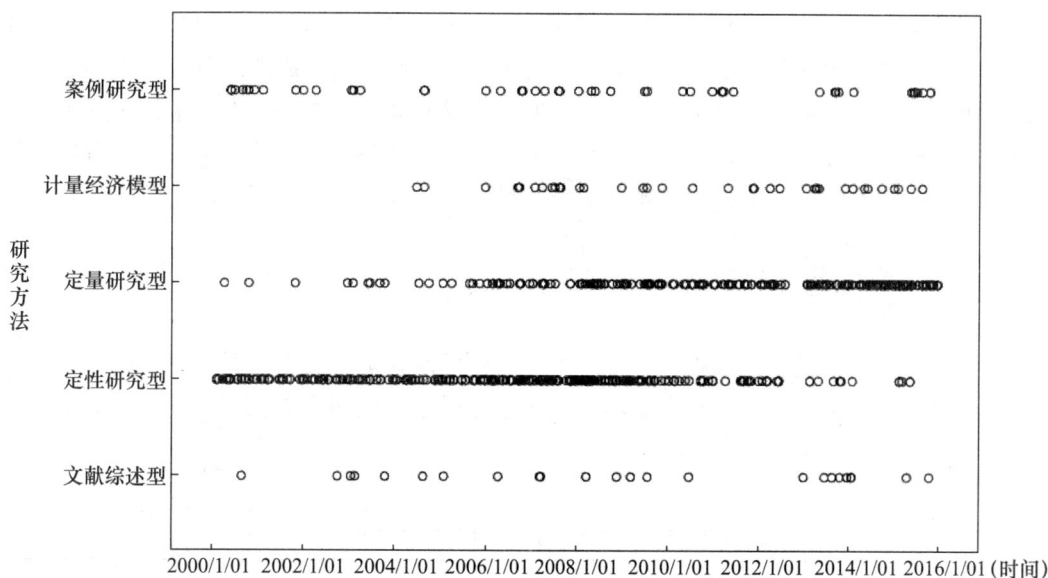

图 4　2000～2015 年各种研究方法的分布图

那么，应用各种方法的论文，水平如何呢？由于我们没有客观的直接评价论文水平的指标，这里先以论文发表期刊的复合影响因子来侧面观测论文的水平。通过对应用各种方法发表的论文所刊登期刊的复合影响因子的分析，我们发现了一些变化趋势。统计结果显示，各种方法的论文水平随时间的变化有所不同。

定性方法的论文水平一直呈现比较平稳的分布态势，但多数论文水平在中低以下，在 2007～2009 年呈现较大的发表密度。定性研究中等以上水平（复合影响因子超过 2）的论文在各年的分布上也是比较平稳的。

定量方法的论文在 2008 年以后呈现出较大的发表密度，但发表期刊总体水平较 2003～2008 年降低了。与定性研究发表密度在 2009 年后有所下降相反，定量研究发表密度在 2008 年后有所增长，两者呈现出明显的此消彼长的变化趋势，反映了学者们在研究方法应用上有朝向定量方法转移的趋势。但定量研究 2009 年后在中等以下水平的爆发和聚集，一方面反映了学者们对新的规范定量研究方法的应用开始普及（如 SEM 模型、实验等方法）；另一方面也反映了对新方法的应用还有很大的改善余地。

案例方法的品牌研究论文在各年的分布比较平均，基本一直处于中等水平以下，这与战略管理等研究领域的论文形成了鲜明的对比，这就要求未来的研究者要重新思考和学习案例研究在品牌管理领域应用的范式。

计量方法的论文在 2004 年出现以后，也一直处于中等水平以下。而综述类的论文数目较少，并且研究水平也多数较低。

除定性研究外，其他研究方法的论文所登期刊的影响力都有下降趋势。根据对样本论文的考察，发现主要原因有两个：第一个原因是，从研究主题的创新程度来看，定性研究方法由于其自身的探索性研究性质，在创新能力上容易突出；第二个原因是，研究方法的集中度和规范度，定性和定量方法发表论文最多，并且都有较为成熟的范式，因此高水平的品牌研究论文基本集中于这两类方法上。但是定量研究方法的论文近年来越来越多，水平却停滞不前，结合其他几种方法的论文水平来看，目前品牌研究的水平处于相对低谷时期，需要后继学者的进一步努力，尤其是在定量、计量等方法的研究上需要改进。

（五）研究主题与研究方法的相关性

本书在梳理品牌论文的基础上，发现不同主题的品牌类论文在选择其主要研究方法的时候普遍存在明显的差别。因此，我们对热门主题所采用的研究方法进行了汇总，如表 2 所示。

表 2　热门研究主题所用研究方法的统计

研究方法	热点主题					
	品牌营销	品牌建设	品牌价值	品牌战略	品牌组合	有效边际
献综述型	1	0	4	3	1	9
定性研究型	22	44	53	53	29	201
定量研究型	12	9	40	15	8	84
计量经济模型	0	1	1	3	1	6
案例研究型	7	9	3	17	2	38
有效边际	42	63	101	91	41	338

从表 2 可以看到，相比其他热点主题，在品牌价值的研究中，定性和定量研究方法的论文数量占绝对优势，而品牌建设的研究中，定性研究占绝对优势数量。那么是否能说明，品牌价值与定性和定量研究法，品牌建设与定性研究法之间存在比较明显的相关关系呢？

下面我们用网络图来探索热点研究主题与研究方法之间的内在相关性（见图5）。

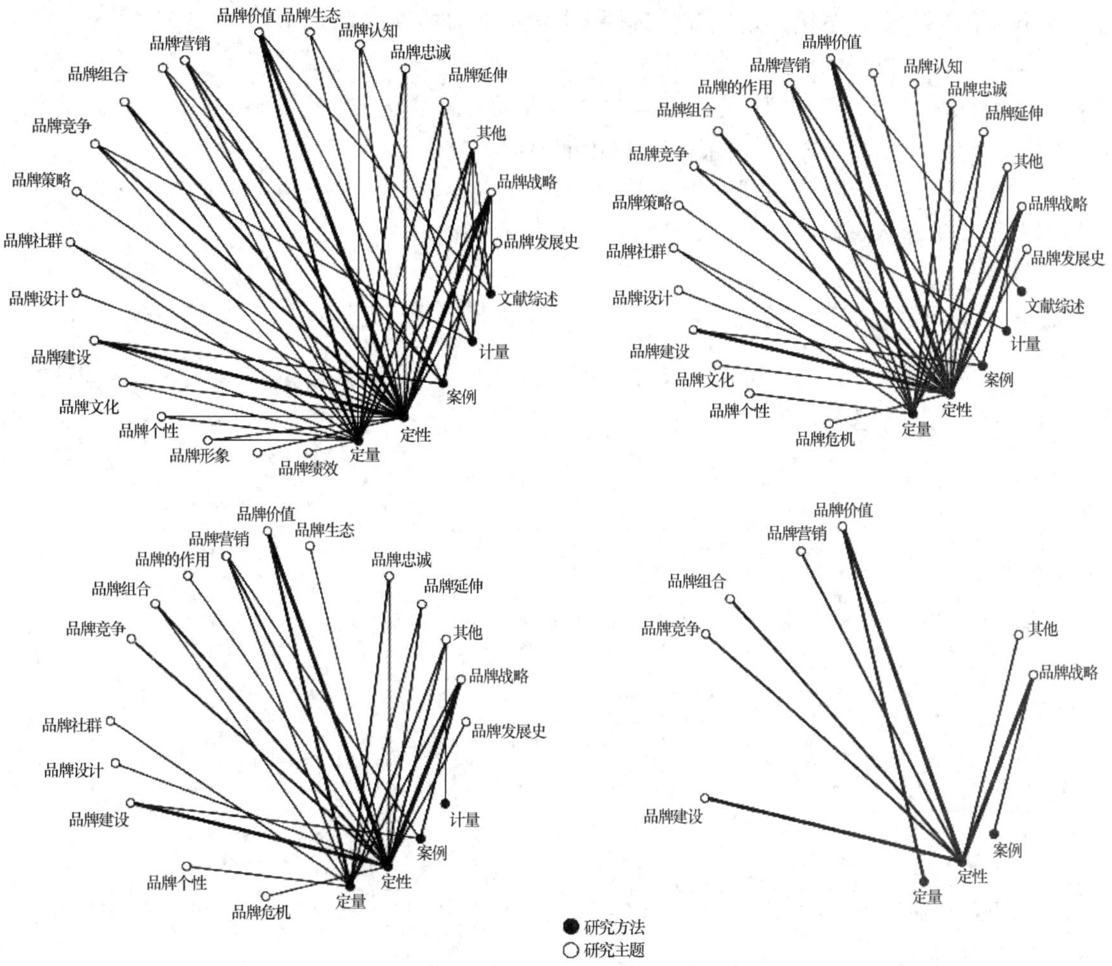

图5　研究方法与主题间的关联网络

图5所示是逐渐增大关联阈值的变化结果。由此可以看到，研究主题与方法间有较强的关联性。其中，品牌战略和案例研究具有较明显的相关关系。由此可以看出，目前学术界针对品牌战略的分析，一部分更倾向于针对特定企业做案例分析，分析其目前战略的优缺点，如何确定战略方向等内容。品牌战略、品牌建设、品牌组合、品牌营销、品牌竞争都和定性研究具有很强的相关性。品牌价值与定量研究也有较强的相关性。

对方法与主题间出现相关性的原因，通过对样本论文的阅读和关于论文中对方法应用的描述可以看出，量化数据获取的困难度是造成方法在主题上应用差异的原因。如品牌战略、品牌建设、品牌竞争等都是比较难以获取结构化量化数据的主题，多数应用定性或者案例方法、综述方法来研究，而品牌价值、品牌忠诚等研究主题则较易获取研究的量化数据，因此定量方法应用较多。另外一个原因是研究主题的相关已有文献的情况，在已有研究较多的情况下，结构化问卷等获取量化数据的方法及文献综述方法较易应用，而在已有研究较少的情况下，案例、定性等较具探索性特征的研究方法较易应用。

那么，在定性和案例方法与定量和文献综述方法间的分布差异可能会使我们发现一种研究进阶思路，比如：案例与定性探索—文献综述与定量验证的进阶研究路径。下面通过"主题—方法"的散点图分布来揭示这种可能的研究空白点。

如图6所示，黑色实心圆点代表定量与文献综述类论文，黑色空心圆点代表定性与案例类论文。下面逐级对图6中的研究主题进行分类分析。

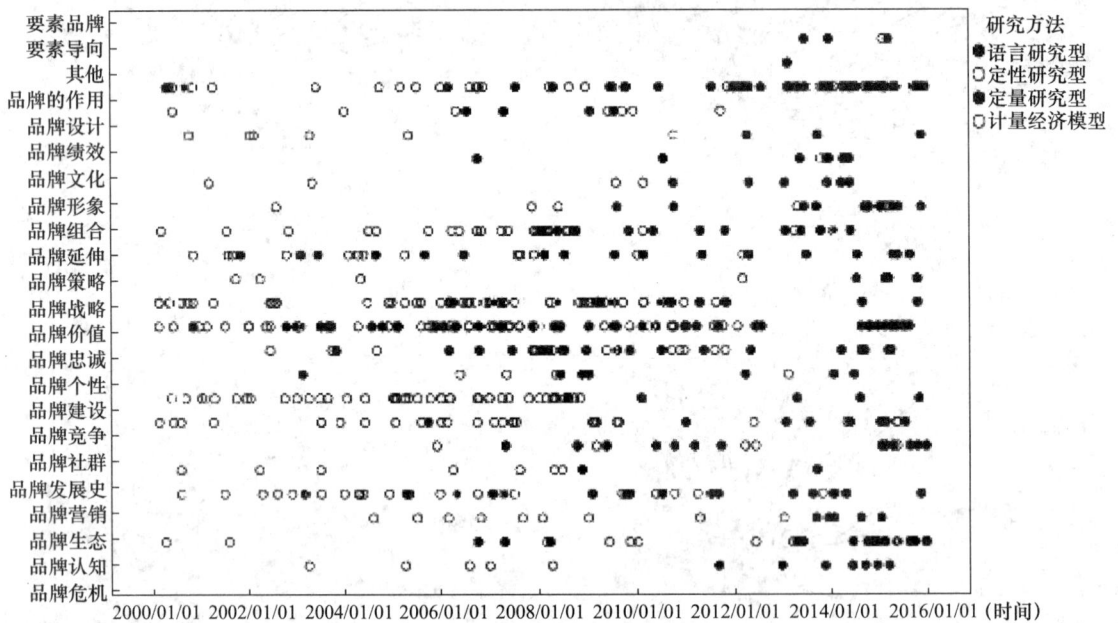

图6 研究方法与主题的分布

第一步，首先分离出论文数较少的主题，有要素品牌、品牌导向、品牌形象、品牌文化、品牌危机、品牌生态、品牌设计、品牌社群、品牌认知、品牌绩效、品牌个性、品牌发展史、品牌策略。这些主题可能存在创新空间。

第二步，对第一步分离出的主题进行进一步分析，分离出定性方法和案例方法研究多，而定量方法和综述方法研究少的主题，这类主题有定性研究基础，因此可能较容易进行进一步的定量研究和综述性研究。这类主题有品牌竞争、品牌建设。

第三步，分离出定性研究也较少的主题，这类研究要开展定量和综述研究可能在理论基础上需要更多地参考国外的研究。这类主题有品牌生态、品牌危机、品牌设计、品牌策略、品牌文化、品牌形象。其中，品牌策略和品牌生态在样本期刊中没有定量研究和综述研究。

另外，通过图6我们还发现了五个特殊的研究主题，即品牌绩效、品牌社群、品牌个性、品牌价值和品牌延伸。品牌绩效、品牌社群和品牌个性这三个研究主题都是在没有或者缺少国内定性和案例研究成果的基础上直接开展定量研究的，并且品牌社群和品牌个性近几年的定量研究数量比较多，这反映了品牌研究开始出现一部分用定量方法进行探索性研究的尝试。品牌价值和品牌延伸两个主题的各种研究方法的论文都较多，并且交替出现，这反映了这两个主题的研究将达到较高的成熟度。

第四节　结论与讨论

（一）结论与启示

通过对2000～2015年的管理与经济类样本期刊的682篇品牌管理论文的内容分析，基于研究主题、研究方法、时间维度，探讨了五个主要问题，可以得出以下结论：①有关品牌研究的论文在期刊上体现出一定的集中度，其中集中度较高的期刊不乏《管理评论》《南开管理评论》等A类期刊。因此，品牌研究的相关现状、趋势等问题应重点关注此类核心期刊。②关于品牌管理相关论文，研究的热点主题主要集中于品牌价值、品牌战略、品牌组合、品牌营销及品牌建设。由此可见目前国内学术界品牌研究的主要方向。③品牌管理的研究趋势表现得越来越精细化，与企业实际遇到的品牌管理问题有较强的相关性。由此可见，国内学术界品牌领域的研究能够与实践紧密结合。④基于时间维度对热点研究主题的趋势进行分析，可以看出国内学术界关于品牌的研究先后经历了探索期、成长期及成熟期。目前，国内学术界对品牌研究的论文数量趋向平稳化。⑤最后，基于研究方法维度，定性研究是品牌管理研究所使用的主要研究方法，但随着其他研究方法的引入，近几年定量研究、案例研究等逐渐被应用到品牌管理领域。从时间趋势上看，定量研究逐步超越了定性研究，成为品牌管理领域采用的主要方法之一。而且一些热点研究主题体现出与特定研究方法某种程度的相关性，并且启示了在特定主题方面的研究空白和后续研究的可能方向。

通过对本文研究问题的深入探讨，我们预测未来国内品牌研究将更加与实践相结合，出现更多品牌研究新领域。同时在品牌管理的研究主题上，将采用更多样的研究方法。另外，品牌的研究也将更加注重采用定量、计量经济等方法，同时与多学科相联系实现跨学科合作研究。

（二）研究的局限性

第一，由于目前对于品牌相关研究的主题分类还没有统一认可的标准，本书在研究中按照国内有关品牌管理的主流教材的内容进行分类，并征求专家意见，还额外添加了一些近年来新兴的研究主题。这样的分类标准比较宽泛和笼统，有一些主题包含较多的细分方向，如品牌战略、品牌价值和品牌营销。如果以后的研究能够明晰品牌相关研究的主题分类标准会是十分有意义的工作，使得分类标准科学有效的同时为该领域的研究界定主题范围和研究方向；或者能够对这些概念范围较大的主题类型的子主题进行现状和趋势研究，相信会得出更精准和建设性的结论，从而为该领域的研究提供研究方向和切入点。

第二，本书旨在探究中国大陆近16年品牌研究的现状和发展趋势，试图勾勒品牌研究的发展脉络，所以在选择期刊时，本着尽量大范围覆盖的原则确定了本书的期刊样本，共搜集682篇有关品牌的论文。所以本书的C类期刊占有较大比例，C类期刊用稿率较高，论文质量要求一般，这导致一些论文质量有待考察，这会在一定程度上影响本次研究结论的准确性。因此，后续研究可以试着从A类期刊或者该领域的顶级期刊中确定样本期刊进一步展开研究。

第三，在对本书的样本论文进行主题和研究方法的分类编码时，采用交叉验证的人工分类法，尽管交叉验证可以在一定程度上降低分类误差，但不可避免地还是存在人工分类的主观因素影响分类的准确性和科学性。后续研究可以在本研究的基础上设计更精细和更科学的编码原则来避免主观因素产生的误差。

第四，本次研究仅对论文的研究主题、研究方法和发表时间进行了统计研究，这些只是相关研究的最基本的研究视角。后续研究可以考虑在本研究的基础上从数据收集方法、数据分析方法、研究区域或研究样本等角度展开研究，分析品牌研究的发展现状及趋势，以求更全面地反映问题。

第五，本书只采用了频次分析、相关分析、对应分析的数据分析方法，而未来研究可以考虑使用卡方检验、时间序列分析法甚至情报分析法进行研究，从而为中国大陆品牌研究现状及趋势的研究工作提供多角度、多维度的研究方法。

第六，本书在分析近16年来中国大陆品牌研究的热点和空白点时，主要通过论文发表数量的对比分析来研究，未来的研究或许可以通过该领域核心作者的论文研究主题视角，或者从核心期刊论文数量的角度来研究这一问题，尽量使用多种方法和多重维度全面地来验证研究热点和空白点。

（三）研究展望

根据最近2~3年的国内外有关品牌管理研究的文献和中国管理实践的要求，为了完善品牌管理研究，更好地发挥学术研究对业界的指导作用，预计未来应该在如下一些领域有更多更好的研究，各个主要杂志也应该给予引导。

第一，关于品牌导向的研究。我国改革开放后的前30年主要是市场导向的理论研究和引导，未来30年应加强品牌导向的理论研究和引导，以更好地适应中国特色社会主义市场经济的发展，给予企业实践以指导。

第二，关于要素品牌的研究。中国作为制造业大国，企业品牌、产品品牌都亟待建设。加强要素品牌的研究，可以为企业的转型升级之路提供引导。

第三，关于品牌绩效的研究。品牌作为企业的重要无形资产，其为企业带来的"收益"却难以衡量。而品牌绩效的研究可以让品牌与企业绩效之间的联系更为清晰。未来对品牌绩效的研究应该关注品牌绩效对企业财务与非财务的影响。

第四，关于品牌社群的研究。随着社会化媒体的不断发展，消费者之间的联系日益加强，联系方式也更加多样化。未来品牌社群的研究应该考虑到技术进步对品牌社群的影响。

第五，关于品牌危机的研究。目前国内对品牌危机的研究比较少，但考虑到品牌危机对企业的影响程度，未来应关注品牌危机的产生影响机制，提高企业维护品牌形象的能力。

在研究方法方面，未来品牌管理方面的研究方法将由定性研究方法主导向定量研究方法主导转型，同时计量经济模型的研究方法也会得到更加广泛的应用。品牌方面的研究应尝试使用多种方法和多重维度来全面地验证研究热点和空白点。

附　录

序号	研究主题
1	品牌战略
2	品牌价值
3	品牌策略
4	品牌忠诚
5	品牌延伸
6	品牌组合
7	品牌建设
8	品牌营销
9	品牌形象
10	品牌个性
11	品牌竞争
12	品牌文化
13	品牌绩效
14	品牌设计

序号	研究主题
15	品牌社群
16	品牌生态
17	品牌危机
18	品牌认知
19	品牌的作用
20	品牌发展史
21	要素品牌
22	品牌导向
23	其他

第二章 品牌管理学学科 2011～2013年国内外研究综述

本章主要回顾 2011～2013 年发表在中国内地以及国外（欧美）核心期刊上有关品牌管理的论文，并对这一时期的品牌管理研究进行综述与对比。通过综述，试图找到这一时期国内外品牌管理学科的研究热点与特征；通过对比，试图发现国内外品牌管理研究的差异，为推动国内品牌管理研究的发展与创新提供理论借鉴。

第一节 品牌管理学学科 2011～2013年国内研究综述

纵观 2011～2013 年国内的核心期刊论文，研究者在以下几个主题方面有所贡献：

一、品牌战略（Strategies & Tactics）

在国际化浪潮的推动下，中国越来越多的企业为寻求更多的资源，提高自身的发展空间，扩展国外市场，获取技术，纷纷加入了跨国并购浪潮。在并购的过程中，不少中国企业也遇到了新的问题和新的挑战，在营销领域，不少学者也关注了并购过程中及并购后的品牌战略。陈丽英等（2013）[1]通过对雅高和希尔顿两大不同类型的跨国酒店并购案例的研究，探讨被并购方的品牌整合策略，从而为并购以后的被购方品牌策略提供了理论借鉴。并购过程中，不少中国企业为了迅速提高知名度和扩大影响力，会选择并购知名度比自己高的企业，但是这一类并购不一定都能给企业带来积极的结果，不同身份和地位品牌间的并购行为给企业带来的影响也是不同的，品牌并购信息能够提升消费者对发起并购的公司及该公司品牌的联想能力，但不一定能提高国内公司综合形象。企业并购高形象（身份）品牌的公司品牌的公司有利于原品牌公司整体形象的提高，并购低形象（身份）则不利于原品牌公司整体形象的提升，而且采用强化并购（即并购与被并购的公司具有相同或者相近的品牌）所取得的顾客对公司的联想能力要高于多元化的并购（即并购与被并购的公司所拥有的品牌具有较大差异），因此，公司在进行并购的时候，还要慎用多元化并购的方式（何浏等，2011）[2]。

在弱品牌并购强品牌类似"蛇吞象"情况发生的时候，弱品牌公司的整体形象得到了提高，但是否会出现消费者对原来强品牌的整体认同感下降从而降低对强品牌的购买意愿呢？杨晨等（2013）[3]对该问题进行了研究，他们研究了"弱并强"的并购案例发生之后，弱品牌对强品牌的影响。研究发现，"弱并强"会导致两种结果：如果直接进行"弱并强"，那么消费者对强品牌的情感认同会下降，并且消费者对强品牌的购买意愿也会随之下降；但如果在"弱并强"的过程中，"弱"品牌通过使用如"示弱"品牌传记的策略，消费者对弱品牌的情感认同会更高，对强品牌的购买意愿下降程度会减少，这就有效地保证了强品牌的利益，这就是一种示弱营销的策略。毕竟并购后的一种双赢模式才是发展品牌、获得长远利益的理想模式。对于并购之后的品牌策略，郭锐等（2012，2013）[4-5]对"弱并强"并购后，围绕如何长期有效地发展品牌，从弱品牌视角，宏观并且动态地进行了研究，为民族品牌国际化提供了重要的战略指导和实践指导。

二、品牌传播（Brand Communication）

国内学者对品牌传播的研究包括理论研究与应用研究，理论研究主要探讨了品牌传播理论的概念、特征，并结合现有的营销理论进行整体化演进[6-7]。应用研究主要针对特定的行业、领域，研究品牌在这些领域中的传播方式，以及研究品牌传播与其他品牌要素间的相互关系，并从中发展新的概念模型与理论[8-9]。本报告综合了前期学者们的研究成果，主要关注了品牌传播的应用，汪涛（2011）等的研究关注了品牌传播的一种常见策略——讲故事。当前很多企业为加深顾客对品牌的记忆程度，也采用了讲故事的策略以提高顾客对自己的关注程度，同时借故事提高自身的品牌内涵。但品牌传播是一个系统的营销过程，如果单纯地把故事作为提升企业品牌形象的唯一因素，不系统考虑产品、价格、顾客需求等诸多方面的因素，那么即便企业讲了故事，也不一定能获得良好的品牌传播效果。因此，研究针对这一问题，对企业通过以讲故事的形式塑造品牌，传播品牌价值的方式进行了规范的案例研究，通过研究，构造了品牌叙事理论框架，用以构建和传播品牌故事。研究认为，企业如果要通过讲故事的方式成功地塑造品牌，需要做到以下两点：第一，品牌故事的主题必须积极，内容要真实、要有情感的流露、要能与受众共鸣，还要向受众做出有效承诺；第二，故事的叙事结构要合理，围绕"一个核心"的品牌主张，针对不同的受众群体要能以差异化的形式传播不同的品牌故事。只有这样，叙事品牌塑造才可能取得积极的效果[10]。

三、品牌延伸（Brand Extension）

从 Aaker 和 Keller 在 1990 年"关于品牌延伸评估"[58]的文章开始，学术界便展开了对品牌延伸的广泛研究，中国自 20 世纪 90 年代中叶起依次展开了对品牌延伸的有关策略与战略、风险及误区、评价、综述等方面的研究。符国群（2001）[11]运用残差分析法对其本人与桑德斯先前的一项研究数据进行了重新分析，意在消除原研究中由于变量间的共线性对回归模型的影响，并检验 Aaker & Keller 品牌延伸模型的有效性，研究发现，消费者对品牌延伸的态度主要受到 Aaker & Keller 模型中主变量的影响，较少受到模型中交互项的影响。柴俊武等（2011）[12]研究了解释水平对品牌联想与品牌延伸评估的影响，曹琳（2012）[13]从品牌延伸视角研究了地理标志产品可持续发展问题。学者们运用理论与实证研究，丰富了品牌延伸的理论体系，也扩展了应用范围。但是，从中国企业品牌延伸的实践效果来说，仍旧是成功者少，失败者多。因此，于春玲等（2012）[14]结合中国社会的实际情况，对成功品牌延伸的关键因素、因素间的影响程度问题进行了研究，运用定性的研究方法，对上海家化、云南白药和晨光文具进行了规范的案例研究与分析，发现影响品牌延伸成功与否的因素包括四个层面的 10 个因素；各个因素不是孤立存在而是相互影响的；各因素中，核心影响因素为延伸产品营销支持、延伸产品与母品牌契合度、母品牌实力和延伸产品目标顾客因素。研究为中国企业品牌延伸战略提出了三条建议：企业应该给予延伸产品充分的营销支持；在保证营销支持的基础上，尽量扩大母品牌的产品组合；争取提升延伸产品在技术上的难以模仿程度。可以看出，中国内地关于品牌延伸的研究一直坚持务实的态度，从解决实际问题的目的出发展开研究，通过问题的解决，发展适用于中国国情的理论。

四、品牌认知（Brand Awareness or Brand Cognition）

目前，国内对于品牌认知的研究大多采用实证的方式来研究认知与其他变量的关系。杨伟文和刘新（2010）[15]研究发现，品牌认知会对消费者当前的购买行为产生影响，但是不会直接影响未来的购买行为；品牌关系是品牌认知影响消费者未来购买行为的一个中间变量。康庄和石静（2012）[16]通过构建品牌资产、品牌认知和品牌信任之间的关系模型，研究了三者之间的关系，通过研究，提出了注重品牌形象塑造与沟通、增进消费者信任的建议。孙瑾和张红霞（2012）[17]通过三个实验，分别验证了消费者认知需要和专业化水平对品牌名称暗示性与决策选择的调节作用。王海忠等（2012）[18]基于中国社会送礼的环境，研究了奢侈品品牌标识度的大小与购买意愿的关系。该研究引入了"自我监控"的概念，将其作为影响奢侈品品牌标识程度与购买意愿之间的中介变量，运用实证研究法，分别研究了在自用情况和送礼情况下持不同自我监控程度的消费者面对品牌标识程度不同的奢侈品时购买意愿的大小。研究发现，人们偏好张扬还是低调的品牌标识，要根据消费者特质、奢侈品购买用途以及购买者与受赠者之间的人际关系类型而决定。因此，该研究得出不能简单地判断中国消费者偏好高标识还是低标识的奢侈品品牌，而要根据购买用途、与受赠者关系、自我监控水平等因素来决定其购买意愿的结论。

五、品牌社群（Brand Community）

Muniz 和 O'Guinn（2001）[59]提出了品牌社群的概念，即品牌社群是一套顾客与顾客之间基于某一共同喜好的品牌所形成的不受地域限制的社会关系。随后，McAlexander等 (2002)[60]对这一概念进行了补充和完善，并提出品牌社群其实是一个由消费者构成的关系网络，该网络包括了消费者分别与品牌、公司、产品及消费者自身之间所形成的四种关系。在中国内地，也有大量的研究关注了品牌社群。王新新和薛海波 (2010)[19]在品牌社群的研究中引入了社会网络和社会资本理论，用以探究品牌社群社会资本维度、特征和影响作用，从而揭示品牌社群对品牌忠诚的影响机制。国内学者在品牌社区概念、交互机制、扩散方式领域都做了一些研究，但也存在一些不足，在品牌社群中对社会关系网络特征及影响的研究较少，现有的文献主要集中在扩散和口碑传播方面，因此，在此基础上，薛海波和王新新 (2011)[20]基于社会网络分析视角，结合了社会网络理论与消费者行为学，以青春文艺类品牌社群的消费者作为样本，提出了六个假设，以探究品牌社群中的关系网络结构对消费者心理和行为的影响。通过研究，品牌社群认同与自我品牌关联分别在网络密度和品牌忠诚度之间起到了完全媒介和部分媒介作用。研究结果使人们对品牌社群作用机制的认识更加深入，对于企业建立品牌社群、培育顾客忠诚都具有很好的参考和借鉴意义。此外，国内也有学者在国外有关社群承诺[61]、社群参与[62-64]、社群感知[65]等品牌社群的基础上，研究了品牌社群认同与品牌忠诚间路径形成问题 (周志民和郑雅琴，2011)[21]。周志民和郑雅琴运用类别化和关系化理论，研究了品牌社群认同到品牌忠诚的两条间接路径，以及品牌认同和品牌社群承诺的中介作用，运用学习迁移理论，研究了感知社群—品牌相似度的调节效应。通过研究分析，得出品牌社群承诺和品牌认同在品牌社群认同和品牌忠诚之间均起到完全中介作用，感知社群—品牌相似度在品牌社群认同与品牌认同之间起到调节作用，而在品牌社群承诺与品牌忠诚之间没有调节作用。

在互联网以及社交网络飞速发展的今天，大部分的年轻群体倾向于网络社交，与之相对应，品牌社区也衍生出了基于网络平台的虚拟形式。近年来，国内学者在虚拟品牌社群的方向也做了一定的实证研究。田阳等 (2010)[22]以虚拟品牌社区理论为基础，构建了虚拟品牌社区特征对顾客体验和品牌依恋的结构方程模型，以研究虚拟品牌社群与品牌依恋之间的关系。刘新和杨伟文 (2012)[23]通过对来自电子消费产品虚拟品牌社群的成员进行采样，探讨了虚拟品牌社群认同对品牌忠诚的影响。在量表开发方面，江若尘和徐冬莉 (2012)[24]对虚拟品牌社区公民行为进行了界定，并通过定性及定量研究开发出了具有可靠性和有效性的量表。在前期实证研究的基础上，王永贵和马双 (2013)[25]系统地剖析了顾客互动的关键维度，并运用实用—享乐理论探讨了顾客互动的关键驱动因素即实用需求和享乐需求，研究提出了12条研究假设，以某品牌发烧友论坛成员作为研究对象进行分析，通过研究，论证了社区认同的双面性即社区认同正向调节人际互动 (和产品互动) 与社区满意之间的关系；与此同时，社区认同又负向调节人机互动和社区满意之间的关系。

六、品牌危机 (Managing Brand Crisis)

国内部分企业爆出的产品质量问题，引起了社会的广泛关注。对于一个人来说，诚信是一个人的立身之本，而对于企业来讲，诚信也是企业的立足之本。企业不诚信的行为会影响消费者对于企业及其品牌的信任程度，从而影响企业的生存。当危机发生的时候，企业该如何应对，才能减少损失，弥补顾客对自己的信任？针对这类问题，国内的学者展开了广泛的实证研究，包括品牌信任机制构建[26]、品牌信任机制提升[27]、产品危机与竞争[28]、产品危机与品牌资产[29]等。以上的研究证实了产品伤害或产品危机所带来的影响机制。方正等（2013）[30]在前期研究的基础上，基于"可接近性—可诊断性"分析框架，用两组实证研究分析了产品伤害危机对竞争产品和产品品类的负面影响，通过研究，发现危机品牌在品类中的代表性越强，竞争品牌就越容易受到溢出效应的影响；竞争品牌与危机品牌越相似，则溢出效应就越容易发生；如果品牌差异是引起消费者思考的因素，那么溢出效应将不会影响竞争品牌；如果溢出效应发生并且伴随着竞争品牌对问题的否认，那么消费者就会更正对危机产品的态度，反之亦然。

在网络媒体飞速发展的今天，企业的产品危机事件在网络及社交媒体的传播更加迅速，也更加广泛，网络媒体对危机事件的爆发也起到了推波助澜的作用，企业如何在网络上进行危机管理也成为企业必须面对的新问题。李桂华等（2012）[31]通过对品牌危机发生后，企业发布的沟通微博下的消费者评论进行内容分析，研究了产生微博口碑的原因，不同情境下口碑的特点、应对策略以及口碑的"树根模型"。研究发现，在危机发生后，消费者的整体网络口碑态度会变得负面和消极；企业诚信形象、危机沟通态度和能力、消费者对危机的归因和企业的实际经营特征要素会影响口碑态度的趋向；在这些因素不同组合的情境下，企业的危机沟通策略也会呈现出权变的效果。危机发生以后，消费者更加关注的是企业如何通过一些落到实处的事情，而非企业短暂的良好态度或者沟通的技巧以补偿消费者的损失。因此，危机管理研究对企业如何在危机发生的时候有效控制危机范围，改变消费者态度提供了理论借鉴。

七、品牌建设（Brand Building）

在日趋激烈的竞争环境下，品牌也成了企业竞争的重要因素，企业如果没有自己的优质品牌，是难以在市场上长期存活的。与发达国家相比，中国在很长一段时期处于"全球价值链的低端"，这是由于我国大部分制造企业都集中于加工环节，经济附加值不高[32]，企业回避品牌建设甘做 OEM，因此被称为"世界工厂"。要改变这种局面，必须加强自主创新，提升品牌意识，推动企业创建自主品牌。因此，国内学者对我国企业自主品牌的建设培育问题进行了深入研究[33-34]。王朝辉等（2013）[35]运用理论和实地研究相结合的方法，对广州市十多家企业进行了调查研究，旨在分析企业自主品牌创建过程中的动态因素。研究发现，企业在创建自主品牌过程中，会受到企业核心能力（创新能力、营销能力）和企业资源（企业资产、人力资本、社会资本）的影响；在创建品牌的不同阶段，关键因素的作用存在差异，影响的内部机制也不同；在这一过程中，关键因素存在动态演化的特点。企业可以借鉴这些特点创建自主品牌。上述研究主要针对有形产品品牌的建设，对于产品品牌的另一种形式——服务品牌，国内研究还尚少。陈晔等（2011）[36]在服务品牌建设上做了相应研究，文章从服务内化角度入手，从通信、银行、酒店和保险业里分别选择了一个位居行业前列的代表性企业进行跨案例研究。文章强调，企业服务品牌的直观体现来源于员工，在内化过程中，企业应该加强对员工的培训，首先把品牌营销给员工，使员工全面认识品牌，使品牌概念逐渐内化到员工群体中去，最终在企业与顾客的交互过程中，通过一线员工将品牌价值传递给客户。研究发现，服务品牌内化需要经过品牌识别到品牌内化的员工参与过程，在这一过程中，需要对员工进行品牌培训、品牌沟通，同时还需要进行品牌贡献激励，从而实现品牌内化的员工。在整个过程中，员工是核心。研究最终构建了服务品牌内化的概念模型，对企业服务品牌内化提供了有利的理论支持。

八、要素品牌管理（Ingredient Brand Management）

相比其他的品牌主题，目前（至 2013 年止）发表在国内经济与管理类核心刊物上有关要素品牌的研究还尚少，关于要素品牌的研究主要集中在要素品牌的概念研究[37]、价值探索[38]和战略探索[39]方面。卢宏亮和李桂华（2013）[40]在价值探索方向，结合中国社会的实际情况，研究了 B2B 企业中品牌资产的来源路径。文章试图解释清楚在中国社会逐渐由"熟人社会"向"陌生人社会"转变的过程中，适用于先前熟人社会的人情规则是否还有效果，"关系"的作用是否还存在的问题。通过对中国东部十多个主要城市的企业进行调查，构建了品牌资产来源路径模型，研究发现，品牌真情对品牌忠诚有直接的影响，而品牌人情对品牌忠诚没有直达的直接路径，中国人的人情观多带有功利色彩，如果没有情感上的满意作为支撑，则很难直接导致行为上的忠诚。研究的结果客观地反映了在中国环境下 B2B 企业之间交互所关注的价值取向，为企业间的营销提供了情感化的决策建议。

在战略探索方面，李桂华等（2013）[41]对我国代工企业的自有品牌战略进行了研究，通过构建专用型投资对竞争优先权与自有品牌战略的影响模型，研究了代工企业代工专用性投资、竞争优先权与自由品牌战略间的关系。研究结果显示，三者之间存在着内在联系，代工企业由于专用型投资的不同，对竞争优先权所产生的影响也不相同。竞争优先权中，技术创新和管理水平都能正向影响自有品牌战略，能力类专用性投资对自有品牌战略的影响是直接而正向的，而活动类专用性中投资对自有品牌战略的影响过程中，竞争优先权的管理水平维度会作为一个中介变量，从而使活动专用性投资间接正向影响自有品牌战略。研究结果对指导我国代工企业建设自有品牌具有重要的意义。

九、产业集群品牌（Cluster Brand）

产业集群品牌，也叫集群品牌或区域品牌，主要是以一个整体的品牌视角来系统地看待一个地区的产业集群。品牌名称由一个地区最具代表性的产业加上该地区的地名所构成，这种命名组合直观地体现了一个地区的经济以及文化特色（孙日瑶，2007）[42]，代表了一个地区产品或产业的形象，如龙泉剑、普洱茶、景德镇瓷器等。随着国内产业集群的发展，学者们对产业集群品牌的研究也逐渐丰富起来，研究的主题日益丰富，涵盖了经济与管理的诸多方面。

在经济学领域，研究品牌与经济增长的现有文献主要分为两大类。第一类从微观角度探讨品牌对经济增长的影响，主要关注点是产品品牌。刘华军（2006）[43]构造了"分工—制度—品牌模型"，从消费者行为理论入手，将品牌与微观经济学模型进行结合，得出了品牌可以从需求角度解释消费者有效选择对经济增长的拉动和促进的结论。李强（2011）[44]在代表性企业家生产函数中引入了品牌资产变量，通过模型试图解释经济发展不平衡地区间的差异问题。李仁良和傅小竹（2011）[45]选取了1991~2009年的四个经济指标（GDP、劳动投入量、有效注册商标数量、全社会固定资产投资）作为分析的原始数据，利用索洛经济增长模型，分析了品牌资本对中国经济增长的贡献率。李兴江和张玉洁（2012）[46]搜集了中国东、中、西部共28个省份（包括直辖市）的人均GDP和品牌价值的数据，运用计量模型得出，品牌与区域经济增长之间存在显著的相关关系。

第二类从宏观的角度探讨了区域品牌对经济增长的影响，主要关注点是区域品牌。涂山峰和曹休宁（2005）[47]的研究表明，产业集群有利于区域品牌的形成，并且能够使之得到有效的维护，而区域品牌对经济的增长有重要的意义。郭克锋（2011）[48]从比较优势、外部经济、规模经济以及隐性契约角度探讨了区域品牌的形成机制，并通过论述得到区域品牌的形成会使需求曲线与供给曲线右移，使均衡市场交易量扩大，市场出清价格提高，从而扩大了生产者的利润，也增加了消费者的效用。张晓兵和杨瑚（2011）[49]基于区域品牌的内涵及功能，分析了区域品牌与区域经济的关系，探讨了区域品牌对区域经济的推动作用。从以上的文献中可以看出，学者们在产品品牌和区域品牌对区域经济增长的积极作用问题上都表示赞成。本报告精选了顾立汉和王兴元（2012）[50]的论文，解释品牌为中国区域经济发展做出的贡献大小如何，及不同区域经济总量的差别是否能用品牌分布来解释的问题。文章以《中国500最具价值品牌》上榜地区分布情况作为原始数据，从上榜品牌丰裕度（即一个地区上某年上榜品牌的总个数）、总价值和多样性三个角度来描述品牌分布的基本特征，地区经济发展状况用人均GDP进行衡量。运用实证研究方法，提出了区域品牌丰裕度、上榜品牌、上榜品牌多样性分别与人均DGP呈正相关的三个研究假设，通过回归分析，得出了上榜品牌总价值和多样性与人均GDP有显著的正相关关系、丰裕度与区域人均GDP呈现弱的负相关关系的结论。本文将品牌的相关属性作为一种指数，用以衡量地区经济发展水平的指标，为理论的发展与经济的实践提供了有效的理论支持。

在管理学领域，区域品牌的研究则呈现多元化的发展，包括竞争力、消费者视角、品牌资产、品牌沟通、品牌营销等诸多领域。夏曾玉和谢健（2003）[51]在对比企业品牌、区域品牌、国家品牌的基础上，结合区域经济学等理论分析了区域品牌的特性，提出了发展区域品牌的重要性。张挺等（2005）[52]结合中国经济的发展，系统地界定了区域品牌的概念，介绍了区域品牌创建的基本方法、定位的原则和整合营销传播的手段。蒋廉雄等（2005）[53]在比较区域品牌与产品、服务品牌基础上，定义了区域品牌资产概念及其构成，构建了区域品牌资产发展体系。徐利新等（2012）[54]运用协同演化原理，研究了产业集群品牌影响潜入品牌的机制。尤振来和倪颖（2013）[55]以轮轴型产业集群为背景界定区域品牌、企业品牌的内涵，分析两者之间的关系并提出区域品牌与企业品牌互动的三阶段模型。以上文献为中国产业集群品牌的研究做出了前期的理论铺垫，但仍然存在不足。牛永革和赵平（2011）[56]指出，目前在中国产业集群理论研究中，学者们主要从生物学、物理学中的磁场效应、社会网络、企业间信息结构、时间和空间维度等视角剖析产业集群品牌及其效应的生成机制，但这类方法的研究结果差异极大，相互之间认可的程度较低，只看到集群品牌有利的一面，而忽视了不利的一面。为解决此类问题，作者对目前产业集群品牌进行了重新分类，从集群外向发展视角和消费者视角检验产业集群品牌效应存在的特性。研究发现，一般性产业集群的集群品牌对消费者存在负向效应，不适合发展集群品牌；特殊性集群品牌对消费者存在正向效应，适合发展集群品牌。

第二节　品牌管理学学科 2011～2013 年国外研究综述

纵观 2011～2013 年国外的英文核心期刊论文，研究者在以下几个主题方面有所贡献：

一、品牌战略（Strategies & Tactics）

在品牌战略问题的研究中，从国际的角度，学者们探讨了品牌全球化战略。当下，国与国之间的距离越来越短，融合程度也越来越深，一些国际品牌的零售商把注意力转移到了发展中国家。Bernhard Swoboda 等（2012）[65]研究了西方国家和一些亚洲国家的品牌国际化以及本土化战略对中国的影响，研究得出，如果品牌能够影响消费者的功能以及心理价值，那么全球化的品牌观念可以为国际零售商赢得赞助，成功的途径在于零售商的发源地。而中国的零售商赢得市场靠的是品牌的全球本土化（Glocal）战略。这一结果为企业的跨国投资提供了理论支持。Ayşegül Özsomer（2012）[66]通过对一个新兴市场（土耳其）和两个发达市场（新加坡、丹麦）的调研，构建了本土化品牌与全球化品牌的交叉结构框架，旨在研究不同的市场背景下，消费者面对全球化品牌和本土化品牌时的购买意向，从而为企业的品牌全球化战略提供理论支持。从国内角度，学者们研究了品牌的竞争策略。Michel 等（2013）[67]认为，广告诱发的感觉会带来积极的品牌态度。为了研究和归纳这一现象，文章分析了 1070 个电视广告，涉及 150 种品牌类型，得到了 1576 份顾客的反馈。（通过实验）归纳出了五类结果：第一，广告诱发的感觉确实对品牌评估有很大的影响，并且在这样的条件下，其结果比先前的研究更接近真实的市场环境。第二，这些影响既有直接影响也有间接影响，这些影响间接地将（受众）态度与广告（所推崇的内容）连接了起来。第三，这些影响并不与产品的联系程度相关。第四，这些影响的显著程度，享乐用的产品比实用产品更加明显。第五，这些影响并不取决于产品的某些属性（即产品是否是耐用品，产品是否是服务型的，或者产品是先验品还是后验品）。

二、品牌资产（Brand Equity）

欧美国家对品牌资产的研究始于20世纪八九十年代初，源于当时西方国家所经历的一起起大规模的企业并购浪潮，一批超大企业为谋求自身的快速发展，增强国际竞争力，纷纷进行了各种形式的合并。比如1996年美国波音公司与麦道公司的合并，1998年德国德戴姆勒—奔驰与美国克莱斯勒的合并以及2001年美国在线与时代华纳的合并等案例。合并形成了企业间的强强联合，市场形成高度寡占的局面，企业的兼并除了带来巨额的市值之外，强强的联合也造就了巨大的品牌价值。因此，在应用领域，品牌资产的概念从品牌管理中衍生了出来[68]，学术界将此概念提升到了理论层面并加以研究和发展，在实务领域得到了广泛应用。对于品牌资产的概念界定，西方国家有很多种定义，美国市场营销研究院（MSI）的定义是，品牌资产是与品牌相关的使用主体（顾客、渠道成员、母公司等）对品牌的联想和行为，与没有品牌名称的商品相比，这些联想和行为可以使有品牌名称的产品获得更多利润，同时赋予品牌强大、持久和差别化的竞争优势[69]。Aaker（1991）[70]认为，品牌资产是与品牌、名称和标识等相关的一系列资产或负债，可以增加或减少通过产品或服务带给企业或顾客的价值。Keller（1993）[71]认为，品牌资产是消费者由于品牌知识（由品牌知名度和品牌形象组成）的不同对品牌的市场营销行为的不同反映。Shocker等（1994）[72]从消费者和企业两个角度来界定品牌资产，消费者角度的品牌资产是无法用产品属性解释的在效用、忠诚和形象上的差异；企业角度的品牌资产是产品有品牌与产品无品牌时能获得的超额现金流。Kotler（2000）[73]在总结了上述品牌资产的研究基础上，将品牌偏好纳入品牌资产中，指出品牌资产主要分为四个层次：品牌认知、品牌接受度、品牌偏好和品牌忠诚。Keller（1993）指出了品牌资产研究的两个动机：一是财务动机，即出于会计上的利润目标而进行精确的品牌价值估计；二是战略动机，即改进企业的营销生产率。因此，西方国家对于品牌资产的研究主要基于两个角度，即品牌对消费者带来的经济效用的消费者角度和从企业视角出发判断品牌创建合理性的企业管理角度。在随后的近20年，学者们开发了一系列的模型，如Aaker模型[74]、Bel模型[75]、CBBE（Customer Based on Brand Equity）模型[76]、品牌记忆网络模型[71]等，为品牌资产理论的演进与应用提供了有效工具。本报告对2011～2013年学者们对品牌资产的研究进行了一个综述，借以了解这一阶段的研究动态。

从消费者角度，学者们对品牌资产自身的评估[78]、品牌资产与品牌认知、市场绩效、营销组合、背书品牌、顾客忠诚、顾客满意等变量之间的关系[79-81]进行了广泛研究，

Fang Liu 等（2012）以澳大利亚的消费者作为研究样本，在奢侈品行业分别选取了两个奢侈品品牌（CK 和香奈儿）的产品（手表和太阳镜），运用结构方程模型评估了消费者自我一致性三个方面的影响，即消费者在关注两个时尚奢侈品品牌的时候，品牌的个性一致性，用户形象一致性（即消费者从年龄、性别、文化或穿着地位方面感知自己与品牌个性的相似程度）以及使用形象一致性（顾客对品名所体现出的商品的效用与实际效用之间的联想）对顾客态度和品牌忠诚的影响。研究发现，在奢侈品品牌体验过程中，用户形象一致性与使用形象一致性对品牌态度和品牌忠诚的预测程度，都高于品牌个性一致性对两者的影响。用户形象一致性与使用形象一致性对品牌态度和品牌忠诚的影响都显著。本研究中，基于两个目标品牌，品牌个性一致性对品牌态度和品牌忠诚度都没有显著影响。研究证明了自我一致性可以表现出不同的形象，这些形象对品牌态度和品牌忠诚有不同的影响[82]。在品牌与顾客关系的问题上，Whan Park 等（2013）[83]研究了"顾客—品牌"中存在的"喜好—厌恶模型"（AA 模型）。先前的学者们曾经提出了 AA 模型的关系并做出了一定的实证检验，包括：①品牌—自我差距和品牌标识显示度可以用来表现消费者对某一品牌的喜好（依恋）—厌恶关系（AA 关系）；②做因变量的时候，要把 AA 关系的测量指标与其他可选关系（品牌依恋、情绪效价和品牌态度程度）的测量指标区分开；③AA 关系中的三个决定性因素，AA 关系和行为意向的内生过程，以及实际的品牌行为；④顾客年龄可以调节顾客—品牌关系，这一结论可以写为 AA 理论模型。Whan Park 对学者们提出的关系以及检验的内容进行了分析，结论有力地支持了先前的学者们对于 AA 关系模型可以被作为表现消费者与品牌之间关系程度的论点。

基于互联网环境下所形成的顾客与产品品牌的关系领域，Nga 等（2013）[83]对在线顾客正面及负面的评价进行了研究，文章以 DVD 行业的在线用户评论作为样本，研究了品牌资产是否可以成为调节在线用户评论与销售的一个（中间）要素。通过研究发现，产品的在线用户正面（负面）的用户评论会增加（减少）弱势品牌（缺乏有效的正面品牌资产的品牌）的销量，但是，在线用户评论对强势品牌却没有显著的影响，虽然这些品牌显著的销售量增加靠的还是强势的品牌资产。高销售量可以带来很多正面的在线评价，同时，正面的在线评论的提升也有利于弱势品牌向强势品牌转化。这种在弱势品牌中形成的介于销售和正面评价的回路，不但可以帮助弱势品牌提高销量，而且还能帮助它们全面提升品牌资产，能给整个品牌带来全面的收益。与之相对的一种观点是，强势品牌在线评价的重要性在下降。对于弱势品牌来说，积极的在线评价要比营销沟通更能影响这一类品牌的销售。在消费者对品牌的偏好研究方面，Rajeev Batra 等（2012）[84]运用扎根理论的方法，研究了品牌至爱的本质和重要性，他们利用两个定性研究揭示了消费者品牌至爱中的不同类型。该研究通过构建一阶和高阶结构方程模型来探索这些特征。高阶模型得到了七个核心元素：自我品牌整合、情感驱动行为、积极情感联系、长期关系、积极的总体态度价态、态度明确性与信心（态度强度）、预期分离困境。除品牌至爱的七种要素之外，质量信念作为先于品牌至爱、品牌忠诚、口碑的元素，能阻挡结果中的负面信息。一阶和高阶品牌至爱模型在预测忠诚度、口碑和更好地阻碍负面信息以及提供更有效的理解方面都比品牌至爱的整体测量效果要好。

从企业（或管理者）角度，Carlos（2012）[85]对公司的社会责任及品牌概念问题进行了研究。通过四组研究显示，与控制相比，奢侈品品牌概念的企业社会责任评估活动正在减少。奢侈品品牌的自我提升概念（比如在人和资源上取得优势）与社会责任信息中的自我超越概念（保证所有的福利）相冲突，由此阻碍并导致了该项评估活动的减少。这些影响并没有对品牌在广义的领域（未知地区的感情追求）或保守的领域（维持现状）出现，也没有与公司社会责任相抵触。当这种不流畅的信息减少以后，奢侈品品牌的概念就消失了，但是它会作为一种抽象的（与具体的）思想形式被突出出来。这些研究暗示了品牌概念如何作为一个关键因素来影响企业的社会责任评估活动。在公司品牌与股东关系的问题上，Sundar 等（2011）[86]分析了品牌质量对股东财富三方面的影响，即股票收益率、系统性风险和非系统性风险。研究发现，品牌质量的非预测性变化会积极地关联股票收益率，并且消极关联非系统性风险，在这个范围里，品牌质量能增加股东财富。但是，品牌质量中的非预测性变化也会侵蚀股东财富，因为非预测性变化与系统性风险也会有积极的关联。研究结果显示，当期收益中的一项非预测性增长（减少），加强（削弱）了品牌质量在股票收益率中不确定性变化的积极作用，同时也缓和（增强）了它在系统性风险变化中的有害影响。

三、品牌传播（Brand Communication）

西方学者主要从消费者市场和生产者市场两个角度来研究品牌传播。在消费者市场，Shukla（2011）[86]研究了品牌起源、品牌形象对奢侈品购买意向的影响。研究发现，对于英国人来说，品牌形象在奢侈品的购买过程中会成为主要的参考指标来影响消费者的购买意愿。在运用互联网进行品牌传播的领域，Oliver（2011）[88]从品牌互联网传播的角度研究了在搜索引擎的作用下，以网络搜索的视角探讨了品牌被搜索到的过程。Oliver 从一个生活中网络搜索的例子入手，介绍了一个游客在做旅行计划时，在网上搜索酒店的过程中，一般情况下会经历两个过程：过程一，比如当他要去洛杉矶旅行的时候，在搜索引擎（Google）上输入"洛杉矶的酒店"，然后单击"搜索"按钮，此时，在搜索结果中，他能得到一系列关于洛杉矶现有酒店的列表。但是列表中的结果被分为了两个部分，一部分是普通结果，该结果无序地罗列了一系列与洛杉矶酒店相关的信息，另一部分则非常有顺序地列出了洛杉矶现有的品牌酒店（如希尔顿酒店）的信息，而这一部分有序的信息即为搜索结果中的付费部分，即当某酒店向提供搜索服务的组织缴纳一部分费用之后，该酒店就能在消费者搜索相关信息的时候，被优先陈列到付费模块列表，使消费者第一时间就能看到此酒店。过程二，该旅行者从付费模块点击了酒店的内容，进入了酒店官方网站并预约了房间，完成交易。这就是搜索过程中，一般搜索与品牌搜索间的溢出效应。虽然一些独立的指标显示，对于登广告的人来说，一般化的关键词搜索需要花费的显示成本比品牌化了的关键词搜索还要高，但是一般化的关键词搜索会为后来的品牌化搜索创造溢出效应。文章基于 Nerlove – Arrow 广告构架（模型），运用贝叶斯评估方法，研究了此类效应。结果显示，通过关联知晓度，一般性的搜索对接下来的品牌化搜索起到了积极的影响作用。然而，品牌化的搜索却对一般化的搜索没什么影响，因此便论证了这种溢出效应是不对称的。研究的发现对企业的广告活动提供了理论建议，也提高了企业进行品牌传播的效率。此外，在语言编码对品牌传播的影响问题上，Luna 等（2013）[89]通过运用语言心理学理论研究了品牌拼写对消费者品牌记忆的影响，他们发现，语言的"相关拼写"变量会对消费者的品牌回忆产生影响，即品牌拼写的正确程度会影响消费者的品牌记忆，该结果形成了一组关于品牌记忆的二重编码（听、写）。

在生产者市场，Evelyn 和 Raynard（2011）[90]研究了家族企业在自身品牌传播过程中，究竟是应该采用张扬的战略还是应该采用低调的战略问题。他们发现，家族企业会在品牌传播的过程中广泛提及"家族"（比如家族历史、荣誉、名望）和自身的"遗产"。通过对世界上一些老牌的家族企业进行分析，研究者得出，家族企业可以巧妙地利用自己的这两种要素，打造出适合自己的宣传模式，使其成为自己，独有的竞争优势。在 B2B 型企业的品牌传播研究中，Nina 等（2011）[91]研究了中小型 B2B 企业在使用社交媒体进行营销的过程中，存在的诸如使用、障碍和评估问题。在 Web2.0 时代，互联网和一些互动技术的确为企业的品牌传播推广做出了贡献，也取得了一定成效，在消费者市场尤为明显（Enders, Hungenberg, Denker and Mauch, 2008；Kaplan and Haenlein, 2010）[92-93]。但是在生产者市场，利用社交网络（如 Facebook、YouTube 和 Twitter）来实现品牌目标的企业却比较少，关于这类问题的研究也比较少，因此 Nina 等以英国的中小型 B2B 企业作为样本，研究了他们使用社交网络进行营销的情况。研究发现，只有 1/4 的英国中小型 B2B 企业运用社交网络实现了品牌目标，（这些企业）利用社交网络作为营销工具时存在着差距，主要体现在使用习惯、知觉障碍，以及有效性测量上。一个主要的障碍是对一些（社交网络的）特定部分缺乏认知。通过研究，找出了英国 B2B 企业在社交网络使用上的问题，为这一类企业未来的网络品牌传播提供了理论建议。

四、品牌延伸（Brand Extension）

西方学者在品牌延伸问题的研究中，考虑了子品牌与母品牌不同相似度的问题，基于这一前提研究子品牌的延伸方式[95]、顾客对品牌延伸的评估[96]、品牌识别、品牌形象、品牌偏好与品牌延伸的关系等问题[97-98]。Sanjay 和 Keller（2012）[98]通过三个实验探索了品牌名称结构（母品牌或子品牌）的选择以及（品牌）变化类别的相似度（相似或不相似）是如何影响（品牌）延伸评估和品牌稀释的问题的。结果显示，母品牌延伸过程中的快速的分类战略会使子品牌的深层次的延伸战略变得缓慢。结果，当母品牌延伸而非子品牌延伸时，品牌类别相似性会影响延伸评价。另外，当消费者在母品牌的相似延伸品牌上受到了消极体验的时候，稀释的效果会变得明显。研究证实了品牌名称结构会形成不同的信息传导过程，从而影响品牌延伸和品牌稀释中的评估结果。明显的品牌名称结构变化会致使消费者的反应也变得明显。与母品牌相似度高的子品牌，能比相似度低的子品牌更好地传递来自母品牌的顾客偏好。因此，子品牌化的过程给营销者带来了两方面的提示：从顾客非本意的负面反馈中加强延伸品牌的评价以及加强母品牌的保护。

五、品牌个性（Brand Personality）

在品牌个性问题的研究中，学者们从理论发展的角度做了深入研究，Traci Freling (2010)[99]研究了品牌个性及吸引力的概念模型，通过分析得出，顾客对品牌的好感度、品牌的清晰度以及品牌原创程度会直接且正向影响顾客的购买意愿。Aggarwal 和 Mcgill (2011)[100]研究了消费者的自发行为对品牌人格化的影响，研究发现，对于自己喜欢的品牌，消费者会潜意识地驱使自己的行为与品牌个性保持一致，对于不喜欢的品牌，则自发行为会与该品牌保持距离。Lucia Malar 等（2011）[101]研究了品牌个性中，现实我与理想我的相对重要性问题，研究指出，实现情感化品牌依恋过程中，一种有效的方式就是将品牌个性与消费者（性格）匹配起来。然而，在匹配过程中存在的一个关键问题是，究竟是将品牌个性与消费者的"现实我"匹配还是应该与"理想我"进行匹配？通过对167个品牌（分别匹配了1329个消费者和980个消费者）的实证研究发现：由于受到消费者产品介入，消费者个体差异因素对自我一致类型（即品牌个性与消费者现实我匹配和品牌个性与消费者理想我匹配）的影响，自我一致性对消费者情感品牌依恋的影响既复杂又多元。在一般情况下，现实的自我一致性对情感品牌依恋的影响最大。产品介入、自尊心以及公我意识会增加现实自我一致性的积极影响，降低理想自我一致性的影响。Lee (2013)[102]认为，现有的品牌个性理论主要还是基于心理学研究领域，对市场兼顾得不足。Lee 选取了36个知名品牌，并在韩国范围内研究了品牌个性对当地消费者的作用，通过研究，Lee 得到了多元结构品牌个性结构模型的雏形，旨在弥补现有品牌个性模型在"市场学—心理学"范围兼顾不足的问题。

六、品牌社群（Brand Community）

西方学者在品牌社群的研究中，主要关注了品牌社群的运作方式以及价值创造的方法，通过研究，全面地了解了品牌社群中消费者的活动特点以及价值观的导向。企业可以根据这些特点采取相应的导向策略，以引导消费者的社群商业行为。Won - Moo 等 (2011)[103]通过分析品牌社群承诺的信任度，研究了如何在对品牌社群承诺的管理过程中构建品牌忠诚。研究发现，品牌承诺真实度、品牌社群影响力对品牌社群承诺都有显著的积极影响，品牌社群承诺对品牌忠诚有显著的积极影响。品牌社群承诺在真实度和社群影响力到品牌忠诚的过程中起到中介作用。Michael 等（2013）[104]运用网络民族志方法，研究了品牌竞争以及品牌社群之间的冲突原因，研究发现，在品牌与品牌社群之间同样存在着品牌竞争，而这种竞争在社群上反映出来的就是不同群体中的社员对竞争社群品牌的言语攻击，有竞争关系的社群间成员会使用嘲笑、讽刺、挖苦等方式来攻击对手，从而形成社群间冲突。Roderick 等（2013）[105] 运用网络民族志的方法，研究了消费者在虚拟品牌社区的互动过程，研究构建了一个多维的消费者虚拟品牌社区互动流程图，直观而且清晰地展示了消费者在社区中互动的情况。Siwarit 和 Jonathan（2011）[106] 研究了共同消费品牌社群中的价值共创问题。文章通过论述个体消费者在价值创造过程中如何扮演不同的角色，以微观的维度视角，展示了个体消费者如何在品牌文化背景下进行价值创造的过程，提出了另一种价值创造的观点。研究结果显示，共同消费群体是一个价值创造的平台，双重剥削对消费者来说并不是一个必要的威胁，因为它可以替代共同消费群体去扮演一个价值创造的角色，并且具有很强的力量去对抗品牌所有者。同时，文章对现有的品牌社群理论的贡献是：①证实了消费者在价值共创活动中扮演的角色是动态的；②展示了一个新的组织形式，即消费者组织；③描述了有效消费者是如何管理自己的品牌社区的。

七、品牌危机（Managing Brand Crisis）

在西方国家，企业存在的品牌危机同样是一个被广泛讨论与研究的问题。在这一类问题上，西方国家的学者们做了大量的研究，也取得了大量的成果。纵观学者们的研究，本报告得出，品牌危机的诱因可以归为两类：第一类为企业自身原因导致品牌危机，如企业的产品失误、企业的不道德行为等所导致的人们对该企业的品牌态度的转变；另一类为非企业自身的原因所导致的，比如人们对某企业的敌意态度所延伸至对企业品牌的负面态度，如偏见、种族主义、对某国敌意的政治态度延伸至该国企业的品牌态度等，最终导致品牌危机。

针对第一类问题，Chris Pullig（2006）等[107] 研究了当企业处于负面舆论中时，企业如何将自己的品牌与所受的负面舆论分离开来，同时也研究了在这种舆论背景下顾客对品牌的评价情况如何。研究发现，如果顾客对品牌有先入为主的认识，并且对品牌持肯定态度，那么当企业处在负面舆论的环境中时，顾客对品牌的评价与企业的负面评论是隔离开来的，即顾客还是会肯定企业品牌的价值；与之相对的结果是，顾客会因企业的负面评论对该企业的品牌产生偏见，从而对该品牌持消极态度。这一结果为企业品牌的抢先宣传提供了理论建议。Frank Huber 等（2011）[108] 通过研究发现，品牌的不良运营会给企业带来负面的结果，并且带来经济损失。当企业面临品牌危机时，企业的反应成为了直接影响企业品牌资产的关键要素，并且企业还要根据品牌危机的差异来选择不同的补救策略（否认、减少对顾客的冒犯程度、改正措施等），"万能"的补救策略是没有的，要因事而制宜[109]。比如，航空公司出现坠机事件或者乘客与公司员工出现纠纷时，采取的公关和补救策略也不一样[110]。为了拉近与顾客的距离，让品牌看起来不那么刻板，一些品牌会使用人格化（Anthropomorphization）的广告策略来打动消费者。但是当产品失误与人格化（或拟人化）问题交织起来时，结果会如何？Marina Puzakova（2013）[111] 研究了品牌负面人格化的后果，即由于产品的不道德行为使品牌陷入负面的舆论中，此时，品牌人格化给品牌的评估带来负面影响。研究发现，在西方国家，人们对品牌人格化持两种主要态度：稳定论者或保守派，即持"人格稳定"观点的消费者，他们坚信人格化了的品牌遭受到负面舆论的程度要比非人格化品牌的强；增长论者或拟人派，即持"品牌个性延伸"观点的消费者，他们很少会因为极个别的负面案例去贬低人格化品牌。在面对企业的三种公关策略（否认道歉和补偿）时，保守派消化品牌人格化的副作用的能力要比拟人派差，而且，他们认为当产品出现不道德行为时，与否认策略或者道歉策略相比，补偿才是唯一的策略。

针对第二类问题，Dana L. Alden 等（2013）[112]研究了在新兴市场和发达市场中全球敌意企业对全球品牌态度的影响。国家层面上的敌意会导致（消费者）对来自敌对国的产品产生厌恶，然而这只是对全球敌意企业理论（GCA）的初步理解。文章提出了一个理论构架，即 CGA 的特征和全球品牌感知价值（PVGB）可以作为一个"双重前因过程"来影响全球品牌态度，并且他们（CGA 和 PVGB）可以成为调节全球品牌态度与四个外生变量（CGA 中的民族中心主义与地方主义，及 PVBG 中的世界同一主义与唯物主义）关系的中介变量。研究人员在不同的国家采集样本（主要在巴西、韩国和德国），结果显示，在巴西和德国市场 PVGB 和 GCA 的影响或作用会相互抵消，而在韩国，PVGB 的路径优势源于该国独特的社会经济环境。虽然仿制是被允许的，但是国际营销经理的战略思想还是要从 GCA 和 PVGB 的前因路径角度来考虑全球化品牌态度，这样才能获益。

八、要素品牌管理（Ingredient Brand Management）

这一时期，西方有关要素品牌的研究论文偏少，学者们主要集中在联合品牌战略问题上的研究。Sunil Erevelles 等（2013）[113]运用联合品牌理论以及计量经济模型，对联合品牌化战略在 B2B 企业的运用进行了分析。分析得出，采用联合品牌化战略能同时让制造商以及供应商获益，通过联合品牌化的实施，可以降低合作供应商面对来自竞争者的进入威胁，因为潜在进入者在进入行业之前，进入成本是其优先考虑的因素，过高或难以估计的成本会降低供应商的进入概率。同时，联合化品牌策略也可以降低制造商的成本，提高竞争优势。Vanitha Swaminathan 等（2013）[114]研究了要素品牌化战略中的溢出效应，他们指出，在某个单一产品上使用多个品名，能给产品带来显著的收益，同时也会提高产品的差异化。研究运用 Logit 选择模型分析了组合品名品牌对母品牌的溢出效应，最终得出，联合品牌战略对采购概率有显著影响。Bernhard Lienland 等（2013）[115]指出，以往学者对产业间商业关系的研究，忽视了买家在选择供应商时是否应该考虑供应商声誉的问题，前期的研究都只将声誉作为一种行业地位来考虑，并未将其纳入买家评估卖家的标准，因此，文章对该问题做了深入研究。通过对 565 个样本进行研究后发现，供应商的声誉会对采购方的全面荣誉观念产生显著影响，即作为买家来说，在采购产品的时候，供应商的声誉会成为买方对供应商的总评效果。供应商高（低）的声誉排名会提高（减少）买方对供应商的声誉总评。对企业来说，如果卖家在采购的时候忽视供应商的声誉，作为买卖双方来说都会逐渐失去提高自身商业地位的机会。如果买方在采购的时候考虑了供应商的声誉，并且买方能跟优质卖方形成长期合作，那么这种荣誉将会成为买卖双方的竞争优势并最终影响到终端消费者对产品及该行业的评价。

九、神经系统科学与品牌（Neuroscience & Branding）

最近十年来，运用神经系统科学技术（Neuroscientific Techniques）来研究消费者对品牌以及产品认知反应的文献越来越多。实际上，运用神经生理或心理生理技术（Psycho-physiological Techniques）对消费者瞳孔扩张（Pupillary Dilation）和皮电反应（Electrodermal Response）等问题进行研究的活动始于 20 世纪 60 年代，后来研究的指标又发展到了视线轨迹或眼动追踪（Eye – Tracking）和心率（Wang and Minor，2008）[116]。同样地，到了 70 年代，脑电图（Electroencephalography，EEG）法最早地开始被应用到了与营销相关问题的研究中（Krugman，1971）[117]，比如当受到外界刺激之后，根据脑电波的振幅和峰潜来评估此时的大脑活动（Ma，Wang，Shu and Dai，2008）[118]。从 2004 年之后，国外对神经营销的研究开始迅速增长，通过谷歌搜索与"神经营销"相关的内容发现，2000 ~ 2010 年，发表的学术类文章近 260 篇，应用类文章 150 多篇[119]。研究的问题涉及产品与包装、价格与质量、广告效果、品牌选择以及顾客满意与忠诚等。常用的技术除 EEG 和 Eye – Tracking 之外，还有功能性磁共振成像（Functional Magnetic Resonance Imaging，fM-RI）、事件相关电位（Ethernet Ring Protection Switching，ERPs）、肌电图（Electromyography，EMG）等。在品牌问题的研究中，大部分学者运用了 fMRI 技术来研究消费者在做出购买决策的时候，是否会受到品牌记忆的影响，在脑电图中是如何展现的问题。在顾客面对自己喜欢的品牌时，大脑中的那部分区域会关联到品牌偏好？在顾客根据品牌的语言信息做判断的时候，大脑的潜在过程如何？而在根据品牌的视觉信息做判断的时候，大脑的潜在过程又如何？Deppe 等（2005，2005，2007）[120-122]分别对这三个问题进行研究，并得出了结论：①当消费者在喜欢的品牌和仅次于喜欢的品牌之间做对比时，腹内侧前额叶皮层（vmPFC）的活动会增加，而背外侧前额叶皮层（dlPFC）的活动会减少，视觉皮层会被激活；②当一个人评估一个品牌名称是否真实的时候，前扣带皮层（ACC）会发生活动；③当一个人评估一则有吸引力的广告的时候，前扣带皮层（ACC）会发生活动。在针对品牌回忆和记忆的问题上，Schaefer 等（2006）[123]发现了 dlPFC 与品牌熟悉程度的联系。Vinod Venkatraman 等（2013）[124]研究了如何运用神经系统科学来理解消费者品牌偏好的问题，通过 fMRI 技术，研究者们通过分析消费者在面对不同品牌时的大脑反应，构造了品牌偏好与大脑皮层反应的效果映射，从而了解消费者在面对不同产品的时候所反应出来的潜在决策过程。研究得出结论：与传统的市场细分方式相比（地理、人口、心理、行为），运用神经科学可以更客观地反映人们的需求状况，并以此划分市场，这种细分方式比传统方式更加有效，实用性更强。

第三节 品牌管理学学科理论研究评述与展望

一、总体评述

本书在兼顾同期及以往文献的基础上，精选了 2011～2013 年发表在国内外（国外主要是欧美）核心期刊有关品牌管理的文献，从横向、纵向的角度对这一阶段的论文进行了综述。从整体上讲，在这一阶段，研究主体较为全面，基本涵盖了品牌管理现阶段的大部分研究主题，主要有集群品牌、品牌传播、品牌建设、品牌认知、品牌社群、品牌危机管理、品牌延伸、品牌战略＆策略、要素品牌管理、品牌个性、品牌资产以及基于神经营销学的品牌管理（见图 1）。

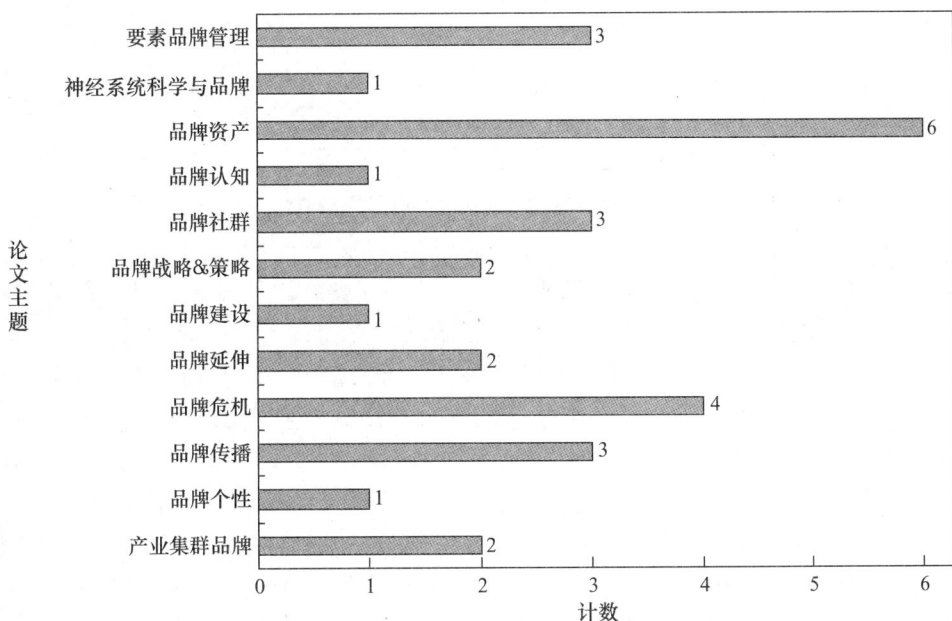

图 1 中外品牌管理精选论文研究主题汇总（2011～2013 年）

在对东西方品牌管理论文精选的过程中，我们发现，中西方的学者们在对一些主题的关注上存在着交集，如要素品牌管理、品牌战略＆策略、品牌危机、品牌传播、品牌延伸和品牌社群问题。这说明无论是中国的企业还是西方的企业，在品牌管理过程中，企业所面对的消费者在对自身需求的实现过程中，大部分情况下还是理性的，有一些公认的价值观（如都倾向于物美价廉的产品；面对企业造成的产品失误都希望能获得实际回报；消费者对于某一品牌的认识态度都有被动成分，即企业如果不通过有效宣传，那么消费者就不会了解该品牌等）。因此，在这一类价值观的驱使下，中西方企业所面对的问题就存在了共性，也就引起了学者们的共同关注。除了共性的问题之外，中西方的学者们也有针对性地关注了一些特定的问题，形成了自己的特点，如产业集群品牌、品牌认知和品牌建设成为学者们单独关注的问题；而品牌个性、品牌资产以及神经系统科学与品牌管理问题，是国外学者们单独关注的问题（见图2）。

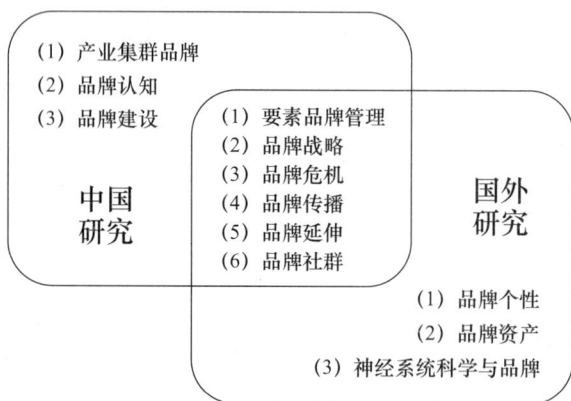

图2　中外品牌管理精选论文研究主题比较（2011～2013年）

在保持对诸如品牌资产、产品品牌管理（传播、建设、认知、延伸、战略）等品牌管理传统问题的持续研究基础上，在一些新的领域（社群、集群品牌、要素品牌、神经营销），学者们也进行了广泛的研究，并取得了大量成果。在内容上，原创性的研究日益增多，大量的科研结合了某个地区的综合环境，从实际出发展开研究，并获得了一定成果。研究方法主要集中在五大类，包括定量研究、定性研究、规范案例研究、实验研究、文献综述法。数据分析方法包括了扎根理论、内容分析、网络民族志分析、计量经济模型、描述性统计分析、相关分析、T检验、方差分析、多元方差分析、回归分析、逻辑回归分析、因子分析、路径分析、结构方程、神经系统科学分析方法、少量的财务分析方法（如用"托宾Q"模型分析品牌资产）及其他的方法（见图3）。研究的学科除了营销学、管理学、经济学之外，还包括了社会学、心理学、神经系统科学、计算机科学等。

总的来说，在2011～2013年这一阶段，国内及国外关于品牌管理的研究涉及的题材广泛，关注的问题务实，研究及分析方法科学，涉及的学科多元，研究不断丰富了品牌管理学科的内容，同时也能运用到企业实践中去。

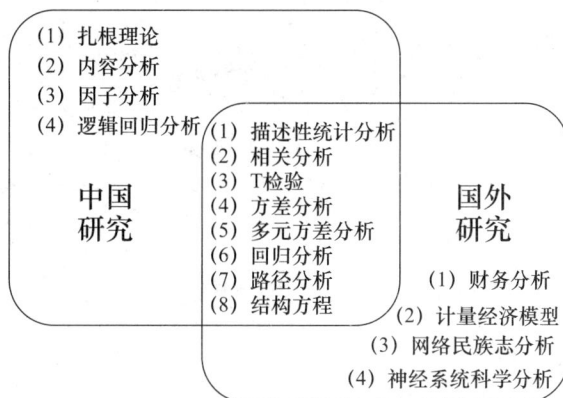

图3　中外品牌管理精选论文数据分析方法比较（2011～2013年）

二、国内外研究比较

　　通过对这一时期国内外管理文献的综述及对比，我们发现了中国与西方国家品牌研究各自的特点以及与西方国家的差距。从整体角度上来说，中西方品牌研究都强调研究的严谨性、科学性与实用性，研究都是为了解决实际问题而进行，研究方法的使用虽然多元，但方法的核心目标都能趋于一致，选题的角度涉及经济管理的各个方面，原创性的研究也逐渐增加（见表1）。学者们除了对一些经典问题都有共同关注之外，在一些特色问题上，中西方学者们还发展出了各自的方向，具有各自的特点。

表1　中外品牌管理精选论文内容比较（2011～2013年）

中国	国外（欧美）
产业集群 ·从消费者视角检验产业集群品牌效应存在的特性 ·区域上榜知名品牌数量与该区域经济增长的关系 **品牌传播** ·探究企业如何有效地用讲故事这一策略进行品牌传播 **品牌建设** ·从企业资源层面、核心能力层面等多角度研究企业自主品牌创建的影响因素 ·从服务品牌的角度研究品牌意识在企业员工中内化的过程	**品牌资产** ·研究品牌质量对股东财富的影响 ·运用扎根理论研究品牌至爱的本质和重要性 ·研究品牌概念如何影响顾客对公司履行社会责任时的反馈效果 ·研究了奢侈品品牌中，自我一致性对顾客态度及品牌忠诚的影响 ·研究了"顾客—品牌"关系中的"喜好—厌恶"模型 ·研究了在线顾客的评价对品牌的影响

续表

中国	国外（欧美）
品牌认知 ·以中国人情社会为背景，探究奢侈品品牌标识显著度对中国消费者购买意向的影响 **品牌社群** ·研究品牌社群认同到品牌忠诚过程中的中介效应 ·研究品牌社群关系网络密度对品牌忠诚的作用机制 ·研究品牌社群中顾客互动的驱动因素以及对顾客满意度的影响 **品牌危机** ·研究产品伤害危机对品类和竞争品牌的溢出效应以及相应的应对策略 ·研究品牌危机情境下的微博网络口碑产生的情景、归因及相应的策略 **品牌延伸** ·研究和总结了品牌延伸获得成功的中国企业的成功模式 **品牌战略** ·研究了品牌并购的过程中，品牌身份差异对并购后企业运作效果的影响 ·研究了示弱营销策略在"弱并强"并购过程中的正面效应 **要素品牌管理** ·研究了在中国的人情社会背景下，B2B品牌资产的来源路径 ·研究中国代工企业的自有品牌战略	**神经营销** ·神经系统科学如何有效运用到品牌研究中 **品牌传播** ·付费广告中的溢出效应模型研究 ·研究英国中小型B2B企业运用社交网络进行品牌营销的情况 **品牌危机** ·在产品危机情景下，品牌拟人化所带来的不利影响 ·全球敌意企业对全球品牌态度的影响研究 **品牌个性** ·现实我与理想我在品牌依恋与品牌个性中的相对重要性研究 **品牌延伸** ·品牌名称结构对品牌延伸及对母品牌稀释程度的影响 **品牌社群** ·共同消费品牌社群中的价值共创问题研究 **品牌战略** ·广告诱发的感觉对品牌评价的影响研究 **要素品牌** ·产业间商业关系中，供应商声誉对买方采购行为的影响研究

但是，与西方国家相比，中国在品牌管理问题的研究上仍然存在着差距。品牌管理是一件舶来品，中国在此问题的研究上还是处于向西方学习、消化和吸收阶段，有一部分的论文还是以模仿国外论文为主，从而验证论文中的理论及其模型在中国市场上的有效性，因此，论文的学术理论与价值原创程度不高。中国在学习和吸收国外先进的品牌理论及方法的同时，还应该结合中国特定的社会环境（集体主义）和特定的消费心理以及模式（如人情、面子、关系）来进行研究。由于西方的社会环境是以契约主义、个人主义作为主要的价值观，与中国的价值观相比有明显差异，因此完全地照搬西方的思想也不一定能适合中国环境，所以，在学习西方先进理论的基础之上，发展出中国特色的品牌管理理论才是既符合中国国情，也适应中国企业发展的有效理论。

从研究主题上看，中国大部分的研究主要集中在品牌资产、品牌个性、品牌延伸等方面，主要以研究变量之间的关系为主，一些领域涉及较少，比如要素品牌、品牌认知、品牌危机等。有些领域的研究在中国还处于探索阶段，如基于神经营销学的品牌研究，但是某些主题，中国学者也发展出了自己的特色，如产业集群品牌，即运用经济学的相关理论研究品牌与经济发展之间的关系。另外，在研究的选题上，中国的学者们还是能及时关注正在发生的热点，如基于互联网背景下对品牌营销新方式的探索、品牌社群中顾客互动的规律、品牌竞争的新方式、价值创造等问题，以及针对企业道德风险背景下的品牌危机管理等问题，对于这一类问题，中国学者们还是能及时捕捉，并展开研究，最终提出解决问题的方法的。因此，中西方学者在特定品牌管理问题的研究上，都能形成各自的特色。

从研究方法上看，在中国的研究中，定量的实证研究正在逐渐增加，数据分析也较多地运用复杂的数理模型来验证假设，这一现象说明中国的品牌管理研究日益规范化和科学化。但是品牌所面对的群体仍然是具有自我意识的消费者，研究品牌的管理，从某种意义上来说其实还是研究人的设计如何打动人的问题，属于社会科学范畴，在挖掘人的个性及特殊感情方面，还是应该融入定性的研究，如扎根理论。现在，一部分学者由于过分追求模型的完美以及数据分析方法的复杂性，过度地强调定量分析而忽视定性分析，这也不利于研究过程的科学性与研究结果的客观性、全面性。因此，在研究方法的选择上，还是应该做到因地制宜，对症下药，灵活运用各种知识与方法，真实客观地反映出问题的本质。

三、建议与展望

根据本书的综述结果，本书对国内外未来品牌管理的建议与展望总结如下：

（1）传统的品牌管理方向还会被继续丰富与完善，要继续将理论与实践进行磨合与验证，并结合发展中的时代背景，与新的行业、社会、经济以及人的价值取向相结合，发现新的研究领域，创造新的理论价值。

（2）品牌管理中新问题的研究数量会继续增长，如要素品牌、品牌绩效、品牌社群、基于神经营销的品牌管理等，具体原因如下：

1）要素品牌：一个国家的制造水平也反映了该国的科技水平，在科学技术飞速发展的今天，制造业是实现科技成果向经济成果转变的重要环节，因此，企业品牌、产品品牌的打造就显得尤为重要，现如今国内外关于 B2C 的研究都非常丰富，但是对 B2B 的关注还非常少，为丰富理论体系与加强实践运用，就必须加强对要素品牌的研究。

2）品牌绩效：品牌是企业的无形资产，但是如何具体衡量还缺乏明晰及标准化的指标体系以及核算方式，而清晰的品牌绩效可以使企业对品牌价值创造能力有一个详尽的认识，更好地指导企业进行决策，现如今品牌绩效类的研究还较少，因此在未来会增加对于该方向的研究。

3）品牌社群：互联网的飞速发展衍生出了形式多样的社交媒体，人与人之间地域上的限制已被打破，来自不同国家、不同地区的持有共同偏好、相近价值观的人群可以通过互联网云集起来，他们之间的联系越来越紧密，交往方式也越来越多样，对某一品牌持有共同态度的消费者在互联网上形成了新的价值群落，从而也形成了全新的价值增长点。因此，对于品牌社群的研究还会继续跟进，会更多地关注在新技术的变化过程中，价值群落的演进方式，以及与之相适应的品牌营销模式。

4）基于神经营销学的品牌研究：虽然研究还未广泛受到学界的一致认同，相关的优秀文章较多地发表到了心理学类刊物，但是运用fMRI、ERPs等技术能得到消费者心理变化的客观数据，也为消费者心理及行为的研究提供了全新的观察视角，同时，神经营销学的研究也引起了一些知名企业的兴趣。因此，对于这一问题，未来的研究应该关注对大脑反应信号的心理学解读，并将成果运用到品牌管理中。此外，还应该探索便于操作、低成本的数据采集方式，以及相应的分析软件开发，使该领域的研究能够推广至普通研究者中，让更多的研究者参与进来，助力于该领域的理论求证。

（3）跨学科的研究会继续增加。品牌管理作为营销学的一个部分，交叉了管理学、经济学、心理学、传媒、社会学等社会科学类学科，除此之外，新技术的发展也使得部分自然科学学科与之相交，形成跨学科的新的研究模式。因此，在未来的品牌研究中，在可能的条件下，应该根据问题的需要引入其他学科的知识进行跨学科研究，这样一方面可以打破单一学科在研究思路、数据求证、问题解决方面的局限性，也可以在学科边界发展出新的分支，不断充实学科的理论框架。

（4）对于研究内容的风格，在保持主流思想的同时，也要注重特色方向的发展，丰富学术内容的多样性，以提高对于不同思想、不同观点的包容性，兼容并蓄，为品牌管理研究提供更多的视角，形成更加全方位的认识。

参考文献

[1] 陈丽英，何勋，辜应康.国际酒店集团并购历程中的再品牌策略研究——以雅高和希尔顿集团为例[J].旅游学刊，2013（10）：52－63.

[2] 何浏，王海忠，田阳.品牌身份差异对品牌并购的影响研究[J].企业管理，2011（4）：145－154.

[3] 杨晨，王海忠，钟科."示弱"品牌传记在"蛇吞象"跨国并购中的正面效应[J].中国工业经济，2013（2）：143－155.

[4] 郭锐，陶岚，汪涛，周南.民族品牌跨国并购后的品牌战略研究——弱势品牌视角[J].南开管理评论，2012（3）：42－50.

[5] 郭锐，陶岚.民族品牌跨国并购后的动态品牌战略[J].经济管理，2013（1）：89－98.

[6] 张金海，段淳林.整合品牌传播的理论与实务探析[J].黑龙江社会科学，2008（5）：99－102.

[7] 段淳林，谭敏.营销3.0视域下的品牌传播新特征探析[J].华南理工大学学报（社会科学版），2013（12）：1－4.

[8] 郑亚琴，郭琪.微博营销对企业品牌传播的影响[J].吉林工商学院学报，2011（7）：27－31.

[9] 井绍平，陶宇红，李自琼.消费者品牌转换口碑传播影响因素研究：基于绿色营销视角[J].管理世界，2010（9）：182－183.

[10] 汪涛，周玲，彭传新，朱晓梅. 讲故事塑品牌：建构和传播故事的品牌叙事理论[J]. 管理世界，2011（3）：112-123.

[11] 符国群. 消费者对品牌延伸的评价：运用残差中心化方法检验 Aaker 和 Keller 模型[J]. 中国管理科学，2001（10）：62-67.

[12] 柴俊武，广志，何伟. 解释水平对品牌联想和品牌延伸评估的影响[J]. 心理学报，2011（2）：175-187.

[13] 曹琳. 基于品牌延伸的地理标志产品可持续发展机制研究[J]. 云南财经大学学报，2012（1）：123-131.

[14] 于春玲，李飞，薛镭，陈浩. 中国情境下成功品牌延伸影响因素的案例研究[J]. 管理世界，2012（6）：147-162.

[15] 杨伟文，刘新. 品牌认知对消费者购买行为的影响[J]. 商业研究，2010（3）：158-160.

[16] 康庄，石静. 品牌资产、品牌认知与消费者品牌信任关系实证研究[J]. 华东经济管理，2011（3）：99-103.

[17] 孙瑾，张红霞. 品牌名称暗示性对消费者决策选择的影响：认知需要和专业化水平的调节作用[J]. 心理学报，2012（5）：698-710.

[18] 王海忠，秦深，刘笛. 奢侈品品牌标识显著度决策：张扬还是低调——自用和送礼情形下品牌标识显著度对购买意愿的影响机制比较[J]. 中国工业经济，2012（11）：148-160.

[19] 王新新，薛海波. 品牌社群社会资本、价值感知与品牌忠诚[J]. 管理科学，2010（12）：53-63.

[20] 薛海波，王新新. 品牌社群关系网络密度影响品牌忠诚的作用机制研究[J]. 商业经济与管理，2011（8）：58-66.

[21] 周志民，郑雅琴. 从品牌社群认同到品牌忠诚的形成路径研究——中介与调节效应检验[J]. 深圳大学学报（人文社会科学版），2011（11）：84-90.

[22] 田阳，王海忠，王静一. 虚拟品牌社群与品牌依恋之间关系的实证研究[J]. 经济管理，2010（11）：107-114.

[23] 刘新，杨伟文. 虚拟品牌社群认同对品牌忠诚的影响[J]. 管理评论，2012（8）：96-106.

[24] 江若尘，徐冬莉. 虚拟品牌社区公民行为概念界定与量表开发[J]. 软科学，2012（10）：121-125.

[25] 王永贵，马双. 虚拟品牌社区顾客互动的驱动因素及对顾客满意影响的实证研究[J]. 管理学报，2013（9）：1375-1383.

[26] 金玉芳，董大海，刘瑞明. 消费者品牌信任机制建立及影响因素的实证研究[J]. 南开管理评论，2006（9）：28-35.

[27] 陆娟，张振兴，杨青青. 基于品牌联合的食品品牌信任提升研究[J]. 商业经济与管理，2011（1）：76-85.

[28] 王晓玉. 产品危机对危机品牌竞争对手的溢出效应研究述评与展望[J]. 外国经济与管理，2012（2）：58-64.

[29] 方正，江明华，杨洋，李蔚. 产品伤害危机应对策略对品牌资产的影响研究——企业声誉与危机类型的调节作用[J]. 管理世界，2010（12）：105-119.

[30] 方正，杨洋，李蔚，蔡静. 产品伤害危机溢出效应的发生条件和应对策略研究——预判和应

对其他品牌引发的产品伤害危机[J].南开管理评论，2013（6）：19－27.

[31] 李桂华，张云飞，刘铁.品牌危机情境下微博网络口碑的探索性研究——归因、情境、策略与口碑的"树根模型"[J].经济与管理研究，2012（9）：89－99.

[32] 邱斌，叶龙凤，孙少勤.参与全球生产网络对我国制造业价值链提升影响的实证研究——基于出口复杂度的分析[J].中国工业经济，2012（1）：57－67.

[33] 吴少华.我国中小企业自主品牌建设研究[J].经济纵横，2012（5）：110－124.

[34] 祝合良.我国商贸流通业自主品牌培育发展思路[J].中国流通经济，2011（8）：97－101.

[35] 王朝辉，陈洁光，黄霆，程瑜.企业创建自主品牌关键影响因素动态演化的实地研究——基于广州12家企业个案现场访谈数据的质性分析[J].2013（6）：111－127.

[36] 陈晔，白长虹，吴小灵.服务品牌内化的概念及概念模型：基于跨案例研究的结论[J].南开管理评论，2011（2）：44－51.

[37] 鲍征烨，卢璐.B2B企业要素品牌化初探[J].管理现代化，2013（6）：52－54.

[38] 王海忠，王骏旸，罗捷彬.要素品牌策略与产品独特性评价：自我建构和产品性质的调节作用[J].南开管理评论，2012（5）：111－117.

[39] 王骏旸，王海忠.要素品牌策略：突破产品线延伸典型性制约的新途径[J].科技进步与对策，2012（3）：84－87.

[40] 卢宏亮，李桂华.B2B品牌资产的来源路径：真情 VS. 人情[J].山西财经大学学报，2013（12）.

[41] 李桂华，黄磊，卢宏亮.代工专用性投资、竞争优先权与自有品牌战略[J].南开管理评论，2013（6）：28－37.

[42] 孙日瑶.品牌经济学［M］.北京：经济科学出版社，2007.

[43] 刘华军.现代经济增长的综合分析框架：分工—制度—品牌模型[J].财贸研究，2006（4）：1－7.

[44] 李强.企业家活动、品牌资本与经济增长[J].生产力研究，2011（3）：20－22.

[45] 李仁良，傅小竹.品牌资本对我国经济增长的贡献率研究[J].江西社会科学，2011（12）：70－73.

[46] 李兴江，张玉洁.品牌价值建设与区域经济增长差异的实证研究[J].审计与经济研究，2012（1）：99－105.

[47] 涂山峰，曹休宁.基于产业集群的区域品牌与区域经济增长[J].中国软科学，2005（12）：111－115.

[48] 郭克锋.区域品牌形成与引入的经济学分析[J].决策参考，2011（7）：68－71.

[49] 张晓兵，杨瑚.区域品牌对区域经济发展的推动作用探究[J].区域经济，2010（9）：134－135.

[50] 顾立汉，王兴元.品牌分布形态与区域经济发展关系实证研究[J].软科学，2012（8）：73－77.

[51] 夏曾玉，谢健.区域品牌建设探讨——温州案例研究[J].中国工业经济，2003（10）：43－48.

[52] 张挺，苏勇，张焕勇，曹振华.论区域品牌的营销[J].管理百科，2005（6）：35－37.

[53] 蒋廉雄，朱辉煌，卢泰宏.区域竞争的新战略：基于协同的区域品牌资产构建[J].区域发

展，2005（11）：107 - 116.

［54］徐利新，王胜杰，张文锁. 产业集群品牌影响嵌入品牌的机理——基于协同演化的视角［J］. 华东经济管理，2012（12）：79 - 83.

［55］尤振来，倪颖. 区域品牌与企业品牌互动模式研究——以轮轴型产业集群为背景［J］. 科技管理研究，2013（10）：79 - 83.

［56］牛永革，赵平. 基于消费者视角的产业集群品牌效应研究［J］. 管理科学，2011（4）：42 - 54.

［57］David Aaker, Kevin Keller. Consumers' Evaluations of Brand Extensions［J］. Journal of Marketing, 1990, 54（2）：27 - 41.

［58］Muniz A. M. Jr, O' Guinn T. C. Brand Community［J］. Journal of Consumer Research, 2001, 27（4）：412 - 432.

［59］McAlexander J. H., Schouten J. W., Koenig H. F. Building Brand Community［J］. Journal of Marketing, 2002, 66（1）：38 - 45.

［60］Jang H., Lorne O., Ko I., Koh J., Kim K. The Influence of On - Line Brand Community Characteristics on Community Commitment and Brand Loyalty［J］. International Journal of Electronic Commerce, 2008, 12（3）：57 - 80.

［61］Algesheimer R., Dholakia U. M., Herrmann A. The Social Influence of Brand Community：Evidence from European Car Clubs［J］. Journal of Marketing, 2005, 69（3）：19 - 34.

［62］Bagozzi R. P., Dholakia U. M. Antecedents and Purchase Consequences of Customer Participation in Small Group Brand Communities［J］. International Journal of Research in Marketing, 2006, 23（1）：45 - 61.

［63］Madupu, Vivek., Cooley, Delonia O. Antecedents and Consequences of Online Brand Community Participation：A Conceptual Framework［J］. Journal of Internet Commerce, 2010, 9（2）：127 - 147.

［64］Lars Bergkvist, Tino Bech - Larsen. Two Studies of Consequences and Actionable Antecedents of Brand Love［J］. Journal of Brand Management, 2010, 6（17）：504 - 518.

［65］Bernhard Swoboda, Karin Pennemann, Markus Taube. The Effects of Perceived Brand Globalness and Perceived Brand Localness in China：Empirical Evidence on Western, Asian, and Domestic Retailers［J］. Journal of International Marketing, 2012, 20（4）：72 - 95.

［66］Ayşegül Özsomer. The Interplay between Global and Local Brands：A Closer Look at Perceived Brand Globalness and Local Iconness［J］. Journal of International Marketing, 2012, 20（2）：72 - 95.

［67］Michel Tuan Pham, Maggie Geuens, Patrick De Pelsmacker. The Influence of Ad - evoked Feelings on Brand Evaluations：Empirical Generalizations from Consumer Responses to More than 1000 TV Commercials［J］. International Journal of Research in Marketing, 2013（30）：383 - 394.

［68］Barwise P. Brand Equity：Snark or Boojum［J］. International Journal of Research in Marketing, 1993（10）：93 - 104.

［69］Farquhar P. H. Managing Brand Equity［J］. Marketing Research, 1989（30）：24 - 33.

［70］Aaker D. A. Managing Brand Equity：Capitalizing on the Value of a Brand Name［M］. New York：Freee Press, 1991.

［71］Keller K. L. Conceptualizing, Measuring, and Managing Customer - Based Brand Equity［J］. Journal of Marketing, 1993, 57（1）：1 - 29.

［72］Shocker D. A., Rajendra K. S., Androbert W. R. Challenges and Opportunities Facing Brand Managenent: An Introduction to the Special Issue［J］. Journal of Marketing Research, 1994 (31): 149 – 158.

［73］Philip Kotler. Marketing Management: Millennium Edition (10th Edition)［M］. NJ: Prentice Hall, 2000.

［74］Aaker D. A. Building Strong Brands［M］. New York: Free Press, 1996.

［75］Biel A. L. How Brand Image Drives Brand Equity［J］. Journal of Advertising Research, 1993 (6): 6 – 12.

［76］C. P. D. Mortanges, A. V. Riel. Brand Equlty and Shareholder Value［J］. European Management Journal, 2003, 21 (4): 521 – 527.

［77］Andres Cuneo, Pilar Lopez, Maria Jesus Yagüe. Measuring Private Labels Brand Equity: A Consumer Perspective［J］. European Journal of Marketing, 2012, 46 (7/8): 952 – 964.

［78］Rong Huang, Emine Sarigöllü. How Brand Awareness Relates to Market Outcome, Brand Equity, and the Marketing Mix［J］. Journal of Business Research, 2012 (65): 92 – 99.

［79］Amanda Spry, Ravi Pappu, T. Bettina Cornwell. Celebrity Endorsement, Brand Credibility and Brand Equity［J］. European Journal of Marketing, 2011, 45 (6): 882 – 909.

［80］Janghyeon Nam, Yuksel Ekinci Georgina Whyatt. Brand Equity, Brand Loyalty and Consumer Satisfaction［J］. Annals of Tourism Research, 2011, 38 (3): 1009 – 1030.

［81］Fang Liu, Jianyao Li, Dick Mizerski, Huangting Soh. Self – congruity, Brand Attitude, and Brand Loyalty: A Study on Luxury Brands［J］. European Journal of Marketing, 2012, 46 (7/8): 922 – 937.

［82］C. Whan Park, Andreas B. Eisingerich, Jason Whan Park. Attachment – Aversion (AA) Model of Customer – brand Relationships［J］. Journal of Consumer Psychology, 2013 (2): 229 – 248.

［83］Nga N. Ho – Dac, Stephen J. Carson, William L. Moore. The Effects of Positive and Negative Online Customer Reviews: Do Brand Strength and Category Maturity Matter?［J］. Journal of Marketing, 2013 (11): 37 – 53.

［84］Rajeev Batra, Aaron Ahuvia, Richard P. Bagozzi. Brand Love［J］. Journal of Marketing, 2012 (4): 1 – 16.

［85］Carlos J. Torelli, Alokparna Basu Monga, Andrew M. Kaikati. Doing Poorly by Doing Good: Corporate, Social Responsibility and Brand Concepts［J］. Journal of Consumer Research, 2012, 38 (2): 948 – 963.

［86］Sundar G. Bharadwaj, Kapil R. Tuli, Andre Bonfrer. The Impact of Brand Quality on Shareholder Wealth［J］. Journal of Marketing, 2011, 75 (9): 88 – 104.

［87］Paurav Shukla. Impact of Interpersonal Influences, Brand Origin and Brand Image on Luxury Purchase Intentions: Measuring Interfunctional Interactions and a Cross – national Comparison［J］. Journal of World Business, 2011 (46): 242 – 252.

［88］Oliver J. Rutz, Randolph E. Bucklin. From Generic to Branded: A Model of Spillover in Paid Search Advertising［J］. Journal of Marketing Research, 2011 (2): 87 – 102.

［89］David Luna, Marina Carnevale, Dawn Lerman. Does Brand Spelling Influence Memory? The Case of Auditorily Presented［J］. Journal of Consumer Psychology, 2013, 23 (1): 36 – 48.

［90］Evelyn R. Micelotta, Mia Raynard. Concealing or Revealing the Family? Corporate Brand Identity Strategies in Family Firms［J］. Family Business Review, 2011, 24 (3): 197 – 216.

［91］Nina Michaelidou, Nikoletta Theofania Siamagka, George Christodoulides. Usage, Barriers and Measurement of Social Media Marketing: An Exploratory Investigation of Small and Medium B2B Brands［J］. Industrial Marketing Management, 2011（40）: 1153 – 1159.

［92］Enders A. , Hungenberg H. , Denker H. – P. , Mauch S. The Long Tail of Social Networking: Revenue Models of Social Networking Sites［J］. European Management Journal, 2008（26）: 199 – 211.

［93］Kaplan A. M. , Haenlein M. Users of the World, Unite! The Challenges and Opportunities of Social Media［J］. Business Horizons, 2010, 53（1）: 59 – 68.

［94］José M. Pina, Francesca Dall'Olmo Riley, Wendy Lomax. Generalizing Spillover Effects of Goods and Service Brand Extensions: A Meta – analysis Approach［J］. Journal of Business Research, 2013（66）: 1411 – 1419.

［95］Zachary Estes, Michael Gibbert, Duncan Guest, David Mazursky. A Dual – process Model of Brand Extension: Taxonomic Feature – based Andthematic Relation – based Similarity Independently Drive Brand Extension Evaluation［J］. Journal of Consumer Psychology, 2012（22）: 86 – 101.

［96］Maria Sääksjärvi, Saeed Samiee. Relationships among Brand Identity, Brand Image and Brand Preference: Differences between Cyber and Extension Retail Brands Over Time［J］. Journal of Interactive Marketing, 2011（25）: 169 – 177.

［97］Christina Sichtmann, Adamantios Diamantopoulos. The Impact of Perceived Brand Globalness, Brand Origin Image, and Brand Origin – extension Fit on Brand Extension Success［J］. Journal of the Academy of Marketing Science, 2013（1）: 567 – 585.

［98］Sanjay Sood, Kevin Lane Keller. The Effects of Brand Name Structure on Brand Extension Evaluations and Parent Brand Dilution［J］. Journal of Marketing Research, 2012, 149（6）: 373 – 382.

［99］Traci H. Freling, Jody L. Crosno, David H. Henard. Brand Personality Appeal: Conceptualization and Empirical Validation［J］. Journal of the Academy of Marketing Science, 2011（39）: 392 – 406.

［100］Pankaj Aaggarwal, Ann L. Mcgill. When Brands Seem Human, Do Humans Act Like Brands? Automatic Behavioral Priming Effects of Brand Anthropomorphism［J］. Journal of Consumer Research, 2012, 39（8）: 307 – 323.

［101］Lucia Malär, Harley Krohmer, Wayne D. Hoyer, Bettina Nyffenegger. Emotional Brand Attachment and Brand Personality: The Relative Importance of the Actual and the Ideal Self［J］. Journal of Marketing, 2011（7）: 35 – 52.

［102］Eun – Jung Lee. A Prototype of Multicomponent Brand Personality Structure: A Consumption Symbolism Approach［J］. Psychology and Marketing, 2013（2）: 173 – 186.

［103］Won – Moo Hur, Kwang – Ho Ahn, Minsung Kim. Building Brand Loyalty through Managing Brand Community Commitment［J］. Journal of Management Decision, 2011, 49（7）: 1194 – 1213.

［104］Michael T. Ewing, Peter E. Wagstaff, Irene H. Powell. Brand Rivalry and Community Conflict［J］. Journal of Business Research , 2013（66）: 4 – 12.

［105］Roderick J. Brodie, Ana Ilic, Biljana Juric, Linda Hollebeek. Consumer Engagement in a Virtual Brand Community: An Exploratory Analysis［J］. Journal of Business Research, 2013（66）: 105 – 114.

［106］Siwarit Pongsakornrungsilp, Jonathan E. Schroeder. Understanding Value Co – creation in a Co – consuming Brand Community［J］. Marketing Theory, 2011（11）: 303 – 324.

［107］Chris Pullig, Richard G. Netemeyer, Abhijit Biswas. Attitude Basis, Certainty, and Challenge Alignment: A Case of Negative Brand Publicity ［J］. Journal of the Academy of Marketing Science, 2006, 34 (4): 528 – 542.

［108］Frank Huber, Kai Vollhardt, Isabel Matthes, Johannes Vogel. Brand Misconduct: Consequences on Consumer – Brand Relationships ［J］. Journal of Business Research, 2010 (63): 1113 – 1120.

［109］Sujay Dutta, Chris Pullig. Effectiveness of Corporate Responses to Brand Crises: The Role of Crisis Type and Response Strategies ［J］. Journal of Business Research, 2011 (64): 1281 – 1287.

［110］Michael Grundy, Richard Moxon. The Effectiveness of Airline Crisis Management on Brand Protection: A Case Study of British Airways ［J］. Journal of Air Transport Management, 2013 (28): 55 – 61.

［111］Marina Puzakova, Hyokjin Kwak, Joseph F. Rocereto. When Humanizing Brands Goes Wrong: The Detrimental Effect of Brand Anthropomorphization amid Product Wrongdoings ［J］. Journal of Marketing, 2013, 77 (5): 81 – 100.

［112］Dana L. Alden, James B. Kelley, Petra Riefler, Julie A. Lee, Geoffrey N. Soutar. The Effect of Global Company Animosity on Global Brand Attitudes in Emerging and Developed Markets: Does Perceived Value Matter? ［J］. Journal of International Marketing, 2013, 21 (2): 17 – 38.

［113］Sunil Erevelles, Thomas H. Stevenson, Shuba Srinivasan, Nobuyuki Fukawa. An Analysis of B2B Ingredient Co – branding Relationships ［J］. Industrial Marketing Management, 2008 (37): 940 – 952.

［114］Vanitha Swaminathan, Srinivas K. Reddy, Sara Loughran Dommer. Spillover Effects of Ingredient Branded Strategies on Brand Choice: A Field Study ［J］. Journal of Marketing Letter, 2012 (23): 237 – 251.

［115］Bernhard Lienland, Alexander Baumgartner, Evelyn Knubben. The Undervaluation of Corporate Reputation as a Supplier Selection Factor: An Analysis of Ingredient Branding of Complex Products in the Manufacturing Industry ［J］. Journal of Purchasing & Supply Management, 2013 (19): 84 – 97.

［116］Wang Y. J. , Minor M. S. Validity, Reliability, and Applicability of Psychophysiological Techniques in Marketing Research ［J］. Psychology and Marketing, 2008, 25 (2): 197 – 232.

［117］Krugman H. E. Brain Wave Measures of Media Involvement ［J］. Journal of Advertising Research, 1971, 11 (1): 3 – 9.

［118］Ma Q. , Wang X. , Shu L. , Dai S. P300 and Categorization in Brand Extension ［J］. Neuroscience Letters, 2008, 431 (1): 57 – 61.

［119］Hilke Plassmann, Thomas Zoëga Ramsøy, Milica Milosavljevic. Branding the Brain: A Critical Review and Outlook ［J］. Journal of Consumer Psychology, 2012 (22): 18 – 36.

［120］Deppe M. , Schwindt W. , Kramer J. , Kugel H. , Plassmann H. , Kenning P. , Ringelstein E. B. Evidence for a Neural Correlate of a Framing Effect: Bias – specific Activity in the Ventromedial Prefrontal Cortex During Credibility Judgments ［J］. Brain Research Bulletin, 2005 (67): 413 – 421.

［121］Deppe M. , Schwindt W. , Kugel H. , Plassmann H. , Kenning P. Nonlinearresponses within the Medial Prefrontal Cortex Reveal When Specific Implicit Information Influences Economic Decisionmaking ［J］. Journal of Neuroimaging, 2005 (15): 171 – 182.

［122］Deppe M. , Schwindt W. , Pieper A. , Kugel H. , Plassmann H. , Kenning P. , Deppe K. , Ringelstein E. B. Anterior Cingulate Reflects Susceptibility to Framing during Attractiveness Evaluation ［J］. Neuro Report, 2007 (18): 1119 – 1123.

[123] Michael Schaefer. Neuroeconomics: In Search of the Neural Representation of Brands [J]. Progress in Brain Research, 2009, 178: 241－252.

[124] Vinod Venkatraman, John A. Clithero, Gavan J. Fitzsimons, Scott A. Huettel. New Scanner Data for Brand Marketers: How Neuroscience Can Help Better [J]. Journal of Consumer Psychology, 2012 (22): 143－153.

第三章 品牌管理学学科 2011 ~ 2013 年期刊论文精选

本章主要精选了品牌管理学学科 2011 ~ 2013 年发表在国内外（欧美）核心期刊上的具有影响力的文献，文献的选择经过了三个主要的步骤：第一步，在知网、万方，以及 web of science 上输入"品牌"，英文文献输入"brand"进行检索，检索结果出来之后，根据时间段（2011 ~ 2013 年间）、刊物级别（SCI、SSCI、CSSCI 等）以及主要内容进行筛选，一共筛选出 189 篇文献，其中 97 篇中文文献及 92 篇英文文献。第二步，根据国内外主流品牌管理教材，以及专家的意见，对所选的第一批文献进行分类。第三步，根据文章内容、刊物级别等条件，通过专家咨询及多次讨论之后，最终在这 189 篇文献中筛选出了 32 篇文献作为本报告最终保留的精选文献，其中中英文文献各 16 篇。精选文献中，中文：品牌战略两篇，品牌传播一篇，品牌延伸一篇，品牌认知一篇，品牌社群三篇，品牌危机两篇，品牌建设两篇，要素品牌两篇，产业集群品牌两篇；英文：品牌战略一篇，品牌资产六篇，品牌传播两篇，品牌延伸一篇，品牌社群一篇，品牌危机两篇，要素品牌两篇，神经营销的品牌管理一篇。具体遴选指标及结果见表 1 及表 2。

表 1 品牌管理学学科 2011 ~ 2013 年间文献精选结果

序号	作者	题目	年份	期刊	检索	综合因子	复合因子	分类
1	何浏；王海忠；田阳	品牌身份差异对品牌并购的影响研究	2011	中国软科学	核心期刊 CSSCI JST	2.066	3.531	品牌战略
2	杨晨；王海忠；钟科	"示弱"品牌传记在"蛇吞象"跨国并购中的正面效应	2013	中国工业经济	核心期刊 CSSCI	2.142	3.608	品牌战略
3	汪涛；周玲等	讲故事塑品牌：建构和传播故事的品牌叙事理论——基于达芙妮品牌的案例研究	2011	管理世界	核心期刊 JST CSSCI	2.582	4.013	品牌传播
4	于春玲；李飞等	中国情境下成功品牌延伸影响因素的案例研究	2012	管理世界	核心期刊 JST CSSCI	2.582	4.013	品牌延伸
5	王海忠；秦深；刘笛	奢侈品品牌标识显著度决策：张扬还是低调——自用和送礼情形下品牌标识显著度对购买意愿的影响机制比较	2012	中国工业经济	核心期刊 CSSCI	2.142	3.608	品牌认知

序号	作者	题目	年份	期刊	检索	综合因子	复合因子	分类
6	周志民；郑雅琴	从品牌社群认同到品牌忠诚的形成路径研究——中介与调节效应检验	2011	深圳大学学报（人文社会科学版）	核心期刊CSSCI	0.304	0.661	品牌社群
7	薛海波；王新新	品牌社群关系网络密度影响品牌忠诚的作用机制研究	2011	商业经济与管理	核心期刊CSSCI	1.008	1.808	品牌社群
8	王永贵；马双	虚拟品牌社区顾客互动的驱动因素及对顾客满意影响的实证研究	2013	管理学报	核心期刊CSSCI	0.885	1.891	品牌社群
9	李桂华；张云飞；刘铁	品牌危机情境下微博网络口碑的探索性研究——归因、情境、策略与口碑的"树根模型"	2012	经济与管理研究	核心期刊CSSCI	0.67	1.561	品牌危机
10	方正；杨洋等	产品伤害危机溢出效应的发生条件和应对策略研究——预判和应对其他品牌引发的产品伤害危机	2013	南开管理评论	核心期刊CSSCI	2.208	4.579	品牌危机
11	陈晔；白长虹；吴小灵	服务品牌内化的概念及概念模型：基于跨案例研究的结论	2011	南开管理评论	核心期刊CSSCI	2.208	4.579	品牌建设
12	王朝辉；陈洁光等	企业创建自主品牌关键影响因素动态演化的实地研究——基于广州12家企业个案现场访谈数据的质性分析	2013	管理世界	核心期刊JST CSSCI	2.582	4.013	品牌建设
13	李桂华；黄磊；卢宏亮	代工专用性投资、竞争优先权与自有品牌战略	2013	南开管理评论	核心期刊CSSCI	2.208	4.579	要素品牌管理
14	卢宏亮；李桂华	B2B品牌资产的来源路径：真情 VS. 人情	2013	山西财经大学学报	核心期刊CSSCI	1.027	2.384	要素品牌管理
15	牛永革；赵平	基于消费者视角的产业集群品牌效应研究	2011	管理科学	核心期刊CSSCI	1.597	2.993	产业集群
16	顾立汉；王兴元	品牌分布形态与区域经济发展关系实证研究	2012	软科学	核心期刊CSSCI	0.938	1.752	产业集群

表 2　品牌管理学学科 2011～2013 年期间国外（欧美）文献精选结果

序号	作者	题目	年份	期刊	检索	Impact Factor （2015）	5 – Year Impact Factor	研究分类
1	Pham Michel Tuan et. al.	The Influence of Ad – evoked Feelings on Brand Evaluations：Empirical Generalizations from Consumer Responses to More than 1000 TV Commercials	2013	International Journal of Research in Marketing	SSCI	1. 833	3	品牌战略
2	Sundar G. Bharadwaj et. al.	The Impact of Brand Quality on Shareholder Wealth	2011	Journal of Marketing	SSCI	3. 885	7. 192	品牌资产
3	Batra Rajeev et. al.	Brand Love	2012	Journal of Marketing	SSCI	3. 885	7. 192	品牌资产
4	Torelli Carlos J. et. al.	Doing Poorly by Doing Good：Corporate Social Responsibility and Brand Concepts	2012	Journal of Consumer Research	SSCI	3. 187	5. 292	品牌资产
5	Liu Fang et. al.	Self – congruity, Brand Attitude, and Brand Loyalty：A Study on Luxury Brands	2012	European Journal of Marketing	SSCI	1. 088	2. 087	品牌资产
6	Ho – Dac et. al.	The Effects of Positive and Negative Online Customer Reviews：Do Brand Strength and Category Maturity Matter?	2013	Journal of Marketing	SSCI	3. 885	7. 192	品牌资产
7	Park C. Whan et. al.	Attachment – Aversion （AA） Model of Customer – Brand Relationships	2013	Journal of Consumer Psychology	SSCI	2. 009	3. 103	品牌资产
8	Oliver J. Rutz et. al.	From Generic to Branded：A Model of Spillover in Paid Search Advertising	2011	Journal of Marketing Research	SSCI	3. 109	4. 482	品牌传播
9	Nina Michaelidou et. al.	Usage, Barriers and Measurement of Social Media Marketing：An Exploratory Investigation of Small and Medium B2B Brands	2011	Industrial Marketing Management	SSCI	1.·93	3. 132	品牌传播

序号	作者	题目	年份	期刊	检索	Impact Factor (2015)	5 - Year Impact Factor	研究分类
10	Sood Sanjay et. al.	The Effects of Brand Name Structure on Brand Extension Evaluations and Parent Brand Dilution	2012	Journal of Marketing Research	SSCI	3. 109	4. 482	品牌延伸
11	Siwarit et. al.	Understanding Value Co - creation in a Co - consuming Brand Community	2011	Marketing Theory	SSCI	2. 673	3. 653	品牌社群
12	Lucia Malär et. al.	Emotional Brand Attachment and Brand Personality: The Relative Importance of the Actual and the Ideal Self	2011	Journal of Marketing	SSCI	3. 885	7. 192	品牌个性
13	Puzakova Marina et. al.	When Humanizing Brands Goes Wrong: The Detrimental Effect of Brand Anthropomorphization amid Product Wrongdoings	2013	Journal of Marketing	SSCI	3. 885	7. 192	品牌危机
14	Alden Dana L. et. al.	The Effect of Global Company Animosity on Global Brand Attitudes in Emerging and Developed Markets: Does Perceived Value Matter?	2013	Journal of International Marketing	SSCI	3. 25	3. 75	品牌危机
15	Bernhard Lienland et. al.	The Under Valuation of Corporate Reputation as a Supplier Selection Factor: Ananalysis of Ingredient Branding of Complex Products in the Manufacturing Industry	2013	Journal of Purchasing & Supply Management	SSCI	2. 562	3. 395	要素品牌
16	Venkatraman Vinod	New Scanner Data for Brand Markters: How Neuroscience Can help Better Understand Differences in Brand Preferences	2012	Journal of Consumer Psychology	SSCI	2. 009	3. 103	神经科学 与品牌

第一节

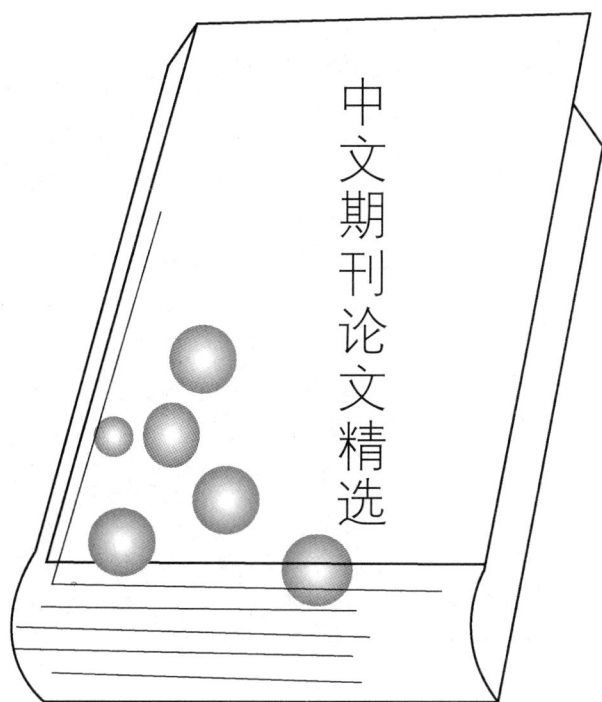

中文期刊论文精选

第一单元　品牌策略

品牌身份差异对品牌并购的影响研究

何　浏　王海忠　田　阳

【摘　要】本土品牌吉利并购国际名车沃尔沃，引发了一场是"攀龙附凤"还是"惹火烧身"的争议；不同身份地位品牌之间的并购行为究竟会给企业带来怎样的影响呢？传统研究主要从企业绩效角度衡量企业在并购后的协同效应，关于并购对公司品牌影响的研究文献尚不多见。本研究从消费者视角探讨了品牌并购对原品牌公司综合形象和公司能力联想的影响。研究发现，品牌并购信息能够提升消费者对原品牌的公司能力联想，但不一定能提高其公司综合形象；并购高形象（身份）的品牌比并购低形象（身份）的品牌更有利于提升原品牌的公司综合形象；多元化并购战略对母品牌公司能力联想的影响要小于强化并购。

【关键词】品牌并购；品牌身份；公司形象；公司能力联想
【文章来源】选自《中国软科学》，2011 年第 4 期。
【作者单位】何浏，中山大学管理学院（广州）、五邑大学经济管理学院（江门）；王海忠，中山大学管理学院（广州）；田阳，广东工业大学管理学院（广州）。

"示弱"品牌传记在"蛇吞象"
跨国并购中的正面效应

杨　晨　王海忠　钟　科

【摘　要】人们习惯认为，企业应通过"示强"——"凸显自己优势"的方式来赢得消费者的青睐。然而，众多国际知名企业却通过"示弱"的营销思维赢得全球"粉丝"（如苹果公司等）。虽然美国学术界已证实"示弱营销"更能赢得消费者情感认同，但国内理论界尚未关注"示弱营销"的价值。本文在国内率先对"示弱营销"进行实证研究，以国际市场"蛇吞象"并购为背景，探索"示弱"品牌传记是否能减弱"蛇吞象"中对"强"品牌的负面影响及其机制。结果表明：当弱品牌不采用"示弱"品牌传记时，消费者对强品牌的购买意愿下降；当弱品牌采用"示弱"品牌传记时，相比"示强"品牌传记，消费者对弱品牌的情感认同更高，对强品牌购买意愿下降得更少；品牌传记与强品牌购买意愿之间的关系经过消费者对"弱"品牌的情感认同发挥影响。论文最后讨论了本文结论对新兴国家企业在借"示弱营销"建立品牌情感，以及并购后品牌管理、品牌传播等方面的营销战略借鉴。

【关键词】示弱营销；新兴企业；跨国并购；情感品牌

【文章来源】选自《中国工业经济》，2013年2月，第2期（总299期）。

【作者单位】中山大学管理学院（广州）。

第二单元 品牌传播

讲故事 塑品牌：建构和
传播故事的品牌叙事理论
——基于达芙妮品牌的案例研究

汪 涛 周 玲 彭传新 朱晓梅

【摘 要】如今，讲故事（Storytelling）已经成为营销领域关注的新兴话题之一。叙事被认为是塑造品牌的有效手段，但企业如何通过讲故事来塑造品牌却仍然缺乏系统性研究。本文以叙事理论为基础，以中国女鞋品牌达芙妮作为样本，运用规范的案例研究方法得出了建构和传播故事的品牌叙事理论框架。该框架认为，企业如果要成功地通过叙事塑造品牌，必须从两方面努力：①为品牌创造一个具有积极主题，内容包含真实、情感、共识和承诺四大要素的品牌故事；②采用合理的叙事结构，围绕"一个核心"的品牌主张，整合多种多样的途径、方式和渠道，对不同消费群体传播不同的品牌故事。

【关键词】故事；叙事；品牌塑造；案例研究
【文章来源】选自《管理世界》（月刊），2011 年第 3 期。
【作者单位】武汉大学经济与管理学院市场营销系（武汉）。

第三单元　品牌延伸

中国情境下成功品牌延伸
影响因素的案例研究

于春玲　李　飞　薛　镭　陈　浩

【摘　要】成功品牌延伸的关键影响因素有哪些？它们之间的相互影响如何？这两个问题在理论和实践上都还是未解的难题。本文在文献综述基础上建立了企业成功进行品牌延伸影响因素的理论框架，以上海家化、云南白药和晨光文具作为研究对象，运用规范的案例研究方法，通过实地访谈、二手资料收集、数据编码、编码关联性分析等研究过程，对中国情境下如何成功进行品牌延伸进行了系统研究。研究发现：①品牌延伸成功影响因素包括母品牌特征、延伸产品与母品牌关系、延伸产品营销环境、延伸产品特征共4个层面的10个因素；②各影响因素的重要性不同，其中核心影响因素为延伸产品营销支持、延伸产品与母品牌契合度、母品牌实力和延伸产品目标顾客因素；③各影响因素不是孤立的，存在相互影响关系。

【关键词】品牌延伸；成功因素；案例研究
【文章来源】选自《管理世界》（月刊），2012年第6期。
【作者单位】清华大学经济管理学院（北京市）。

第四单元 品牌认知

奢侈品品牌标识显著度决策：
张扬还是低调
——自用和送礼情形下品牌标识显著度对购买意愿的影响机制比较

王海忠 秦 深 刘 笛

【摘　要】在各大奢侈品厂商竞相开拓中国奢侈品市场之际，研究如何抓住中国消费者对奢侈品品牌标识显著度的偏好，具有非常重要的理论和实践意义。已有研究认为，中国消费者普遍喜欢张扬、显眼的奢侈品品牌标识。本文认为，人们对奢侈品品牌显著度的偏好要根据购买动机（自用还是送礼）和消费者特质（自我监控）来决定。本文通过两个研究，得到比前人更深入和更丰富的结论。①当购买奢侈品自用时，对于高自我监控者而言，奢侈品品牌标识越突出，人们的购买意愿越高；但对于低自我监控者而言，奢侈品品牌标识越突出，人们的购买意愿反而越低。②当购买奢侈品用于送礼时，在不同馈赠关系下，品牌标识显著度的影响效应表现出差异。当送礼者与受礼者之间为共有关系（或亲近关系）时，高自我监控者偏爱品牌标识显著度高的产品，而低自我监控者偏爱品牌标识显著度低的奢侈品。只有当送礼者与受礼者之间为交换关系时，无论是高自我监控者还是低自我监控者，人们才更偏向于购买品牌标识显著度高的奢侈品。本文在理论上首次得出结论，认为不能简单得出中国消费者偏好大还是小的奢侈品品牌标识，而要根据购买用途（自用还是送礼，以及送礼者—受礼者关系类型）、购买者自我监控水平，才能说明人们是偏好于大还是小的品牌标识。本文的研究结论对于奢侈品厂商根据购买者心理特质的细分营销、商务市场的客户关系管理、奢侈品零售终端营销、产品系列化等战略，均具有重要的战略借鉴价值。

【关键词】奢侈品；品牌标识显著度；自我监控；关系规范

【文章来源】选自《中国工业经济》，2012 年 11 月，第 11 期（总 296 期）。

【作者单位】中山大学管理学院（广州）。

第五单元 品牌社群

从品牌社群认同到品牌忠诚
的形成路径研究
——中介与调节效应检验

周志民 郑雅琴

【摘　要】现有文献已指出品牌社群认同会促进品牌忠诚，但二者之间的中介和调节机制尚未探讨。基于类别化和关系化理论，我们提出从品牌社群认同到品牌忠诚的两条间接路径，以及品牌认同和品牌社群承诺的中介作用；基于学习迁移理论，提出感知社群—品牌相似度的调节效应。偏最小二乘法（PLS）的实证结果表明：品牌社群承诺和品牌认同在品牌社群认同和品牌忠诚之间均起到完全中介作用，感知社群—品牌相似度在品牌社群认同与品牌认同之间起到调节作用，而在品牌社群承诺与品牌忠诚之间没有调节作用。研究结论完善了品牌社群理论，并对企业的品牌社群营销有指导意义。

【关键词】品牌社群认同；品牌忠诚；中介效应；调节效应

【文章来源】选自《深圳大学学报》（人文社会科学版），2011年11月，第28卷第6期。

【作者单位】深圳大学管理学院（深圳）。

品牌社群关系网络密度影响
品牌忠诚的作用机制研究

薛海波　王新新

【摘　要】基于社会网络分析视角，本文以一个青春文艺类品牌社群为调研对象，通过实地调研和实证分析，揭示出品牌社群关系网络密度影响品牌忠诚的作用机制。结果表明：网络密度对品牌忠诚存在显著的正向影响作用，品牌社群认同和自我品牌关联在二者之间起着重要的媒介作用。其中，品牌社群认同在网络密度与自我品牌关联以及网络密度与品牌忠诚之间均起到了完全的媒介作用；而自我品牌关联又在品牌社群认同与品牌忠诚之间起到了部分媒介作用。最后，作者探讨了本研究的理论贡献和实践意义，并指出研究的局限和后续研究方向。

【关键词】品牌社群；网络密度；社群认同；自我品牌关联；品牌忠诚

【文章来源】选自《商业经济与管理》，2011 年 8 月，第 8 期总第 238 期。

【作者单位】薛海波，华东师范大学品牌文化与公共关系研究中心（上海）；王新新，上海财经大学品牌研究中心（上海）。

虚拟品牌社区顾客互动的驱动因素
及对顾客满意影响的实证研究

王永贵　马　双

【摘　要】本文以虚拟品牌社区为研究背景，系统地剖析了顾客互动的关键维度，并运用实用—享乐理论探讨了顾客互动的关键驱动因素——实用需求和享乐需求，检验了各种顾客互动对社区满意的差异性影响；同时，论证了社区认同的双面性：社区认同正向地调节人际互动（和产品互动）与社区满意之间的关系，又负向地调节人机互动和社区满意之间的关系。

【关键词】享乐需求；实用需求；顾客互动；社区认同

【文章来源】选自《管理学报》，2013 年 9 月，第 10 卷第 9 期。

【作者单位】王永贵，对外经济贸易大学国际商学院（北京市）；马双，对外经济贸易大学服务营销与管理国际研究中心（北京市）。

第六单元　品牌危机

品牌危机情境下微博网络口碑的探索性研究

——归因、情境、策略与口碑的"树根模型"

李桂华　张云飞　刘　铁

【摘　要】对6个危机品牌发布的40个沟通微博及其5510条消费者评论的内容分析发现，消费者网络口碑态度受企业品牌危机沟通策略、危机发生的背景、危机源、企业特征和消费者特征的影响。品牌的微博沟通更倾向于采取否定回应策略，而消费者对于品牌危机沟通微博多呈现负面网络口碑态度。企业、环境和消费者三个方面的各种因素对网络口碑态度的影响是不同的，根据这些因素对网络口碑的作用方向（正向或负向或二者兼有）可将这些因素分为激励因子、保健因子和关键因子。在典型的三种危机情境下，企业不同危机的沟通策略对消费者网络口碑态度的影响呈现出权变的模式。

【关键词】品牌危机；网络口碑；权变模式；内容分析
【文章来源】选自《经济与管理研究》，2012年第9期。
【作者单位】南开大学商学院（天津）。

产品伤害危机溢出效应的
发生条件和应对策略研究
——预判和应对其他品牌引发的产品伤害危机

方　正　杨　洋　李　蔚　蔡　静

【摘　要】近年来，产品伤害危机频发，不仅影响到危机品牌，还可能溢出到竞争品牌，发生溢出效应。预判和应对产品伤害危机溢出效应已经成为重要的现实问题和理论问题。本文基于"可接近性—可诊断性"分析框架，采用两个实验探讨了产品伤害危机对品类和竞争品牌的溢出效应。研究发现：第一，危机品牌对品类的代表性越强，那么竞争品牌就越容易受到溢出效应的影响；第二，在危机产品属性方面，竞争品牌与危机品牌的相似性越高，那么溢出效应越容易发生；第三，如果启动消费者思考的是品牌差异，那么溢出效应将不会影响竞争品牌；第四，如果溢出效应（没有）发生，且竞争品牌主动否认问题，那么消费者的态度会更正（负）面；第五，本文讨论了本研究的理论和实践价值以及研究局限和展望。

【关键词】产品伤害危机；溢出效应；竞争品牌；应对方式

【文章来源】选自《南开管理评论》，2013 年第 16 卷，第 6 期。

【作者单位】方正，四川大学商学院（成都）；杨洋，成都理工大学商学院（成都）；李蔚，四川大学商学院（成都）；蔡静，西南民族大学管理学院（成都）。

第七单元　品牌建设

服务品牌内化的概念及概念模型：
基于跨案例研究的结论

陈　晔　白长虹　吴小灵

【摘　要】本研究按 Eisenhardt 在 1989 年提出的案例研究步骤展开，对国内一个著名保险公司进行纵深案例研究，发现了服务品牌内化的现象。为进一步探索这一现象并验证在此案例中得到的结论，作者又在信息通信、银行、酒店和保险业里分别选择一个位居行业前列的代表性企业实施跨案例研究。通过对跨案例研究收集的数据进行内容分析，本研究找出服务品牌内化的内生构成因素，构建了服务品牌内化的概念模型。

【关键词】服务企业；服务品牌；内化

【文章来源】选自《南开管理评论》，2011 年第 14 卷，第 2 期。

【作者单位】陈晔，白长虹，南开大学旅游与服务学院（天津）；吴小灵，深圳大学管理学院（深圳）。

企业创建自主品牌关键影响
因素动态演化的实地研究
——基于广州 12 家企业个案现场访谈数据的质性分析

王朝辉　陈洁光　黄　霆　程　瑜

【摘　要】本文运用理论研究和实地研究相结合的研究方法，运用规范化的定性技术分析了广州市 12 家企业个案，探讨企业创建自主品牌的影响因素变化规律。文章对国内外有关自主品牌和企业竞争力的研究进行了梳理，从多角度对企业创建自主品牌的影响因素进行理论建模；研究还采用质性分析软件 ATLAS. TI 对广州 12 个企业实地文本数据进行扎根分析，对自主品牌发展不同阶段影响因素进行了探索。研究发现，企业在创建自主品牌过程中，关键影响因素存在动态演化的特征，研究还明确阐述了各阶段创建自主品牌关键因素影响内在机制，深化了理论架构内容和管理意涵，为提出有利于企业创建自主品牌政策建议奠定了基础。

【关键词】代工企业；自主品牌；实地研究；质性分析
【文章来源】选自《管理世界》（月刊），2013 年第 6 期。
【作者单位】王朝辉，广东商学院国民经济研究中心（佛山）；陈洁光，香港浸会大学工商管理学院（中国香港）；黄霆，广州市发展和改革委员会（广州）；程瑜，中山大学人类学系（广州）。

第八单元　要素品牌管理

转型经济背景下中国 B2B 品牌资产的来源路径：真情 vs. 人情

卢宏亮　李桂华

【摘　要】在处于转型经济背景下的中国，供应商品牌获取资产的路径是出于认知论的"品牌真情"还是源于关系论的"品牌人情"，尚未有理论涉及。本文将认知与关系视角统和在一个研究框架内，构建了本土化 B2B 品牌资产来源路径模型，并以民族 B2B 企业内的采购人员为调查对象，对相关假设进行了实证检验。结果表明，品牌形象，作为实现 B2B 品牌资产的"真情路径"，既对品牌忠诚有直接影响，还通过品牌满意对品牌忠诚有间接影响；品牌人情，作为实现 B2B 品牌资产的"人情路径"，对品牌忠诚没有直接影响，品牌人情需要经过品牌满意的传导间接对品牌忠诚起作用。

【关键词】转型经济；品牌资产；B2B 市场；品牌真情；品牌人情

【文章来源】选自《山西财经大学学报》，2013 年 2 月，第 35 卷，第 2 期。

【作者单位】卢宏亮，东北林业大学经济管理学院（哈尔滨）；李桂华，南开大学商学院（天津）。

代工专用性投资、竞争优先权
与品牌化战略的关系研究

李桂华　黄　磊　卢宏亮

【摘　要】我国大部分代工企业的发展现状为既保留代工业务，又通过发展自有品牌实现产业升级与转型，然而企业在代工业务上的投入与竞争选择，对其实施品牌化战略有何影响，尚缺少深入探讨。本文对国内外文献进行综述整理，构建专用性投资对竞争优先权与品牌化战略的影响模型，通过发放问卷收集数据，对研究假设进行实证检验。结果表明，代工企业不同类型的专用性投资对竞争优先权产生的影响并不相同，竞争优先权的技术创新和管理水平两个维度对品牌化战略有正向影响，能力类专用性投资直接正向影响品牌化战略，而活动类专用性则以竞争优先权的管理水平维度为中介间接正向影响品牌化战略。研究结果对我国代工企业建设自有品牌具有实践意义。

【关键词】代工生产；专用性投资；竞争优先权；品牌化战略
【文章来源】选自《南开管理评论》，2013年第16卷，第6期。
【作者单位】李桂华、黄磊，南开大学商学院（天津）；卢宏亮，东北林业大学经济管理学院（哈尔滨）。

第九单元 产业集群品牌

基于消费者视角的产业集群品牌效应研究

牛永革 赵 平

【摘 要】产业集群品牌是中国学者提出的原创性概念术语，在中国理论界具有较高的关注度，是中国地方政府治理区域经济、推行产业集群升级的一个重要政策导向，从消费者视角检验产业集群品牌效应是构建产业集群品牌理论的核心主题。本文对目前的产业集群品牌进行重新分类，剖析每种产业集群品牌的特征，从消费者视角检验产业集群品牌效应存在的特性；在北京、山西和辽宁三地随机抽选 472 个有效样本单位，以假定性命名方式将八个产业集群品牌作为研究对象，运用实证的方式证明现在对产业集群品牌的看法需要慎重对待。通过数据分析发现，一般性产业集群的集群品牌对消费者存在负向效应，不适合发展集群品牌；特殊性集群品牌对消费者存在正向效应，适合发展集群品牌。

【关键词】产业集群；产业集群品牌；原产地名称；区域经济；产业集群升级
【文章来源】选自《管理科学》，2011 年 4 月，第 24 卷，第 2 期。
【作者单位】牛永革，四川大学工商管理学院（成都）；赵平，清华大学经济管理学院（北京）。

品牌分布形态与区域经济发展关系实证研究

顾立汉　王兴元

【摘　要】以区域上榜品牌丰裕度、总价值、多样性三个变量来描述区域品牌分布的基本特征；以人均 GDP 代表区域经济发展状况，建立相应的回归模型，揭示品牌分布与中国区域经济发展之间的内在联系。实证结果表明：上榜品牌总价值和上榜品牌多样性与区域人均 GDP 有显著的正相关关系，区域上榜品牌丰裕度与区域人均 GDP 呈现弱的负相关关系。

【关键词】品牌分布；品牌丰裕度；品牌总价值；品牌多样性；人均 GDP

【文章来源】选自《软科学》，2012 年 8 月，第 26 卷，第 8 期（总第 152 期）。

【作者单位】顾立汉，山东大学管理学院（济南）；王兴元，泰山学院商学院（泰安）。

第二节

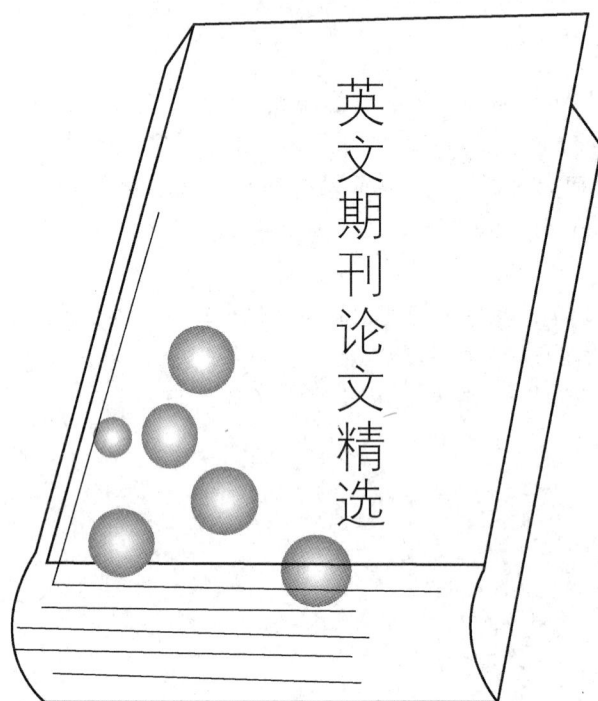

英文期刊论文精选

第一单元　品牌战略

The Influence of Ad-evoked Feelings on Brand Evaluations: Empirical Generalizations from Consumer Responses to More than 1000 TV Commercials *

Michel Tuan Pham, Maggie Geuens, Patrick De Pelsmacker

Abstract: It has been observed that ad – evoked feelings exert a positive influence on brand attitudes. To investigate the empirical generalizability of this phenomenon, we analyzed the responses of 1576 consumers to 1070 TV commercials from more than 150 different product categories. The findings suggest five empirical generalizations. First, ad – evoked feelings indeed have a substantial impact on brand evaluations, even under conditions that better approximate real marketplace settings than past studies did. Second, these effects are both direct and indirect, with the indirect effects largely linked to changes in attitude toward the ad. Third, these effects do not depend on the level of involvement associated with the product category. However, fourth, the effects are more pronounced for hedonic products than utilitarian products. Finally, these effects do not depend on whether the products are durables, nondurables, or services, or whether the products are search goods or experience goods.

Key Words: Advertising; Emotions; Feelings; Involvement Motivation; Empirical generalizations

---

* From: International Journal of Research in Marketing, 30 (2013).

Authors' organization: Michel Tuan Pham, Columbia University, Graduate School of Business, New York, United States; Maggie Geuens, Ghent University, Ghent, Belgium / Vlerick Business School, Belgium; Patrick De Pelsmacker, University of Antwerp, Antwerp, Belgium.

由广告诱发的感觉对品牌评价的影响：
来自超过 1000 部电视广告的顾客
反应的经验归纳

Michel Tuan Pham，Maggie Geuens，Patrick De Pelsmacker

【摘　要】很明显，广告诱发的感觉会带来积极的品牌态度。为了研究和归纳这一现象，我们分析了 1070 则电视广告，涉及 150 种品牌类型，得到了 1576 位顾客的反馈。(通过实验) 归纳出了五类结果：第一，广告诱发的感觉确实对品牌评估有很大的影响，并且在这样的条件下，其结果比先前的研究更接近真实的市场环境。第二，这些影响既有直接影响也有间接影响，这些影响间接地将（受众）态度与广告（所推崇的内容）连接了起来。第三，这些影响并不是与产品的联系程度相关。第四，这些影响的显著程度，享乐用的产品比实用产品更加明显。第五，这些影响并不取决于产品的某些属性（即产品是否是耐用品，产品是否是服务型的，或者产品是先验品还是后验品）。

【关键词】广告；情感；感觉；涉入；实验归纳

第二单元　品牌资产

The Impact of Brand Quality
on Shareholder Wealth*

Sundar G. Bharadwaj，Kapil R. Tuli，Andre Bonfrer

Abstract：This study examines the impact of brand quality on three components of shareholder wealth：stock returns，systematic risk，and idiosyncratic risk. The study finds that brand quality enhances shareholder wealth insofar as unanticipated changes in brand quality are positively associated with stock returns and negatively related to changes in idiosyncratic risk. However, unanticipated changes in brand quality can also erode shareholder wealth because they have a positive association with changes in systematic risk. The study introduces a contingency theory view to the marketing – finance interface by analyzing the moderating role of two factors that are widely followed by investors. The results show an unanticipated increase（decrease）in current – period earnings enhances（depletes）the positive impact of unanticipated changes in brand quality on stock returns and mitigates（enhances）their deleterious effects on changes in systematic risk. Similarly, brand quality is more valuable for firms facing increasing competition（i. e. , unanticipated decreases in industry concentration）. The results are robust to endogeneity concerns and across alternative models. The authors conclude by discussing the nuanced implications of their findings for shareholder wealth, reporting brand quality to investors, and its use in employee evaluation.

Key Words：Brand Quality；Stock Returns；Idiosyncratic Risk；Systematic Risk；Earnings；Industry Concentration；Marketing – finance Interface

---

＊ From：Journal of Marketing，Vol. 75（September 2011）.

Authors' organization：Sundar G. Bharadwaj is the Coca – Cola Company Chair Professor of Marketing, Terry College of Business, University of Georgia；Kapil R. Tuli is Assistant Professor of Marketing and Sing LunFellow, Lee Kong Chian School of Business, Singapore Management University；Andre Bonfrer is Professor of Marketing, School of Management, Marketing and International Business, ANU College of Business and Economics, Australian National University.

品牌质量对股东财富的影响

Sundar G. Bharadwaj，Kapil R. Tuli，Andre Bonfrer

【摘　要】本文分析了品牌质量对股东财富三方面的影响：股票收益率、系统性风险和非系统性风险。研究发现，品牌质量的非预测性变化会积极地关联股票收益率，并且消极关联非系统性风险，在这个范围里，品牌质量能增加股东财富。但是，品牌质量中的非预测性变化也会侵蚀股东财富，因为非预测性变化与系统性风险也会有积极的关联。本文引入了权变理论视角作为"营销—金融"的接入点，通过分析两个调节因素，广泛地被投资者遵从。结果显示，在当期收益中的一项非预测性增长（减少），加强（削弱）了品牌质量在股票收益率中不确定性变化的积极作用，同时也缓和（增强）了它在系统性风险变化中的有害影响。类似地，品牌资产在企业应对日益增加的企业竞争时变得更有价值了。研究结果与选择模型有很强的内生关联性。作者通过对影响股东财富的细微差别的发现得出了结论，为投资者提供了品牌质量报告，可以应用到雇员评价中来。

【关键词】品牌质量；股票收益；非系统性风险；系统性风险；收益；行业集中度；营销—金融交互面

Brand Love[*]

Rajeev Batra, Aaron Ahuvia, Richard P. Bagozzi

Abstract：Using a grounded theory approach, the authors investigate the nature and consequences of brand love. Arguing that research on brand love needs to be built on an understanding of how consumers actually experience this phenomenon, they conduct two qualitative studies to uncover the different elements ("features") of the consumer prototype of brand love. Then, they use structural equations modeling on survey data to explore how these elements can be modeled as both first – order and higher – order structural models. A higher – order model yields seven core elements：self – brand integration, passion – driven behaviors, positive emotional connection, long – term relationship, positive overall attitude valence, attitude certainty and confidence (strength), and anticipated separation distress. In addition to these seven core elements of brand love itself, the prototype includes quality beliefs as an antecedent of brand love and brand loyalty, word of mouth, and resistance to negative information as outcomes. Both the first order and higher – order brand love models predict loyalty, word of mouth, and resistance better, and provide a greater understanding, than an overall summary measure of brand love. The authors conclude by presenting theoretical and managerial implications.

Key Words：Brand Management；Brand Attachment；Brand Loyalty；Brand Relationships；Brand Commitment

---

* From：Journal of Marketing, Volume 76 (March 2012).

Authors' organization：Rajeev Batra is S. S. Kresge Professor of Marketing, Ross School of Business；Richard P. Bagozzi is Dwight F. Benton Professor of Behavioral Science in Management, Ross School of Business, and Professor of Clinical, Social and Administrative Sciences, College of Pharmacy, University of Michigan；Aaron Ahuvia is Professor of Marketing, College of Business, Universityof Michigan – Dearborn.

品牌至爱（至爱品牌）

Rajeev Batra，Aaron Ahuvia，Richard P. Bagozzi

【摘　要】作者运用扎根理论的方法，研究了品牌至爱的本质和重要性，并指出，在品牌至爱研究过程中需要弄清楚消费者是如何感受到品牌至爱这种现象的，他们利用两个定性研究揭示了消费者品牌至爱中的不同类型。该研究通过构建一阶和高阶结构方程模型来探索这些特征。高阶模型得到了七个核心元素：自我品牌整合、情感驱动行为、积极情感联系、长期关系、积极的总体态度价态、态度明确性与信心（态度强度）、预期分离困境。除品牌至爱的七种要素之外，质量信念作为先于品牌至爱、品牌忠诚、口碑的元素，能阻挡结果中的负面信息。一阶和高阶品牌至爱模型在预测忠诚度、口碑和更好地阻碍（负面信息）以及提供更有效的理解方面都比品牌至爱的整体测量效果要好。作者的结论来源于现有的理论以及管理（过程）中的启示。

【关键词】品牌管理；品牌依恋；品牌忠诚；品牌关系；品牌承诺

Doing Poorly by Doing Good: Corporate
Social Responsibility and Brand Concepts*

Carlos J. Torelli, Alokparna Basu Monga, Andrew M. Kaikati

Abstract: Although the idea of brand concepts has been around for a while, very little research addresses how brand concepts may influence consumer responses to corporate social responsibility (CSR) activities. Four studies reveal that communicating the CSR actions of a luxury brand concept causes a decline in evaluations, relative to control. A luxury brand's self-enhancement concept (i.e., dominance over people and resources) is in conflict with the CSR information's self-transcendence concept (i.e., protecting the welfare of all), which causes disfluency and a decline in evaluations. These effects do not emerge for brands with openness (i.e., following emotional pursuits in uncertain directions) or conservation (i.e., protecting the status quo) concepts that do not conflict with CSR. The effects for luxury brand concepts disappeared when the informativeness of the disfluency was undermined but were accentuated in an abstract (vs. concrete) mind-set. These findings implicate brand concepts as a key factor in how consumers respond to CSR activities.

---

* From: Journal of Consumer Research, Vol. 38 (February 2012).

Authors' organization: Carlos J. Torelli (ctorelli@umn.edu) is Assistant Professor of Marketing, Carlson School of Management, University of Minnesota; Basu Mongais Associate Professor of Marketing, Darla Moore School of Business, University of South Carolina; Andrew M. Kaikati is Assistant Professor of Marketing, Terry College of Business, University of Georgia.

卓越中的拙劣：公司的社会责任以及品牌概念

Carlos J. Torelli，Alokparna Basu Monga，Andrew M. Kaikati

【摘　要】虽然现在有关品牌概念的研究很多，但是针对品牌概念如何影响顾客对公司的社会责任反馈的研究却很少。四项研究显示，与控制相比，奢侈品品牌概念的企业社会责任评估活动正在减少。奢侈品品牌的自我提升概念（比如在人和资源上取得优势）与社会责任信息中的自我超越概念（保证所有的福利）相冲突，由此导致了该项评估活动的减少。这些影响并没有在广义的领域（未知地区的感情追求）或保守的领域（维持现状）出现，也没有与公司社会责任相抵触。当这种不流畅的信息减少以后，奢侈品品牌的概念就消失了，但是它会作为一种抽象的（与具体的）思想形式被突出出来。这些研究暗示了品牌概念如何作为一个关键因素来影响强企业的社会责活动。

Self – congruity，Brand Attitude，and Brand Loyalty：A Study on Luxury Brands [*]

Fang Liu，Jianyao Li，Dick Mizerski，Huangting Soh

Abstract：Purpose – This study aims to examine the effects of three self – congruity constructs：the brand's personality congruity（BPC），the brand's user imagery congruity and the brand's usage imagery congruity, in consumers' attitude and brand loyalty toward two luxury fashion brands.

Design/methodology/approach – Using a sample of Australian consumers, this study examines two luxury fashion brands（CK and Chanel）from two product categories, watches and sunglasses. Structural equation modeling is used to test the hypotheses.

Findings – This study finds that user and usage imagery congruity are stronger predictors for brand attitude and brand loyalty than BPC in the context of the luxury fashion brands tested. Both user and usage imagery congruity have significant effects in brand attitude and brand loyalty in most analyses. This study finds no significant effect of BPC in either brand attitude or brand loyalty for the two brands tested.

Research limitations/implications – Future studies should include more populations, product categories and more brands in each category.

Practical implications – Symbolic benefits are key motivations behind luxury brand purchases. Symbolic benefits are from non – product – related attributes like imagery. One important implication of the study is that user and usage imagery are more important to build than attempts to develop a brand's personality. Because most luxury brands market in multiple product categories, attention should be paid to the core perceptions of user and usage imagery for the brand when designing communication strategies for different categories.

＊ From：European Journal of Marketing，Vol. 46 No. 7/8，2012.

Authors' organization：Fang Liu，Business School，The University of Western Australia，Perth，Australia；Jianyao Li，Business School，Sun Yat – sen University，Guangzhou，China；Dick Mizerski，Business School，The University of Western Australia，Perth，Australia；Huangting Soh Jushua Research Consultants，Singapore.

Originality/value – This study provides the first evidence that these self – congruity concepts may represent different imageries that lead to different effects in brand attitude and brand loyalty. Findings from this study add to the understanding of the consumption of luxury brands.

Key Words：Brand Image；Brand Loyalty；Luxury Brands；Premier Brands；Self – congruity；Brand Attitude；Brand Personality

自我一致性，品牌态度和品牌忠诚：
一份关于奢侈品品牌的研究

Fang Liu，Jianyao Li，Dick Mizerski，Huangting Soh

【摘　要】研究目的——本文主要评估了自我一致性三个方面的影响，即消费者在关注两个时尚奢侈品牌的时候，品牌的个性一致性、用户形象一致性以及使用形象一致性对顾客态度和品牌忠诚的影响。

研究方法——本文以澳大利亚的消费者作为研究样本，运用结构方程模型评估了两个奢侈品品牌（CK 和香奈儿）的产品（手表和太阳镜）。

研究发现——本文发现，用户形象一致性与使用形象一致性对品牌态度和品牌忠诚的预测程度，在奢侈品品牌体验过程中都高于品牌个性一致性对两者的影响。用户形象一致性与使用形象一致性对品牌态度和品牌忠诚的影响都显著。本研究中，基于两个目标品牌，品牌个性一致性对品牌态度和品牌忠诚度都没有显著影响。

研究局限——未来的研究中可以增加总体数量、产品种类，以及在每种产品种类中可以增加更多品牌。

实际运用——象征性的收益作为一个隐藏在奢侈品背后引起人们购买的诱因，它是一种产品属性之外的因素，比如形象性的属性。一个重要的运用就在于用户及使用形象是可以超越品牌个性、被开发的品牌属性。因为许多奢侈品品牌都有众多的品牌种类，所以在为（这些）种类设计（品牌）交互战略的过程中，关注点需要偏向用户品牌形象和使用品牌形象，这是（消费者）是否会购买该品牌的一个核心要素（因为他们需要购买的是一种核心体验）。

独创性——本文首次证明了这一类自我一致性可以表现出不同的形象，这些形象会给品牌态度和品牌忠诚带来不同的影响。本文在理解奢侈品消费上提出了新的看法。

【关键词】品牌形象；品牌忠诚；奢侈品品牌；一流品牌；自我一致性；品牌态度；品牌个性

Attachment – Aversion (AA) Model of Customer – Brand Relationships*

C. Whan Park, Andreas B. Eisingerich, Jason Whan Park

Abstract: The present paper proposes a customer – brand relationships model and empirically tests the following: ①brand – self distance and brand prominence as representing customers' attachment – aversion relationships (AA Relationships) with a brand, ②key distinguishing differences between the AA Relationships measure and other alternative relationship measures (i. e. , brand attachment, emotional valence and brand attitude strength) based on a set of dependent variables, ③three key determinants of the AA Relationships and the underlying process between the AA Relationships and behavioral intentions and actual brand behaviors, and④customer age as moderating the customer – brand relationships specified in the nomological model of the AA Relationships. The results offer strong support for the unique and important contribution of the AA Relationships model as representing consumers' relationship valence with a brand and its salience.

Key Words: Attachment; Aversion; Customer – Brand Relationships; Pro – brand Behaviors; Anti – brand Behaviors

---

    * From: Journal of Consumer Psychology, 23, 2 (2013) .

Authors' organization: C. Whan Park, Marshall School of Business, ACCT 306C, University of Southern California, Los Angeles, CA 90089 – 0403, USA; Andreas B. Eisingerich, Imperial College Business School, Imperial College London, London, SW 7 2AZ UK; Jason Whan Park, University of Pittsburgh, USA.

顾客—品牌关系中的喜好
（依恋）——厌恶模型（AA模型）

C. Whan Park，Andreas B. Eisingerich，Jason Whan Park

【摘　要】当前的论文提出了顾客—品牌关系模型并且做出了以下的实证分析：①品牌—自我差距和品牌标识显示度可以用来表现消费者对某一品牌的喜好（依恋）—厌恶关系（AA关系）；②做因变量的时候，要把AA关系的测量指标与其他可选关系（品牌依恋、情绪效价和品牌态度程度）的测量指标区分开；③研究了AA关系中的三个决定性因素，AA关系和行为意向的内生过程，以及实际的品牌行为；④顾客年龄可以调节顾客—品牌关系，这一结论可以写为AA理论模型。研究结论有力地支持了AA关系模型可以被作为表现消费者与品牌之间关系程度的论点。

【关键词】喜好（依恋）；厌恶；顾客—品牌关系；先于品牌行为；反对品牌行为

The Effects of Positive and Negative Online Customer Reviews: Do Brand Strength and Category Maturity Matter? *

Nga N. Ho – Dac, Stephen J. Carson, William L. Moore

Abstract: Research has shown brand equity to moderate the relationship between online customer reviews (OCRs) and sales in both the emerging Blu – ray and mature DVD player categories. Positive (negative) OCRs increase (decrease) the sales of models of weak brands (i. e., brands without significant positive brand equity). In contrast, OCRs have no significant impact on the sales of the models of strong brands, although these models do receive a significant sales boost from their greater brand equity. Higher sales lead to a larger number of positive OCRs, and increased positive OCRs aid a brand's transition from weak to strong. This creates a positive feedback loop between sales and positive OCRs for models of weak brands that not only helps their sales but also increases overall brand equity, benefiting all models of the brand. In contrast to the view that brands matter less in the presence of OCRs, we find that OCRs matter less in the presence of strong brands. Positive OCRs function differently than marketing communications in that their effect is greater for weak brands.

Key Words: Online Customer Reviews; User – generated Content; Brand Equity; Category Maturity; Word of Mouth

* From: Journal of Marketing, Vol. 77 (November 2013).

Authors' organization: Nga N. Ho – Dac is Assistant Professor of Marketing, School of Business, Dalton State College; Stephen J. Carsonis Associate Professor and David Eccles Faculty Fellow; William L. Moore is the David Eccles Professor of Marketing David Eccles School of Business, University of Utah.

在线顾客正面及负面的评价：品牌
强度和品类成熟度还重要吗？

Nga N. Ho－Dac，Stephen J. Carson，William L. Moore

【摘　要】本文研究了在蓝光 DVD 行业中，品牌资产可以作为调节在线用户评论与销售的一个（中间）要素。正面（负面）的用户评论会增加（减少）弱势品牌（缺乏有效的正面品牌资产的品牌）的销量。相反，在线用户评论对强势品牌却没有显著的影响，虽然这些品牌显著的销售量增加靠的还是强势的品牌资产。高销售量可以带来很多正面的在线评价，同时，正面的在线评论的提升也有利于弱势品牌向强势品牌转化。这种在弱势品牌中形成的介于销售和正面评价的回路，不但可以帮助弱势品牌提高销量，而且还能帮助它们全面提升品牌资产，能给整个品牌带来全面的收益。与之相对的一种观点是，强势品牌在线评价的重要性在下降。对于弱势品牌来说，积极的在线评价要比营销沟通更能影响这一类品牌的销售。

【关键词】在线用户评论；用户生成内容；品牌资产；品类成熟度；口碑

第三单元　品牌传播

From Generic to Branded: A Model of Spillover in Paid Search Advertising*

Oliver J. Rutz, Randolph E. Bucklin

Abstract: In Internet paid search advertising, marketers pay for search engines to serve text advertisements in response to keyword searches that are generic (e. g., "hotels") or branded (e. g., "Hilton Hotels"). Although standalone metrics usually show that generic keywords have higher apparent costs to the advertiser than branded keywords, generic search may create a spillover effect on subsequent branded search. Building on the Nerlove – Arrow advertising framework, the authors propose a dynamic linear model to capture the potential spillover from generic to branded paid search. In the model, generic search advertisements serve to expose users to information about the brand's ability to meet their needs, raising awareness that the brand is relevant to the search. In turn, this can induce additional future search activity for keywords that include the brand name. Using a Bayesian estimation approach, the authors apply the model to data from a paid search campaign for a major lodging chain. The results show that generic search activity positively affects future branded search activity through awareness of relevance. However, branded search does not affect generic search, demonstrating that the spillover is asymmetric. The findings have implications for understanding search behavior on the Internet and the management of paid search advertising.

Key Words: Internet Advertising; Paid Search; Spillover; Awareness; Nerlove – Arrow Model; Bayesian Dynamic Linear Model

* From: Journal of Marketing Research, Vol. XLVIII (February 2011).

Authors' organization: Oliver J. Rutz is Assistant Professor of Marketing, Yale School of Management, Yale University; Randolph E. Bucklin is Peter W. Mullin Professor, Anderson School of Management, University of California at Los Angeles.

从一般到品牌：付费广告搜索中的溢出模型

Oliver J. Rutz，Randolph E. Bucklin

【摘　要】在网络付费广告搜索中，市场人员会为（自己）的品牌投入一定的费用使之成为关键词，如一般性关键词（如"酒店"）和品牌关键词（如"希尔顿酒店"）以供人们搜索。虽然一些独立的指标显示，对于登广告的人来说，一般化的关键词搜索需要花费的显示成本比品牌化了的关键词搜索还要高，但是一般化的关键词搜索会为后来的品牌化搜索创造溢出效应。基于 Nerlove - Arrow 广告构架（模型），作者提出了一个动态的线性模型以捕捉从一般化搜索到付费的品牌化搜索过程中所出现的溢出效应。在这个模型里，一般化的广告搜索可以为用户提供某种能够满足消费者需求的品牌信息，并逐渐提高品牌与此次搜索的关联度。依次地，这种（溢出效应）可以引导接下来有关这一品牌名称的关键词搜索。本文运用了贝叶斯评估方法，从一连串关于住宿的搜索链条中采集到了数据以用于研究模型。结果显示，通过关联知晓度，一般性的搜索对接下来的品牌化搜索起到了积极的影响作用。然而，品牌化的搜索却对一般化的搜索没什么影响，因此便论证了这种溢出效应是不对称的。研究发现可以有效理解在互联网和管理中的付费广告搜索行为。

【关键词】互联网广告；付费搜索；溢出效应；意识（或知晓度）；Nerlove - Arrow 模型；贝叶斯动态线性模型

Usage, Barriers and Measurement of Social Media Marketing: An Exploratory Investigation of Small and Medium B2B Brands[*]

Nina Michaelidou, Nikoletta Theofania Siamagka, George Christodoulides

Abstract: Previous research has established the benefits of branding for business – to – business (B2B) organizations. Various tools can be used to support B2B brands, including the internet and other interactive technologies. Yet research on how organizations use Social Networking Sites (SNS) to achieve brand objectives remains limited. This study addresses the gap by focusing on B2B SMEs and their social networking practices, particularly, usage, perceived barriers, and the measurement of effectiveness of SNS as a marketing tool. Findings from a mail survey show that over a quarter of B2B SMEs in the UK are currently using SNS to achieve brand objectives, the most popular of which is to attract new customers. On the other hand, the most significant barrier is the lack of perceived relevance for particular sectors. Notably, the overwhelming majority of users do not adopt any metrics to assess SNS effectiveness. Almost half of the sample of SMEs that currently use SNS have indicated their intention to increase their marketing spending on this channel, highlighting the growing importance of SNS in a B2B context.

Key Words: Social Media; Social Networking Sites; B2B Brands; SME

---

* From: Industrial Marketing Management, 40 (2011).

Authors' organization: Nina Michaelidou, George Christodoulides, Department of Marketing, The Birmingham Business School, University of Birmingham, United Kingdom; Nikoletta Theofania Siamagka, Henley Business School, University of Reading, United Kingdom.

社交媒体营销中的习惯、障碍和测量：在中小型 B2B 品牌中的探索性研究

Nina Michaelidou，Nikoletta Theofania Siamagka，George Christodoulides

【摘　要】先前的研究在 B2B 品牌化中取得了一些成效（或获得了一定效果）。一些工具可以被用来支持 B2B 品牌的推广，比如互联网和其他一些互动技术。但是有关企业如何利用社交网络来实现品牌目标的研究仍然有限。本文在关注中小企业以及它们的互联网社交活动实践过程中发现，（这些企业）利用社交网络作为营销工具时存在差距，尤其是在习惯、知觉障碍以及有效性测量上。通过邮件调研发现只有 1/4 的英国中小型 B2B 企业运用社交网络实现品牌目标，最常见的（用法）是用来吸引新顾客。另外，一个主要的障碍是对一些（社交网络的）特定部分缺乏认知。显而易见的是，大量的用户并不使用任何指标来评估社交网络的有效性。在本研究中的中小型企业样本中，几乎大部分企业都增加了在社交网络营销方面的投入，（社交网络）作为 B2B 营销工具的重要性日益突出。

【关键词】社交媒体；社交网站；B2B 品牌；中小型企业

第四单元 品牌延伸

The Effects of Brand Name Structure on Brand Extension Evaluations and Parent Brand Dilution[*]

Sanjay Sood，Kevin Lane Keller

Abstract：Three laboratory experiments explore how alternative brand name structures （i. e. , family branded or subbranded） and varying degrees of category similarity （i. e. , similar or dissimilar） influence extension evaluations and parent brand dilution. The results indicate that subbranded extensions （e. g. , Quencher by Tropicana cola） evoke a slower, more thoughtful subtyping processing strategy than family branded extensions （e. g. , Tropicana cola）, which evoke a faster, category – based processing strategy. As a result, category similarity affects extension evaluations when the extension is family branded but not when it is subbranded. In addition, dilution effects are only evident when consumers have a negative experience with a similar family branded extension. Subbranding thus offers two key benefits to marketers：It both enhances extension evaluations and protects the parent brand from any unwanted negative feedback.

Key Words：Brand Naming；Brand Dilution；Subbranding；Categorization；Product Experience

＊ From：Journal of Marketing Research, Vol. XLIX （June 2012）.

Authors' organization：Sanjay Sood is Associate Professor of Marketing, Anderson GraduateSchool of Management, University of California, Los Angeles；Kevin Lane Keller is E. B. Osborn Professor of Marketing, Tuck School of Business, Dartmouth College.

品牌名称结构对品牌延伸评估
和母品牌稀释的影响

Sanjay Sood，Kevin Lane Keller

【摘　要】三个实验研究探索了品牌名称结构（母品牌或子品牌）的选择以及（品牌）变化类别的相似度（相似或不相似）是如何影响（品牌）延伸评估和品牌稀释的。结果显示，子品牌（如 Quencher 是来自于 Tropicana cola 的一个子品牌）的快速延伸及分类战略会使得母品牌的延伸以及分类变得缓慢。结果，当母品牌延伸而非子品牌延伸时，品牌类别相似性会影响延伸评价。另外，当消费者在母品牌上受到了消极体验的时候，稀释的效果会变得明显。因此，子品牌化的过程给营销者带来了两方面的提示：品牌延伸评价的提升以及母品牌的保护都来自于顾客非本意的负面反馈。

【关键词】品牌命名；品牌稀释；子品牌；分类；产品体验

第五单元　品牌个性

Emotional Brand Attachment and Brand Personality: The Relative Importance of the Actual and the Ideal Self *

Lucia Malar, Harley Krohmer, Wayne D. Hoyer, Bettina Nyffenegger

Abstract: Creating emotional brand attachment is a key branding issue in today's marketing world. One way to accomplish this is to match the brand's personality with the consumer's self. A key question, however, is whether the brand's personality should match the consumer's actual self or the consumer's ideal self. On the basis of two empirical studies of 167 brands (evaluated by 1329 and 980 consumers), the authors show that the implications of self – congruence for consumers' emotional brand attachment are complex and differ by consumers' product involvement, consumers' individual difference variables, and the type of self – congruence (fit of the brand's personality with the consumer's actual self versus with the consumer's ideal self). On a general level, actual self – congruence has the greatest impact on emotional brand attachment. Product involvement, self – esteem, and public self – consciousness increase the positive impact of actual self – congruence but decrease the impact of ideal self – congruence on emotional brand attachment. The authors discuss important managerial and academic implications of these findings.

Key Words: Emotional Brand Attachment; Brand Personality; Self – congruence; Actual Self; Ideal Self; Product Involvement; Self – esteem; Public Self – consciousness

---

   * From: Journal of Marketing, Vol. 75 (July 2011).

Authors' organization: Lucia Malär is Assistant Professor of Marketing; Harley Krohmer is Professor of Marketing and Chairman of the Marketing Department; Bettina Nyffenegger is Assistant Professor of Marketing Institute of Marketing and Management, University of Bern; Wayne D. Hoyer is James L. Bayless/William S. Farish Fund Chairfor Free Enterprise and Chairman of the Department of Marketing, McCombs School of Business, University of Texas at Austin.

情感化品牌依恋与品牌个性：
现实与理想自我的相对重要性

Lucia Malar，Harley Krohmer，Wayne D. Hoyer，Bettina Nyffenegger

【摘　要】创造情感化品牌依恋是当今营销界进行品牌化的一个关键问题。实现这种效果的一种方式就是将品牌个性与消费者（性格）匹配起来。然而，在匹配过程中存在的一个关键问题是，究竟是将品牌个性与消费者的"现实我"匹配还是应该将其与"理想我"进行匹配。基于两组对167个品牌（分别匹配了1329个消费者和980个消费者）的实证研究的结果，研究者发现，由于受到消费者产品介入、消费者个体差异因素和自我一致类型（即品牌个性与消费者"现实我"匹配和品牌个性与消费者"理想我"匹配）的影响，自我一致性对消费者情感品牌依恋的影响很复杂和多元。在一般情况下，现实的自我一致性对情感品牌依恋的影响最大。产品介入、自尊心以及公我意识会增加现实自我一致性的积极影响，降低理想自我一致性的影响。研究的这项发现对管理领域及学术发展都很重要。

【关键词】情感品牌依恋；品牌个性；自我一致性；现实我；理想我；产品介入；自尊心；自我一致类型

第六单元　品牌社群

Understanding Value Co – creation in a Co – consuming Brand Community *

Siwarit Pongsakornrungsilp， Jonathan E. Schroeder

Abstract：Recent research has suggested that consumers collectively co – create value through consumption practices. This paper provides additional insights into value creation by demonstrating how individual consumers play distinct roles in the value creation process. By focusing on micro – dimensions of co – consuming groups，we show how individual consumers engage in value creation processes in the context of brand culture. We bring together concepts of value creation，working consumers，and double exploitation to demonstrate the roles played by consumers and communities in value co – creation. We focus on value creation in a particular type of co – consuming group：an online football fan community. Results show that co – consuming groups are platforms for value creation. We argue that double exploitation is not necessarily a threat to consumers because it may instead enable them to play active roles in value co – creation and gain power against brand owners. This paper contributes to the existing literature on brand community and the value co – creation paradigm by：①demonstrating the dynamic roles played by consumers in the value co – creation；②revealing new forms of consumer organization；and③illustrating how working consumers work among themselves in managing brand communities.

Key Words：Brand Community；Brand Culture；Branding；Co – creation；Double Exploitation；Football Fans；Online Communities；Value Creation；Working Consumers

＊　From：Marketing Theory，Vol 11，Issue 3，2011.

Authors' organization：Siwarit Pongsakornrungsilp，Walailak University，Thailand；Jonathan E. Schroeder Rochester Institute of Technology，USA.

理解在共同消费品牌社群中的价值共创

Siwarit Pongsakornrungsilp，Jonathan E. Schroeder

【摘　要】 近期的研究提出了消费者可以在消费实践中聚集起来共同创造价值。本文通过论述个体消费者在价值创造过程中如何扮演不同的角色，提出了另一种价值创造的观点。通过关注众消群体中的微观维度，我们展示了个体消费者们如何在品牌文化背景下进行价值创造的过程。我们结合了价值创造、有效的顾客和双重剥削的概念去阐述消费者和社群在价值共创中所扮演的角色。我们的焦点集中在价值创造的特定众消群体：一个在线足球粉丝社群。结果显示，众消群体是一个价值创造的平台。我们提出了双重剥削对消费者来说并不是一个必要的威胁，因为它可以替代众消群体去扮演一个价值创造的角色，并且具有很强的力量去对抗品牌所有者。这篇文章对现有的品牌社群理论以及价值创造理论的贡献是：①证实了消费者在价值共创活动中扮演的角色是动态的；②展示了一个新的组织形式，即消费者组织；③描述了有效消费者是如何管理自己的品牌社区的。

【关键词】 品牌社群；品牌文化；品牌化；共创；双重剥削；足球粉丝；在线社区；价值创造；有效消费者

第七单元 品牌危机

When Humanizing Brands Goes Wrong: The Detrimental Effect of Brand Anthropomorphization amid Product Wrongdoings *

Marina Puzakova, Hyokjin Kwak, Joseph F. Rocereto

Abstract: The brand relationship literature shows that the humanizing of brands and products generates more favorable consumer attitudes and thus enhances brand performance. However, the authors propose negative downstream consequences of brand humanization; that is, the anthropomorphization of a brand can negatively affect consumers' brand evaluations when the brand faces negative publicity caused by product wrongdoings. They find that consumers who believe in personality stability (i. e. , entity theorists) view anthropomorphized brands that undergo negative publicity less favorably than nonanthropomorphized brands. In contrast, consumers who advocate personality malleability (i. e. , incremental theorists) are less likely to devalue an anthropomorphized brand from a single instance of negative publicity. Finally, the authors explore three firm response strategies (i. e. , denial, apology, and compensation) that can affect the evaluations of anthropomorphized brands for consumers with different implicit theory perspectives. They find that entity theorists have more difficulty in combating the adverse effects of brand anthropomorphization than incremental theorists. Furthermore, they demonstrate that compensation (vs. denial or apology) is the only effective response among entity theorists.

Key Words: Brand Anthropomorphization; Implicit Theory; Negative Publicity; Product Wrongdoings; Response Strategies

---

* From: Journal of Marketing, Volume 77 (May 2013) .

Authors' organization: Marina Puzakova is Assistant Professor of Marketing, College of Business, Oregon State University; Hyokjin Kwak is Associate Professor of Marketing, LeBow College of Business, Drexel University; Joseph F. Rocereto is Assistant Professor of Marketing, Leon Hess Business School, and Monmouth University.

当品牌人格化出问题了：品牌拟人化的
不利影响，针对产品的不道德行为

Marina Puzakova，Hyokjin Kwak，Joseph F. Rocereto

【摘　要】有关品牌关系的文献发现品牌和产品的人格化能使顾客对产品或品牌产生喜欢的态度，这样便能够提高品牌的绩效。然而，本文的作者关注的是品牌负面人格化的后果，即由于产品的不道德行为会令品牌陷入负面的舆论中，此时的品牌人格化便会对品牌的评估带来负面影响。一些持"人格稳定"（稳定论者或保守派）观点的消费者坚信人格化了的品牌遭受到负面舆论的程度要比非人格化品牌的强。与之相对的是，持个性延伸（增长论者或拟人派）观点的顾客很少会因为极个别的负面案例去贬低人格化品牌。最终，作者提出了三种企业的回应战略（即否认、道歉和补偿），以影响不同派别（持以上两种不同观点）的消费者对品牌人格化的评价。研究者发现，保守派消化品牌人格化的副作用的能力要比拟人派差，而且，他们认为补偿（与否认策略或者道歉策略相比）才是唯一的策略（即当产品出现不道德行为时）。

【关键词】品牌人格化；内隐理论；负面舆论；产品不道德行为；回应战略

The Effect of Global Company Animosity on Global Brand Attitudes in Emerging and Developed Markets: Does Perceived Value Matter?[*]

Dana L. Alden, James B. Kelley, Petra Riefler, Julie A. Lee, Geoffrey N. Soutar

Abstract: Country – level animosity effects on foreign products from disliked countries are fairly well understood, but little is known about the role of global company animosity (GCA). Such understanding is important in a world increasingly dominated by global brands that are rapidly losing their associations with individual countries. This study proposes a nomological net that features GCA and perceived value of global brands (PVGB) as "dual process antecedents" to global brand attitudes and mediators of four relevant exogenous constructs (consumer ethnocentrism and localism through GCA and cosmopolitanism and materialism through PVGB). Using nonstudent consumers, the authors test the model in three diverse national markets ranging from emerging to developed: Brazil, South Korea, and Germany. The results show support for the importance of PVGB as a counterbalance to GCA in Brazil and Germany. The dominance of the PVGB path in South Korea is due to the country's unique socioeconomic milieu. Although replication is warranted, international marketing managers should benefit from strategic consideration of the antecedents and pathways from GCA and PVGB to global brand attitudes.

Key Words: Global Brands; Animosity; Materialism; Cosmopolitanism

---

 * From: Journal of International Marketing, Vol. 21, No. 2, 2013.
Authors' organization: Dana L. Alden is William R. Johnson Jr. Distinguished Professor of Marketing, Shidler College of Business, University of Hawaii at Manoa; James B. Kelley is Assistant Professor of Marketing, Haub School of Business, Saint Joseph's University; Petra Riefler is Assistant Professor in International Marketing, Department of International Marketing, University of Vienna; Julie A. Leeis Winthrop Professor; Geoffrey N. Soutar is Winthrop Professor Business School, University of Western Australia.

在新兴市场和发达市场中全球敌意企业对全球品牌态度的影响：感知价值到底重不重要？

Dana L. Alden，James B. Kelley，Petra Riefler，Julie A. Lee，Geoffrey N. Soutar

【摘　要】国家层面上的敌意会导致（消费者）对来自敌对国的产品产生厌恶，这一点（大家）都非常清楚，然而这只是对全球敌意企业理论（GCA）的初步理解。关于全球化品牌，世界上的主流观点认为，全球品牌正在迅速地摆脱它与生产国的联系（即在世界上成为一种超越国家背景的独立存在）。这篇文章提出了一个理论构架，即CGA的特征和全球品牌感知价值（PVGB）可以作为一个"双重前因过程"来影响全球品牌态度，并且它们（CGA和PVGB）可以成为调节全球品牌态度与四个外生变量（CGA中的民族中心主义与地方主义，及PVBG中的世界同一主义与唯物主义）关系的中介变量。作者在三个不同的国际市场中广泛采集了顾客样本（非学生）以检测研究模型，样本来自巴西、韩国和德国。结果显示，在巴西和德国市场，PVGB和GCA的（影响或作用）会相互抵消，而在韩国，PVGB的路径优势是由于该国独特的社会经济环境。虽然仿制是被允许的，但是国际营销经理的战略思想还是要从GCA和PVGB的前因路径角度来考虑全球化品牌态度，这样才能获益。

【关键词】全球品牌；敌意；唯物主义；世界同一主义

第八单元　要素品牌

The Undervaluation of Corporate Reputation as a Supplier Selection Factor: An Analysis of Ingredient Branding of Complex Products in the Manufacturing Industry *

Bernhard Lienland, Alexander Baumgartner, Evelyn Knubben

Abstract: Prior research studies on supplier selection factor sasses vendor reputation as a low ranked criterion. Reputation in these articles, however, only refers to the position in the industry, without considering the role of the final customer. Our results from a survey with 565 individuals suggest that the end user as a stakeholder should be also considered when analyzing a vendor's prestige. We demonstrate that a supplier's standing has negative as well as positive reputational effects on the buyer. Depending on the relevance of the purchased good as well as the reputation of the supplier and the buyer, low/high – ranked ingredients significantly decrease/increase the final customer's perception of the buyer.

Key Words: Supplier Selection; Selection Factors; Reputation; Ingredient Branding; Complex Products; Automotive

---

 * From: Journal of Purchasing &Supply Management, 19 (2013).

Authors' organization: Bernhard Lienland, Alexander Baumgartner, University of Regensburg, Chair of Management Accounting and Logistics, Germany; Evelyn Knubben, Friedrich – Alexander – University Erlangen – Nuremberg, Bismarckstr. 1, 91054 Erlangen, Germany.

供应商选择因素之低估企业声誉：
一项制造业复杂产品要素品牌分析

Bernhard Lienland，Alexander Baumgartner，Evelyn Knubben

【摘　要】先前对供应商选择因素的研究中，评估卖家的声誉被作为最底层的一项准则。在这些研究中，声誉只被认作是一种行业地位，并不被最终用户考虑。我们通过对565个样本进行研究得出结果，即作为最终用户，当评估卖家声誉的时候，还应该把卖家的股东给考虑进来。我们证实了卖家正面和负面的声誉会对买家造成影响。依据好的采购、买卖双方的声誉，低/高的排名会显著降低/提高最终用户（对供应商）的客户感受。

【关键词】供应商选择；选择因素；声誉；要素品牌；复杂产品；自动

第九单元　神经营销

New Scanner Data for Brand Marketers: How Neuroscience Can Help Better Understand Differences in Brand Preferences *

Vinod Venkatraman, John A. Clithero, Gavan J. Fitzsimons, Scott A. Huettel

Abstract: A core goal for marketers is effective segmentation: partitioning a brand's or product's consumer base into distinct and meaningful groups with differing needs. Traditional segmentation data include factors like geographic location, demographics, and shopping history. Yet, research into the cognitive and affective processes underlying consumption decisions shows that these variables can improve the matching of consumers with products beyond traditional demographic and benefit approaches. We propose, using managing a brand as an example, that neuroscience provides a novel way to establish mappings between cognitive processes and traditional marketing data. An improved understanding of the neural mechanisms of decision making will enhance the ability of marketers to effectively market their products. Just as neuroscience can model potential influences on the decision process—including pricing, choice strategy, context, experience, and memory—it can also provide new insights into individual differences in consumption behavior and brand preferences. We outline such a research agenda for incorporating neuroscience data into future attempts to match consumers to brands.

Key Words: Brands; Choice; fMRI; Marketing; Neuromarketing; Neuroscience

---

* From: Journal of Consumer Psychology, 22 (2012).

Authors' organization: Vinod Venkatraman, Department of Marketing, Fox School of Business, Temple University, USA; John A. Clithero, Division of the Humanities and Social Sciences, California Institute of Technology, USA; Gavan J. Fitzsimons, Department of Marketing, Fuqua School of Business, Duke University, USA; Scott A. Huette, Department of Psychology and Neuroscience, Duke University, Durham, USA.

品牌营销者全新的扫描数据：神经系统科学如何更好地助力品牌偏好中差异化的理解

Vinod Venkatraman，John A. Clithero，Gavan J. Fitzsimons，Scott A. Huettel

【摘　要】对营销人员来说，一个核心的目标是有效市场细分，即通过划分不同的客户群并以适合的产品或品牌满足他们不同的需求。传统的细分数据包括地理位置因素、人口统计因素和购买记录。至今，关于认知和潜在有效决策过程的研究展示了这些变量能够提高顾客与产品的匹配效果，并且比传统的人口统计方法要好。我们通过一个管理品牌的案例，提出神经系统科学可以为认知过程和传统营销数据提供一种新颖的构造映射方式。一套完善的神经决策机制可以提高营销者营销产品的效果。神经营销科学可以构建营销决策中的潜在影响模型，包括定价、选择战略、内容、体验和记忆；同时，它也能为认识个体行为差异和品牌偏好提供一种新的洞察方式。我们列出了一套研究议程，并试图将神经系统科学数据融合到与未来的品牌与消费者匹配的工作中去。

【关键词】品牌；选择；功能性磁共振成像；市场营销；神经营销学；神经系统科学

第四章 品牌管理学学科
2011～2013 年出版图书精选

第一节

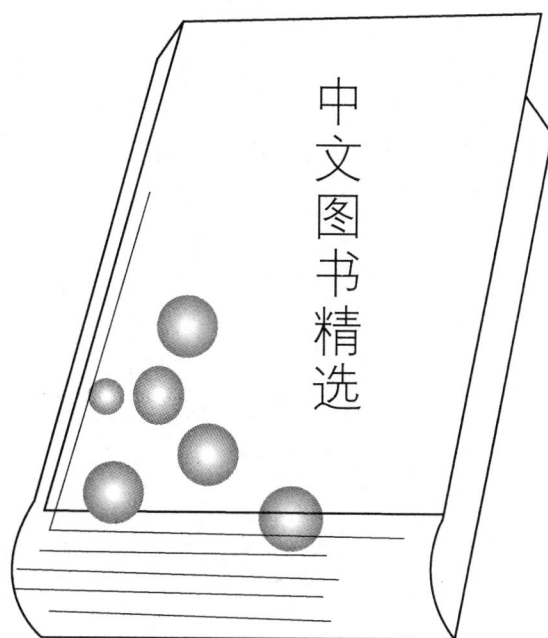

中文图书精选

（一）2011 年中文图书精选

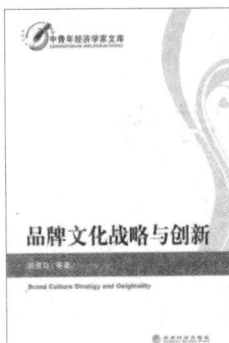

书名：品牌文化战略与创新
作者：张雁白
出版社：经济科学出版社
出版时间：2011 - 01 - 01
Title：Brand Culture Strategy and Innovation
Author：Yanbai Zhang
Publisher：Economic Science Press
Date：January 1，2011

书籍简介：这本专著的起源来自于作者的一个校内课题，即品牌文化研究。这个课题于 2004 年完成。之后，作者又做了关于河北省企业品牌运营的现状与对策研究的课题，于 2005 年完成。这些课题的研究使作者对品牌文化及其品牌资产的认识更进了一步。随着教学和科研能力的进步，2008 年作者申请了石家庄经济学院学术专著出版基金资助项目，并获得批准立项，经过努力，最终完成了这本专著的撰写。

品牌文化研究是一个跨学科的课题，有赖于品牌研究、营销管理界、广告界、传媒业、企业文化研究、产品包装设计以及企业界的专家和学者们的共同努力。中国同行们对于品牌文化的研究起步较晚，作者出于对品牌和品牌文化的热爱，在之前研究项目的基础上，完成了这部专著的写作。全书分为品牌文化史品牌核心价值的体现、品牌文化基本战略分析和品牌文化战略创新重点分析三部分。

书名：农产品品牌营销研究

作者：于树青，张华芹

出版社：经济科学出版社

出版时间：2011 - 03 - 01

Title：Research on the Marketing of Agricultural Products Brand

Author：Shuqing Yu，Huaqin Zhang

Publisher：Economic Science Press

Date：March 1，2011

书籍简介：未来的农产品企业和农产品竞争将是品牌层次上的竞争。中国农产品需要品牌，中国农产品品牌需要营销。因此，积极开展农产品品牌营销，是我国农产品增强核心竞争力的必然选择。农产品品牌营销实质上是"农产品品牌价值链营销"。对于一个农产品企业而言，唯有运用品牌，打造和提升农产品品牌价值链，才能赢得市场。随着市场开放的全球化趋势，国外知名农产品品牌将大举进入我国农产品市场，我国农产品企业和产品与世界知名品牌的企业和产品在同一市场角逐，产品的竞争实际已过渡到品牌的竞争。特别是低碳与生态农产品品牌将在未来的竞争中处于优势地位。

《农产品品牌营销研究》在相关理论基础分析的基础上，重点阐述了农产品品牌营销的战略与策略，并且强调了生态农产品品牌的运作与趋势。《农产品品牌营销研究》主要内容包括六章：第一章为绪论，主要阐述农产品品牌营销相关理论基础。第二章为农产品品牌营销中的 STP 战略规划，主要从 STP 三大品牌营销战略步骤角度，对农产品品牌营销进行战略规划。第三章、第四章、第五章内容是农产品品牌营销的策略选择，包括农产品品牌营销中的产品个性、农产品品牌销售设计、农产品品牌传播个性诉求。第六章是农产品品牌营销大趋势，强调了低碳与生态农产品品牌赢得未来的观点，主要阐述了农产品品牌化经营主体间的竞合关系，以及生态农产品品牌塑造机理分析等。

书名：品牌危机管理——基于品牌关系视角的研究

作者：卫海英

出版社：暨南大学出版社

出版时间：2011 – 08 – 01

Title：Brand Crisis Management：Research Based on the Perspective of Brand Relationship

Author：Haiying Wei

Publisher：Jinan University Press

Date：August 1，2011

　　书籍简介：《品牌危机管理：基于品牌关系视角的研究》共分三编。第一编着重阐述品牌危机的内涵和特质，在国内外品牌关系研究成果梳理的基础上，结合中国社会品牌危机的现状，在品牌关系视角下，对品牌危机进行全新的诠释。第二编主要研究品牌关系视角下品牌危机的演变与影响，从潜伏期、爆发期和恢复期三个阶段出发，采用情境实验的方法对品牌危机的演变过程加以验证研究，并提炼出品牌危机的影响因素。第三编剖析企业如何根据各阶段品牌危机特质更好地进行品牌关系的维护和管理，通过典型案例研究，帮助读者更好地理解《品牌危机管理：基于品牌关系视角的研究》所提出的理念。

书名：品牌传播创新与经典案例评析

作者：李明合

出版社：北京大学出版社

出版时间：2011 – 08 – 01

Title：Brand Communication Innovation and Classic Cases Review

Author：Minghe Li

Publisher：Peking University Press

Date：August 1，2011

书籍简介：《品牌传播创新与经典案例评析》作为国内第一本专注品牌传播的案例型著作，重点选取可口可乐、阿迪达斯、索尼、立顿、麦当劳、宜家、依云、优衣库、联想、王老吉、雪佛兰等国内外 21 个知名品牌的经典传播案例，通过生动翔实的案例讲述和评析，重点展示这些品牌在品牌传播元素、品牌传播手段、品牌传播媒介以及社会化媒体等领域的创造性实践经验和理念。

除案例外，每章还结合案例主题和品牌传播趋势，提供了品牌年轻化、品牌识别、广告视觉化传播、广告过程公关化、公关活动广告化、环境广告、视频病毒的创新互动模式、品牌主题植入、网络环境下软文传播的新特点等 17 个拓展性专题。这些专题既是对案例的升华，更是对近年来品牌传播理念和趋势的提炼。

书名：中国品牌发展报告（2008～2009）

作者：中华人民共和国商务部

出版社：北京大学出版社

出版时间：2011－09－01

Title：China Brand Development Report（2008～2009）

Author：People's Republic of China Ministry of Commerce

Publisher：Peking University Press

Date：September 1，2011

　　书籍简介：《中国品牌发展报告（2008～2009）》是商务部委托北京大学光华管理学院进行的研究，就2008～2009年中国品牌发展情况、品牌建设中存在的问题、品牌发展的机遇，以及行业品牌发展等问题进行了深入论述。这本书的主要内容包括我国品牌发展的现状、装备制造业品牌分析、地理标志与区域品牌介绍、技术创新型品牌的现状、社会责任品牌分析、国际经验介绍以及相关品牌理论的介绍等。

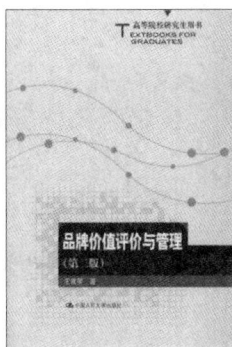

书名：品牌价值评价与管理（第二版）

作者：王成荣

出版社：中国人民大学出版社

出版时间：2011 – 09 – 13

Title：Brand Value Evaluation and Management

Author：Chengrong Wang

Publisher：China Renmin University Press

Date：September 13，2011

书籍简介：《品牌价值评价与管理（第二版）》在解析品牌内涵、总结品牌成长规律的基础上，阐明了品牌价值的来源及构成，揭示了品牌价值是生产者特殊劳动投入与市场及社会的认可度二者相互推动、相互契合的结果，从系统的角度构造了品牌价值模型；针对现有品牌价值评价实践中存在的问题，建立了品牌价值评价新的概念体系；以收益现值法为基础，吸收成本法的优点，考虑品牌投入和品牌经营风险两个因素，提出了适合中国国情的品牌价值资产化评价方法——双因素评价法；以《金融世界》评价法为参照框架，结合中国市场及品牌特点，提出了用以评价公司品牌价值的 Sinobrand 评价法；综合品牌生命周期、营销、竞争及不同类型品牌的价值增值特点，建构了品牌价值内部评价模型；提出了与品牌价值增长规律相适应的全过程品牌价值管理的思路，建立了以顾客为导向的品牌价值管理体系。

《品牌价值评价与管理（第二版）》可作为高校财经类专业研究生用书，也可作为品牌价值理论研究与专业评估人员、企业中高层管理者、品牌营销与管理人员参考用书。

（二）2012 年中文图书精选

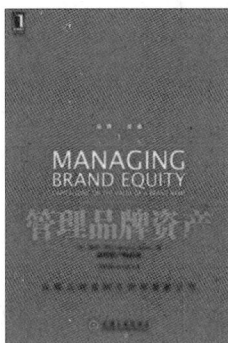

书名：管理品牌资产

作者：（美）阿克著，吴进操、常小虹译

出版社：机械工业出版社

出版时间：2012 – 03 – 01

Title：Managing Brand Equity

Author：David A. Aaker

Publisher：China Machine Press

Date：March 1，2012

书籍简介：《管理品牌资产》阐明了品牌资产的定义，描绘了品牌资产的结构，以便管理者能够更清楚地了解品牌资产如何创造价值；其中的研究成果和说明性案例，体现了强化（损害）品牌的营销决策或环境是如何增加（降低）品牌价值的。本书讲解了如何管理品牌资产，包括如何创建、维持、保护和利用品牌，向高瞻远瞩的管理者提出相关问题和相应的建议。

《管理品牌资产》是著名的"品牌三部曲"的第一部，同时也是开创和奠基之作，《创建强势品牌》和《品牌领导》的理论观点均生发于此。通过深入细致地研究品牌现象，《管理品牌资产》清晰地阐述了品牌、标志和标语三者间明确的关系结构以及品牌资产的五种基本资产，并引用了诸多公司的案例，具体说明如何通过依次创建、培育和利用这五种品牌资产，从战略上管理品牌。

书名：品牌管理学
作者：瞿艳平
出版社：厦门大学出版社
出版时间：2012－03－01
Title：Brand Management
Author：Yanping Qu
Publisher：Xiamen University Press
Date：March 1，2012

书籍简介：本书从界定和分析品牌管理的概念入手，从宏观品牌战略到微观品牌技巧，从主体品牌管理者到客体品牌受众，从共性的品牌管理到个性的不同领域，全面系统地阐述了品牌差异，对品牌成长发展的不同阶段进行了深入的解剖，总结和提炼了从品牌的初创、成长、成熟到后成熟时期的各种规律，并展望了e时代全球化背景下的品牌管理的新特点。

本书主要内容包括：品牌管理概述、品牌定位管理、品牌文化管理、品牌资产管理、品牌关系管理、品牌延伸管理等。

书名：中国企业品牌竞争力指数报告（2011~2012）

作者：张世贤

出版社：经济管理出版社

出版时间：2012-04-01

Title：China Enterprise Brand Competitiveness Index Report 2011-2012

Author：Shixian Zhang

Publisher：Economy & Management Publishing House

Date：April 1，2012

　　书籍简介：《中国企业品牌竞争力指数报告（2011~2012）》重点展示了包括房地产行业、金融行业、汽车行业、IT行业等16个有代表性的行业在内的品牌竞争力指数研究报告。行业报告共包含四部分内容：①各行业品牌竞争力指数总报告；②2011年度各行业品牌竞争力区域报告；③2011年度各行业品牌竞争力指数分项报告；④各行业品牌竞争力提升策略专题研究。在各行业品牌竞争力指数总报告中，分别对各行业的企业间总体竞争态势、企业品牌竞争力指数排名、品牌竞争力指数评级以及品牌价值排名等有关问题进行了研究。在2011年度各行业品牌竞争力区域报告中，对各行业的企业分别按照区域和省（市）经济分区进行了分析。在2011年度各行业品牌竞争力指数分项报告中，对各行业从品牌财务表现力分指数、市场竞争表现力分指数、品牌发展潜力分指数和消费者支持力分指数四个一级指标进行了分析。在各行业品牌竞争力提升策略专题研究中，《中国企业品牌竞争力指数报告（2011~2012）》对各行业的宏观经济与政策做出分析，并从宏观、中观和微观的层面对各行业的企业品牌竞争力进行总体述评，进而为不同行业的企业提升品牌竞争力提供策略建议。

书名： 品牌战略管理
作者： 张世贤
出版社： 经济管理出版社
出版时间： 2012 – 05
Title： Brand Strategy Management
Author： Shixian Zhang
Publisher： Economy & Management Publishing House
Date： May，2012

书籍简介： 本课程为中国高等教育自学考试品牌管理专业课程，主要内容包括：品牌战略管理概述、产业环境分析、市场环境分析、品牌发展目标与战略定位、品牌战略要素分析、品牌战略类型、品牌核心价值的塑造、品牌竞争力及其提升、品牌延伸战略、品牌资产扩张战略等。

通过对以上内容的学习，要求考生在理解掌握品牌战略管理的基本原理和核心策略的基础上，能够运用品牌战略管理的原则和方法，有针对性地解决品牌战略管理过程中所遇到的事关全局的战略型问题和难点，创造性地提出解决问题的思路和方案，提高考生的品牌战略管理能力。

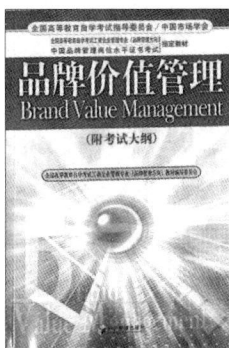

书名：品牌价值管理
作者：李桂华
出版社：经济管理出版社
出版时间：2012 – 05
Title：Brand Value Management
Author：Guihua Li
Publisher：Economy & Management Publishing House
Date：May，2012

　　书籍简介：本课程为中国高等教育自学考试品牌管理专业课程。本书主要针对品牌价值管理的相关知识进行了详尽的剖析，力图让读者认知品牌价值，了解品牌价值管理过程，准确选择合适的品牌价值管理方法。全文从最基本的无形资产相关理论开始，首先，讨论了品牌资产的概念及其价值管理的意义，介绍了品牌资产的构成要素、品牌价值经营、品牌价值管理的内容与指标等基础知识。其次，全面地介绍了品牌资产评估的方法，包括客户导向的品牌评估方法、财务导向的品牌评估方法、其他品牌评估方法三部分。再次，对商标、商誉与专利权价值评估的相关知识做了补充说明，进而总结出企业提升品牌价值的具体实施方法。最后，对海尔、宝洁和中国移动三个成功品牌价值管理的案例进行了全方位的解读。

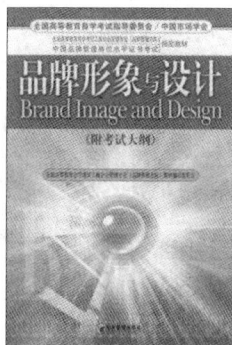

书名：品牌形象与设计
作者：魏忠龙
出版社：经济管理出版社
出版时间：2012－05
Title：Brand Image and Design
Author：Zhonglong Wei
Publisher：Economy & Management Publishing House
Date：May，2012

　　书籍简介：本课程为全国品牌管理专业自考课程，主要内容包括：品牌形象概述、品牌形象策划、品牌形象视觉传达、品牌形象应用设计、品牌形象广告设计、基础视觉识别设计、印刷品设计、品牌导向设计、网站和品牌形象设计、设计实施和管理等。

　　通过对以上内容的学习，在理解品牌形象设计与策划的基本概念、方法和流程的基础上，学会采用系统的思维方式，以视觉传达为主要手段为品牌进行设计和策划，并能够分析和解决设计中遇到的实际问题。

书名：中国文化品牌发展报告（2012）

作者：欧阳友权

出版社：社会科学文献出版社

出版时间：2012 – 05 – 01

Title：Annual Report on Development of Cultural Brands in China （2012）

Author：Youquan Ouyang

Publisher：Social Sciences Academic Press

Date：May 1，2012

  书籍简介：《中国文化品牌发展报告（2012）》共收录 1 个总报告、16 个文化品牌业态报告、33 个年度入选文化品牌。总报告对 2011 年中国文化产业发展做了宏观总结，指出在"十二五"开局之年，我国文化体制改革迈入关键的攻坚阶段，各级政府和各部门纷纷出台促进文化产业发展的相关政策，国有文化单位转企改制成效显著。文化产业各门类全面进发，业绩骄人。其中，新闻出版业、电影业、电视业、文化旅游业、会展业、艺术拍卖业、动漫游戏业等门类尤为突出，文化产业龙头企业、文化品牌带动效应显著。

  2011 年是我国文化产业的"黄金大年"，龙头企业和文化品牌不断涌现。但中国文化产业也面临一些挑战，应该在挑战中寻找机遇，选准发展方向，多措并举全方位推动文化产业向更高层次迈进。文化品牌业态报告涵盖了传统文化业态和新兴文化业态两部分，其中传统文化业态包含电影业、电视业、报业、出版业、期刊业、演艺业、音像业、艺术品拍卖业、对外文化贸易业九类，新兴文化业态包含新媒体业、文化创意产业、动漫游戏业、数字出版业、广告业、会展业、文化旅游业七类。文化品牌业态报告对文化产业各门类在 2011 年取得的成绩进行了总结，分析了各门类产业品牌的发展规律，重点探讨了各门类文化品牌和龙头企业的成功经验，有针对性地提出了发展对策。《中国文化品牌发展报告（2012）》的年度入选品牌共 33 个。它们是依据"经济体量、年度业绩、业界声誉、社会影响、品牌价值"的总原则，经传媒举荐、网络投票、团队调研、专家评审、公示反馈等环节遴选出来的。对中国文化品牌的评选推荐，旨在推动中国文化品牌迅速成长，促进中国文化品牌走向世界。

书名：品牌管理实战
作者：常白，王骊棠
出版社：机械工业出版社
出版时间：2012－06－01
Title：Brand Management Combat
Author：Bai Chang，Litang Wang
Publisher：China Machine Press
Date：June 1，2012

　　书籍简介：《品牌管理实战》作者常白、王骊棠根据宝洁的实战经验提出了"品牌管理全局风车模型"，包括全景评估、目标顾客、品牌诉求、品牌体验、生意目标与沟通策略五个部分。其中，开展全景评估是进行品牌管理、实现品牌塑造和生意发展的重要基础；确定目标顾客并满足其需求是进行品牌管理必须考虑的问题，是开展一切品牌管理活动的前提，更是实现品牌塑造、生意发展的根本归属；明确品牌诉求是进行品牌管理、实现品牌塑造和生意发展的关键；以愉悦目标顾客、体现品牌诉求为目的的品牌体验是进行品牌管理、实现品牌塑造和生意发展的有效途径；生意目标的确立、沟通策略的制定是进行品牌管理、实现品牌塑造和生意发展的必由之路。相信通过对《品牌管理实战》的阅读，你一定能达到成功塑造品牌的目的，实现企业的可持续发展。

书名：增长力：如何打造世界顶级品牌
作者：斯登格著，王幸、谭北平译
出版社：机械工业出版社
出版时间：2012 – 09 – 01
Title：Grow：How Ideals Power Growth and Profit at the World's
　　　　　Greatest Companies
Author：Jim Stengel
Publisher：China Machine Press
Date：September 1，2012

书籍简介：《增长力：如何打造世界顶级品牌》一书的灵感来自宝洁公司的一项调查，吉姆·斯登格时任宝洁全球首席营销官，调查对象就是那些增长速度领先于宝洁的企业。之后，斯登格与全球顶级市场研究咨询机构——华通明略合作设计了一项更为全面的研究体系，对企业财务绩效与其客户参与度、客户忠诚度及客户推荐度之间的关系进行了长达 10 年的深入分析。

斯登格的研究揭示了消费者头脑中的"黑匣子"。斯登格及其团队利用神经学研究来考察客户参与度，并衡量隐藏在潜意识中的态度，以探究顶级企业和其他企业的差别到底在哪里。

因此，《增长力：如何打造世界顶级品牌》将有关人类行为和价值观的永恒真理融入了一个行动框架中，以指导企业发现、构建、传播、实现并评估其品牌理想及定位。通过斯登格亲身经历的精彩故事，以及对帮宝适、探索通信、杰克丹尼、美捷步等公司的"深潜式"调查，本书将与您分享 21 世纪商场上的成功心得。

书名：现代品牌管理

作者：拉福雷著，周志民等译

出版社：中国人民大学出版社

出版时间：2012－09－01

Title：Managing Brands：A Contemporary Perspective

Author：Sylvie Laforet

Publisher：China Renmin University Press

Date：September 1，2012

　　书籍简介：《现代品牌管理》采用全新视角探讨了品牌管理和品牌战略，重新审视了当今商业环境下品牌的核心地位。《现代品牌管理》为学习品牌管理课程的本科生和研究生编写，在参考最新的品牌研究成果的基础上，重点解决当前品牌经理所面临的战略决策问题，包括：品牌资产——对企业而言，品牌有何价值？其价值如何评估？品牌建设和业务建设——品牌如何帮助企业获得成功？品牌化如何从营销工作中独立出来，成为高层管理者关心的战略问题？品牌在建立企业声誉过程中所发挥的作用——如何利用社会营销的力量，直面伦理、环境、社会责任的挑战？《现代品牌管理》中设有结合品牌管理实践的专题内容，如品牌化与嘻哈文化，消息源品牌化——播客、rss、彩铃、数字广播，可持续发展对品牌的影响等；配有丰富的案例资料，包括维珍、美国运通、家乐氏、耐克等公司。

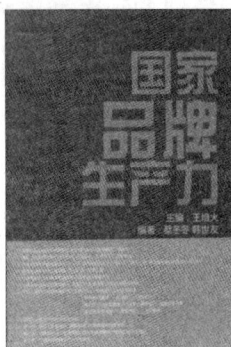

书名：国家品牌生产力

作者：王培火

出版社：人民出版社

出版时间：2012 – 09 – 01

Title：National Brand Productivity

Author：Peihuo Wang

Publisher：People's Publishing House

Date：September 1，2012

　　书籍简介：《国家品牌生产力》分为四篇：概念篇、环境篇、硬件篇和运营篇。本书具体内容包括：定义国家品牌生产力、国家品牌安全、中国品牌和平崛起路线图、国家品牌市场论、民族品牌国际化、国家品牌生产力之环境体系等。

　　本书的核心亮点在于它汇集了国家发展战略和国家经营秘籍，中国经济社会的全面崛起以及国际品牌文化内涵的充要要件等诸多创新内容，特别是针对当今中国企业转型升级和民族品牌国际化的根本出路问题做出了系统揭示。

　　《国家品牌生产力》告诉我们以科学品牌发展观为指导，以国家整体品牌为平台，以国际市场为目标，整合生产力系统各种要素，主导品牌经济发展的物质力量。其核心思想是打造国家最高标准的品牌示范，核心作用是引领民族品牌走向国际化。

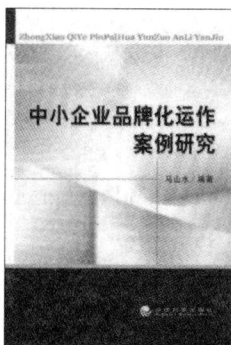

书名：中小企业品牌化运作案例研究

作者：马山水

出版社：经济科学出版社

出版时间：2012－10－01

Title：Study on the Case of Small and Medium – sized Enterprises Brand Operation

Author：Shanshui Ma

Publisher：Economic Science Press

Date：October 1，2012

　　书籍简介：《中小企业品牌化运作案例研究》共分为浙江省篇、其他省篇和国外篇三部分，调研和撰写了 60 个企业的品牌运作案例（每篇各占 1/3）。其中浙江省篇和其他省篇所选择的企业基本都具有中国驰名商标，绝大部分企业的产品是省级及以上名牌产品。国外篇，由于收集中小企业资料难度大，深入企业调研受经费、时间等因素限制，加之考虑所选企业的示范性、典型性及其影响力，大部分选择与总结的是大型企业的品牌建设的经验。浙江省篇的 20 个案例，是以宁波、杭州和温州的企业案例为主，覆盖了浙江六个地市；其他省篇的 20 个案例，是以江苏、山东等省的企业案例为主，覆盖了 15 个省市；国外篇的 20 个案例，是以美国、日本的企业案例为主，覆盖了 10 个国家。《中小企业品牌化运作案例研究》以第二产业为主，覆盖了一、二、三次产业；既涉及了传统产业，又有新兴产业。其研究内容涉及品牌文化、品牌定位、品牌设计、品牌个性塑造、品牌传播、品牌危机管理、品牌更新、品牌延伸、品牌管理、网络品牌和品牌国际化等。

　　《中小企业品牌化运作案例研究》成果，既可用于中小企业管理培训和省内外中小企业品牌建设与管理的参考，又可作为高校管理类专业有关课程的辅助参考。

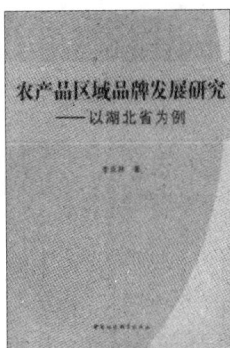

书名：农产品区域品牌发展研究——以湖北省为例

作者：李亚林

出版社：中国社会科学出版社

出版时间：2012 – 12 –01

Title：Study on the Development of Regional Brand of Agricultural Products：A Case Study of Hubei Province

Author：Yalin Li

Publisher：Chinese Social Sciences Press

Date：December 1，2012

书籍简介：首先，《农产品区域品牌发展研究——以湖北省为例》从农产品区域品牌创建—形象维护—忠诚培育角度，对这一农产品区域品牌发展的整个过程设计了内容，形成了农产品区域品牌发展的完整理论体系。其次，《农产品区域品牌发展研究——以湖北省为例》注重对问题内在机制的探讨，强化了对农产品区域品牌形成创建、农产品区域品牌滥用、农产品区域品牌建设与维护等问题背后原因的分析，而不是简单地介绍一般结论，提高了结论的说服力。再次，本书注重了方法选择的多样性，本书在研究中将定性与定量方法相融合，既有理论的分析也有实证的研究，既有经济学的方法又有管理学的方法，提高了研究结论的科学性。最后，本书注重理论研究与实践应用相结合，建立了农产品区域品牌较完整的理论体系，并对重要的问题进行了深入探讨，形成了有一定说服力的理论成果，同时围绕湖北省农产品区域品牌发展的实际情况，将这些理论应用于湖北省农产品区域品牌发展上，提出了湖北省农产品区域品牌发展的对策与建议，强化了理论成果对实践问题的指导意义。

（三）2013 年中文图书精选

书名：中小企业战略品牌管理研究——聚焦品牌资产

作者：张梦霞

出版社：经济管理出版社

出版时间：2013 - 01 - 01

Title：Strategic Brand Management of Small to Medium - sized Enterprises—Focusing on Brand Equity

Author：Mengxia Zhang

Publisher：Economy & Management Publishing House

Date：January 1，2013

　　书籍简介：《中小企业战略品牌管理研究——聚焦品牌资产》以品牌资产管理为核心，以北京市中小企业为例，分六个部分进行了案例分析和理论探讨。具体地，第一部分界定了北京中小企业的内涵及行业结构特点和北京市政府针对北京中小企业发展提供的政策支持和导向。第二部分基于顾客的品牌资产金字塔模型分析，比较了顾客资产与品牌资产的区别与联系，通过实证研究探索品牌资产客户购买倾向的影响，分析了以品牌个性为驱动因素的消费者品牌偏好、品牌态度、品牌忠诚和品牌购买倾向特征。第三部分精选了北京七个老字号进行品牌营销调研与品牌资产状况诊断，分别对七个案例进行了横向和纵向的比较分析。第四部分基于品牌资产理论对中外品牌营销策略做了比较研究，并选择了化妆品行业的两个中外品牌进行比较性案例分析和实证研究。第五部分对国内外品牌资产排行榜做了较详细的分析。第六部分进行了品牌资产测度研究。

书名：中国金融品牌营销创新

作者：王海忠，夏日，梅波，李骅熹

出版社：南方日报出版社

出版时间：2013 – 03 – 01

Title：Financial Brand Marketing Innovation in China

Author：Haizhong Wang，Ri Xia，Bo Mei，Huaxi Li

Publisher：Southern Daily Press

Date：March 1，2013

书籍简介：自 2008 年那场具有划时代意义的金融危机后，欧美金融机构的信用体系受到前所未有的考验。中国金融体系面对体制改革、人民币汇率调整压力等关键任务，也在跌宕起伏的经济波动中经历争议与尝试：中国国有或国有控股的全国性银行在完善金融信贷和资金市场上的努力；区域性商业银行如雨后春笋般的发展壮大；消费金融逐渐推动中国消费的合理成长；农村信贷系统为中国广大农村经济发展提供的优质服务……凡此种种，表明中国金融机构正处在发展的十字路口。王海忠等主编的《中国金融品牌营销创新》提炼这些案例，从而总结出最佳营销实践，以期与更多金融机构及其关注者分享。

本书分为四章，内容包括：大象的苏醒：中国金融业的新时代、中国金融机构的品牌启蒙、金融品牌的营销表现、寻找中国金融品牌的价值主张。

书名：中国文化品牌发展报告（2013）

作者：欧阳友权

出版社：社会科学文献出版社

出版时间：2013－05－01

Title：Blue Book Culture Brand：China Culture Brand Development Report（2013）

Author：Youquan Ouyang

Publisher：Social Sciences Academic Press

Date：May 1，2013

书籍简介：《中国文化品牌发展报告（2013）》对2012年中国文化品牌的发展做了宏观总结，遴选了30个在各门类具有引领意义的文化品牌，它们包括：电影品牌、电视剧品牌、电视娱乐节目品牌、数字出版基地品牌、地方综合性网站品牌、视频网站品牌、传媒集团品牌、出版集团品牌、民营书业品牌、报业集团品牌、报纸品牌、文化产业投资品牌、电影院线品牌、广电传媒集团品牌、综合性文化集团品牌、电影娱乐集团品牌、民营文化集团品牌、演艺品牌、动漫企业品牌、网游作品品牌、网游企业品牌、期刊品牌、会展品牌、广告品牌、音像品牌、艺术品拍卖品牌、文化园区品牌、文化旅游品牌、文化遗产品牌、民族文化纪录片品牌等。这些入选的年度文化品牌是依据"经济体量、年度业绩、业界声誉、社会影响、品牌价值"的总原则，经传媒举荐、团队调研、专家评审、网络投票、公示反馈等环节遴选出来的。

《中国文化品牌发展报告（2013）》通过对中国文化品牌的入选推荐，旨在促使中国文化品牌迅速成长，促进中国文化品牌走向世界。欧阳友权主编的《中国文化品牌发展报告（2013）》对15个业态门类的文化品牌发展进行了总结，形成了15个年度文化品牌分报告，这些业态包括：电影业、电视业、新媒体业、报业、出版业、期刊业、广告业、演艺业、动漫游戏业、数字出版业、会展业、艺术品拍卖业、文化旅游业、对外文化贸易业以及文化产业园区业等。文化品牌年度分报告对各门类的文化品牌在2012年取得的成绩进行了总结，分析了各产业门类品牌的发展规律，重点探讨了各门类文化品牌和龙头企业的成功经验，有针对性地提出了发展对策。

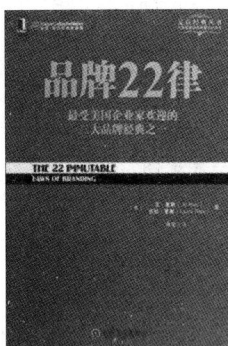

书名：品牌 22 律

作者：艾·里斯、劳拉·里斯著，寿雯译

出版社：机械工业出版社

出版时间：2013 – 08 – 01

Title：The 22Immutable Laws of Branding

Author：Al Ries，Laura Ries

Publisher：China Machine Press

Date：August 1，2013

书籍简介：书中看似简单的"定律"蕴含了大师多年的实战心得；同时，本书所列"定律"起源于当前企业创建品牌过程中的普遍误区，针针见血，发人深省。从某种意义上讲，与其说这是 22 条"定律"，它们更像是两位大师关于创建世界级品牌的 22 条"告诫"。

本书还对以大品牌、主导品牌、产品线延伸战略为特点的品牌建设的东亚模式专门进行了抨击，并用松下、三菱、三井、现代等典型日韩企业光鲜外表背后糟糕的盈利状况来说明这种模式的虚弱，这对长期以日韩企业为榜样和标杆的中国企业而言，颇具警示意义。

值得一提的是，这本不足 10 万字的书，刚一出版就相继名列《纽约时报》、《华尔街日报》的畅销书榜，甚至在本书首次出版 10 年之后的 2009 年，仍被美国资深经理人们推选为必读的"三大品牌经典之一"。

希望更多的中国企业从《品牌 22 律》中体会创建品牌的真义，踏上创建世界级品牌的正道。

书名：国外品牌在中国的转化研究：制度理论视角
作者：郭锐
出版社：中国地质大学出版社
出版时间：2013－08－01
Title：The Transformation of a Foreign Brands in China：An Institutional Perspective
Author：Rui Guo
Publisher：China University of Geosciences Press
Date：August 1，2013

书籍简介：《国外品牌在中国的转化研究：制度理论视角》强调制度或非经济行为和战略对品牌管理的影响，并建议品牌管理者，特别是急于进入中国市场的国外品牌，要更加重视制度或非经济行为和战略，而且可以利用本研究的三大有效品牌战略来改善其在中国品牌转化中的社会契合度，以提高品牌资产。因此，本书的研究结果全面且深入地剖析了该现象的内在社会和文化层面制度合理性的原因，对于想在发展中国家（例如中国和印度）进行成功品牌转化的诸多国外品牌有重要的理论和实践意义——先"做人"再"做事"。

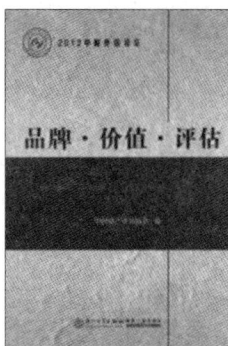

书名：品牌·价值·评估
作者：中国资产评估协会
出版社：厦门大学出版社
出版时间：2013 - 08 - 01
Title：Branding，Value，Valuation
Author：China Asset Evaluation Association
Publisher：Xiamen University Press
Date：August 1，2013

书籍简介： 2012 年 11 月 21 ~ 23 日，由中国资产评估协会主办，厦门大学评估研究中心协办的以"品牌·价值·评估"为主题的 2012 中国资产评估论坛在厦门成功举办。论坛旨在探讨"品牌价值与管理、品牌价值与评估"这一当前经济社会的热点和重点问题，积极促进资产评估在品牌价值评估中的作用。来自财政部、国家质检总局、福建省财政厅、厦门市财政局等有关部门，以及企业、高校、地方评估协会、评估机构等的近 200 名代表参加了本次论坛。

原中央纪委委员、中国资产评估协会会长贺邦靖为本次论坛致辞，厦门市副市长黄强和福建省财政厅副厅长张小平出席论坛开幕式并分别致辞，中国资产评估协会副会长兼秘书长刘萍主持论坛开幕式并与财政部企业司司长刘玉廷分别做主题演讲。论坛设置了"品牌价值与管理"和"品牌价值与评估"两个单元，国家质量监督检验检疫总局质量管理司司长田世宏、财政部行政政法司副司长陈志斌、财政部经济建设司副巡视员柯凤出席论坛并在"品牌价值与管理"单元发表演讲。中评协卞荣华副秘书长、韩立英副秘书长分别主持论坛的两个单元。华润雪花啤酒（中国）公司发展部总经理利莉、中南财经政法大学汪海粟、中评协标准部陈明海、中联资产评估集团有限公司胡智、中国人民大学俞明轩、深圳注册资产评估师协会王毅和中企华资产评估有限公司刘澄清等嘉宾也分别在两个单元发表演讲。

书名：中国自主品牌的基本战略：基于珠三角地区的研究

作者：蒋廉雄

出版社：中国社会科学出版社

出版时间：2013 – 09 – 01

Title：The Generic Strategy to Build Chinese Brands：A Study Based on the Pearl River Delta

Author：Lianxiong Jiang

Publisher：Chinese Social Sciences Press

Date：September 1，2013

书籍简介：现代营销战略理论是欧美营销研究者以成熟市场为现实基础，以西方企业，尤其是跨国公司及其建立的国际品牌为视角提出的。作为其理论核心，"基于竞争的差异化"被看作是品牌营销的基本战略。

《中国自主品牌的基本战略：基于珠三角地区的研究》关注到"基于竞争的差异化"不适合作为自主品牌的建立战略的问题，首次提出以中国市场为现实基础、以自主品牌为观察视角对其进行研究的主张。通过建立"顾客—产品—品牌化驱动器"这一品牌战略的市场决定机制概念模型，分析了由市场需求性质和特征决定的自主品牌建立战略的主要依据和逻辑，进而提出和阐述了中国自主品牌的建立应该以"期望—原型化"而不是"竞争—差异化"作为基本战略的理论构想。在上述分析的基础上，本书还探讨了代工企业的市场战略、政府的角色定位与策略等重要问题，并对当前讨论中的一些流行观点，例如通过创新、产业集群建立自主品牌等观点进行了评价甚至匡正。

书名：品牌价值评估研究——理论模型及其开发应用

作者：胡晓云

出版社：浙江大学出版社

出版时间：2013 – 09 – 01

Title：Research on Brand Value Evaluation：Theoretical Model and Application Development

Author：Xiaoyun Hu

Publisher：Zhejiang University Press

Date：September 1，2013

　　书籍简介：《品牌价值评估研究——理论模型及其开发应用》是国内第一本有关品牌价值评估理论模型的集大成研究书籍，国内第一本阐述自主开发中国农产品区域公用品牌价值评估理论模型及其应用开发的书籍。《品牌价值评估研究——理论模型及其开发应用》共分为三部分。第一部分为概述、品牌、品牌价值、价值评估理论及其模型开发简况；第二部分为国内外典型性品牌价值评估理论模型比较分析；第三部分为中国农产品区域公用品牌价值评估理论模型开发与应用。

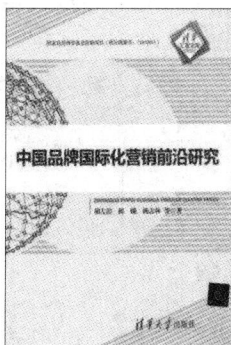

书名： 中国品牌国际化营销前沿研究

作者： 胡左浩

出版社： 清华大学出版社

出版时间： 2013－09－01

Title： Research on the Leading Edge of Chinese Brand Internationalization

Author： Zuohao Hu

Publisher： Tsinghua University Press

Date： September 1，2013

　　书籍简介：《中国品牌国际化营销前沿研究》主要集中在以下几个领域：一是提出了我国品牌国际化战略的主要研究问题和分析框架，梳理了国内外有关品牌国际化的发展脉络和内涵。二是探究了国际营销的标准化与适应化选择、价格领先与品牌化选择、自有品牌出口与贴牌出口选择以及渐进式国际化模式与跳跃式国际化模式选择的驱动因素和关系机理。三是就国际营销组合策略（如分销渠道和定价策略）与绩效关系进行研究。一些研究成果也在国内外的学术杂志上发表。这些研究不仅丰富了我国企业国际营销研究领域的理论成果和知识前沿，而且也对那些正在从事以及将要从事国际营销活动的我国企业有重要的实践指导意义。

书名：基于定位理论的品牌资产提升绩效研究

作者：周鹍鹏

出版社：中国经济出版社

出版时间：2013 – 11 – 01

Title：A Study of Brand Equity Promotion Performance：A Perspective of Orientation Theory

Author：Kunpeng Zhou

Publisher：China Economic Publishing House

Date：November 1，2013

　　书籍简介：《基于定位理论的品牌资产提升绩效研究》主要从文化视角和品牌定位理论研究品牌资产提升问题，在重新界定品牌文化定位的基础上，系统探讨了品牌文化定位与品牌资产之间的内在逻辑关系，深入分析了品牌资产提升的路径以及品牌文化定位对品牌资产提升的作用机制和定位策略，构建了品牌文化定位决策评价模型和品牌资产提升绩效评价模型，通过案例实证分析表明，品牌文化定位对品牌资产提升具有明显的作用。

　　《基于定位理论的品牌资产提升绩效研究》的研究思路及结论对我国文化关联性强的企业具有较强的指导作用。

第二节

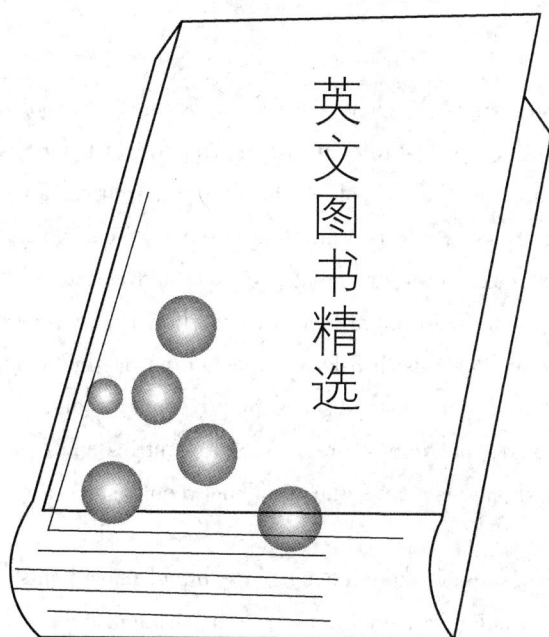

英文图书精选

（一）2011 年英文图书精选

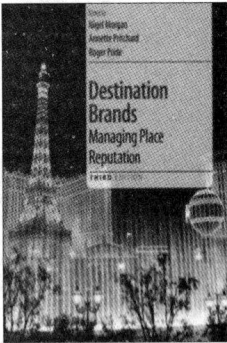

Title：Destination Brands，Third Edition：Managing Place Reputation

Author：Nigel Morgan，Annette Pritchard，Roger Pride

Publisher：Butterworth – Heinemann

Date：April 29，2011

书名：目的地品牌：管理地区声誉

作者：力杰·摩根，安妮特·普里查德，罗杰·普瑞丁

出版社：巴特沃思—海涅曼出版社

出版时间：2011 – 04 – 29

作者简介：Nigel Morgan is Director of Graduate Studies，School of Hospitality，Tourism and Leisure，University of Wales Institute，Cardiff；Annette Pritchard is Director of the Welsh Centre for Tourism Research at the School of Hospitality，Tourism and Leisure，University of Wales Institute，Cardiff；Roger Pride is Marketing Director，Wales Tourist Board.

书籍简介：This textbook shows how cities，regions and countries adopt branding strategies similar to those of leading household brand names in an effort to differentiate themselves and emotionally connect with potential tourists. It asks whether tourist destinations get the reputations they deserve and uses topical case studies to discuss brand concepts and challenges. It tackles how place perceptions are formed，how cities，regions and countries can enhance their reputations as creative，competitive destinations，and the link between competitive identity and strategic tourism policy making.

· 25 completely new chapters authored by place brand consultants，destination marketers，diplomats，designers and academics，including Anholt，Kotler，Olins and other leading authorities；

· Truly global coverage，with new case studies and examples from Europe，the Americas，Africa，the Middle East and Asia – Pacific；

· Consideration of contemporary issues surrounding place reputation management，such as the importance of digital platforms，social networking，and media and public relations.

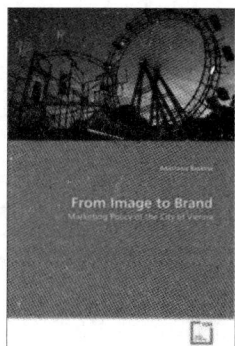

Title：From Image to Brand：Marketing Policy of the City of Vienna

Author：Anastasia Baskina

Publisher：VDM Verlag

Date：May 27，2011

书名：从形象到品牌：维也纳市的营销策略

作者：阿纳斯塔西娅·巴斯克纳

出版社：穆勒博士出版集团

出版时间：2011 – 05 – 27

作者简介：2008 – 2010 Erasmus Mundus Master Course "Global Studies – A European Perspective" University of Leipzig, Germany/University of Vienna, Austria European Neighbourhood Country Scholarship.

2002 – 2007 Diploma with Honours in Linguistics and Intercultural Communication The Herzen State Pedagogical University of Russia, St. Petersburg, Russia.

书籍简介：Today, city marketing has become a widely accepted phenomenon in contemporary urban development. The practice of city marketing has evolved in response to increased inter – city competition for elites, residents, tourists, investors, entrepreneurs and the like. The concept is based on the perception of a city as a commercial product which can be sold and bought as any other commodity. Cities employ marketing techniques in order to turn their urban image, historical past, cultural heritage, unique lifestyle and atmosphere into easily recognizable brands worldwide. This study focuses on the field of city marketing and city branding and explores in – depth pertinent policies and strategies pursued by the City of Vienna in this respect. The book should be especially useful for place marketing professionals, or anyone else interested in destination branding and current trends in urban development.

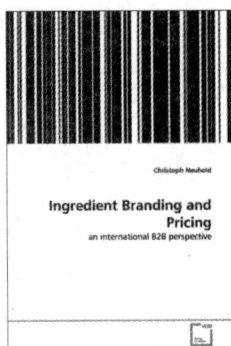

Title：Ingredient Branding and Pricing

Author：Christoph Neuhold

Publisher：VDM Verlag

Date：June 16, 2011

书名：要素品牌和定价

作者：克里斯托夫·诺伊霍尔德

出版社：穆勒博士出版集团

出版时间：2011 – 06 – 16

作者简介：Christoph Neuhold studied International Marketing（BA）in Graz, Austria and at the moment he is studying Marketing Management（MSC）in Middlesbrough. United Kingdom. He already gained marketing experience in different branches in Austria, Belgium and the Philippines.

书籍简介：Saturated markets, decreasing margins and globalization emboss the actual economic climate. Derived from this initial situation, this book aims to demonstrate the power of impact of branding and pricing to master these challenges. This happens by answering the following question："How is it possible to enhance customer value in the Business – to – Business sector using ingredient branding, despite the proportionally higher prices?" First, the author explains and defines the Business – to – Business sector. Second, he focuses on international brand management, brand positioning, ingredient branding and pricing. Third, the author explains the concept of customer value to answer the initial question by means of a notional example.

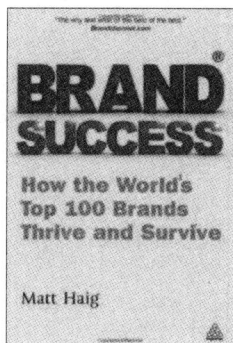

Title：Brand Success：How the World's Top 100 Brands Thrive and Survive

Author：Matt Haig

Publisher：Kogan Page

Date：July 15，2011

书名：*品牌成功：世界百强品牌如何生存和发展*

作者：*马特·海格*

出版社：*高根出版社*

出版时间：2011－07－15

作者简介：Matt Haig is a Director of Peppermint PR，a communications company. He is the author of "E－PR：The Essential Guide to Public Relations on the Internet"，"The E－Marketing Handbook"，"The B2B E－Commerce Handbook"，"The Essential Guide to Online Business" and "Mobile Marketing：The Message Revolution"（all published by Kogan Page）.

书籍简介：Brand success = business success. A simple equation，but identifying those winning qualities is not easy. To achieve this goal，author Matt Haig applies a range of criteria including financial success，longevity，technological advancement，new product development，work place revolution and mass communication.

The result is a comprehensive，entertaining and illuminating collection. From Adidas to Zippo，we're guided through a gallery of some of the world's best－known names and given a rare insight into the secret of their success.

With comments from brand managers，psychologists，academics and other experts，Brand Success is a great resource for brand managers，marketers and students. For the rest of us，it's simply a great read.

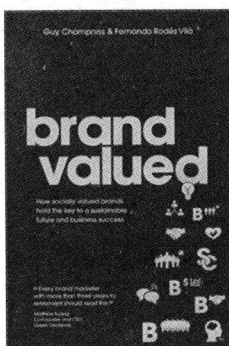

Title：Brand Valued：How Socially Valued Brands Hold the Key to a Sustainable Future and Business Success

Author：Guy Champniss，Fernando Rodés Vilà

Publisher：John Wiley & Sons，Inc.

Date：July 20，2011

书名：品牌价值：社会价值品牌如何把握住未来可持续发展和商业成功的关键

作者：盖伊·前埔尼斯，费尔南多·罗兹·维拉

出版社：约翰威立国际出版公司

出版时间：2011 - 07 - 20

作者简介：Fernando Rodés Vilà is the Vice - Chairman of Havas，Co - Founder of the ARA newspaper，Catalonia，Chairman of the Sustainability Committee of Acciona and a member of the Board of Trustees of Fundació Natura. Previously，Fernando was CEO of Havas.

Guy Champniss is brand strategy and communications consultant，focusing on strategy in the context of sustainability，pro - social behaviour and brand community. Guy holds an MBA from IE (Madrid) and is carrying out doctoral research at Cranfield School of Management (UK).

书籍简介：New techniques to refresh and recharge your brands！

How do you establish and maintain a strong long - term relationship between your brand and your consumers？ Successful brand managers know that it is all about trust and keeping the consumers engaged.

The success of recent "green" campaigns as a means of connecting with，satisfying，and attracting new consumers is just the tip of the iceberg. As the international playing field continues to be leveled，in order to sustain and expand their success，brand owners must interact with their customers more than ever before，forging new and stronger links，and increasing their stock of social capital.

At last，there is a book that addresses the growing significance of social capital in the business world. Brand Valued explores how as the strength，depth，and quality of interactions between a brand and its customers improve，increased opportunities to demonstrate trustworthiness arise. This in turn creates a self - fulfilling cycle，wherein trust begets social capital，which begets more trust—and even shared thinking—not to mention better sales.

Brand Valued will receive the full support of Havas，the fifth largest global communication and marketing services group in the world.

In easy to understand terms，and using concrete examples，Brand Valued provides：

The tools necessary to stimulate dialogue—and new ways of thinking—between a brand and its intended audience；

Methods for extending brand messaging to wider audiences;

Ideas on how to make brands the engines of social capital, getting rid of unsustainable practices to foster more sustainable patterns of consumer behaviour;

Suggestions for the development of a new brand strategy that reduces costs through innovative and lasting solutions to problems;

Unpublished data on the role of consumer trust in new products based on research carried out by the Havas Group across over 150 brands in nine different markets;

A wiki component to the book in an accompanying website.

Designed to forge stronger channels of dialogue and communication with customers and consumers, the book is a must – read for anyone committed to keeping their brand relevant in the twenty – first century.

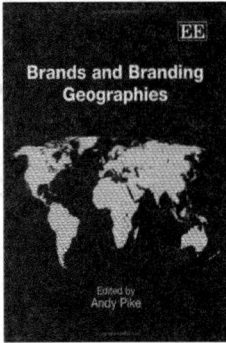

Title：Brands and Branding Geographies

Author：Andy Pike

Publisher：Edward Elgar Publishing Ltd

Date：August 1, 2011

书名：品牌与品牌地理化

作者：安迪·派克

出版社：爱德华埃尔加出版有限公司

出版时间：2011 - 08 - 01

作者简介：Andy Pike is Henry Daysh Professor of Regional Development Studies and Director of the Centre for Urban and Regional Development Studies（CURDS）, Newcastle University, UK.

书籍简介：Despite overstated claims of their 'global' homogeneity, ubiquity and contribution to 'flattening' spatial differences, the geographies of brands and branding actually do matter. This vibrant collection provides a comprehensive reference point for the emergent area of brand and branding geographies in a multi - disciplinary and international context. The eminent contributors, leaders in their respective fields, present critical reflections and synthesis of a range of conceptual and theoretical frameworks and methodological approaches, incorporating market research, oral history, discourse and visual analyses. They reflect upon the politics and limits of brand and branding geographies and map out future research directions. The book will prove a fascinating and illuminating read for academics, researchers, students, practitioners and policy - makers focussing on the spatial dimensions of brands and branding.

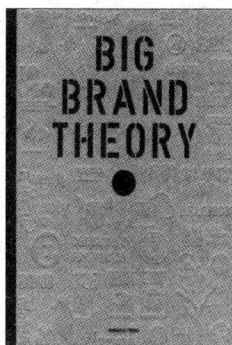

Title：Big Brand Theory

Author：Sandu Publishing

Publisher：Gingko Press，Inc

Date：November 30，2011

书名：大品牌理论

作者：三度出版公司

出版社：银杏出版社

出版时间：2011－11－30

　　作者简介：三度出版有限公司于 2001 年由王绍强教授创办，总部设在广州，致力于出版一系列高品质的设计图书，涵盖建筑、室内、平面、产品、艺术、时尚等范围。三度出版放眼全球，联手来自世界各地的设计师和艺术家创办一个国际性的设计交流平台，引领读者从多个不同的角度认识和审视当代设计。三度出版的图书理念独特新颖，自出版以来的数百本图书已获得国内外读者的认可，在设计出版图书领域占有重要一席之位。最为人所知的当属《Design 360°设计与概念杂志》和《APD 亚太设计年鉴》。多本英文版的书籍也逐渐被大陆出版社相中，重新以中文的面孔与更多读者相遇相知。十几年的光阴见证着三度出版的不断成长和努力，其业务已覆盖亚太地区和欧美各地区。相信，精益求精的三度将不懈地创造更多设计出版的奇迹。

　　书籍简介：《大品牌理论》汇聚全球品牌设计个案和创作理念。本书以商业性、实践性、案例性为基点，从餐饮、服饰、生活用品及服务三大领域，精选上百个具代表性的项目，从品牌定位、视觉设计、形象深化推广策略等方面，将设计方案与品牌理念相结合，叙述新兴品牌在市场经济中吸引眼球，以及经典品牌在竞争中长盛不衰的奥秘，案例包括 Adidas、Converse、Starbucks、Nike、Issey Miyake、Lacoste、Levi's、PUMA、Sony 等。本书不停留在一般同类书籍只关注 VI 系统设计的局限性，而是从设计中引出品牌的成功故事，从而归纳出品牌的成功法则，是品牌设计不可或缺的案头宝典。

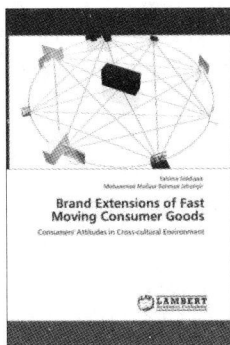

Title: Brand Extensions of Fast Moving Consumer Goods: Consumers' Attitudes in Cross – cultural Environment

Author: Fahima Siddiqua, Mohammad Mofizur Rahman Jahangir

Publisher: LAP LAMBERT Academic Publishing

Date: December 8, 2011

书名：快消品的品牌延伸：跨文化环境下的消费者态度

作者：费希迈·席迪库，穆罕默德·M. L. 贾汉季

出版社：兰伯特学术出版社

出版时间：2011 – 12 – 08

作者简介：Mrs. Fahima Siddiqua was born at Feni in Bangladesh in 1979. She has completed her graduation in Agricultural Economics and Masters in Agril. Marketing at Bangladesh Agricultural University. Mrs. Siddiqua has recently completed MBA at Institute of Technology Carlow, Ireland. She is interested to continue her research career in Marketing Strategy.

书籍简介：Brand extension has been reported to be both positive and negatively influenced by the parent brand factors e. g. , perceived quality, reputation etc. The causes of such influences are not well understood. In multinational countries such influences are complex to understand due mainly to the differences in consumers' cultures affecting their attitudes towards the evaluations of brand extension. This research was carried out in the Republic of Ireland to investigate whether the consumers' cultures influence their evaluations to the extension of Fast Moving Consumer Goods (FMCGs). A mixed methodology was employed to understand consumers' attitudes towards the evaluations of brand extensions. As a qualitative research, focus group participants were selected from two cultural groups: Western and Eastern, to know their perceptions about what they think of parent brand (Coca – Cola) and possible brand extensions (Coca – Cola juice, biscuit and ice – cream). Further, as a quantitative research, consumer pilot survey was carried out using personal administered questionnaire and postal interview method to collect data from 120 respondents of two cultural groups.

（二）2012 年英文图书精选

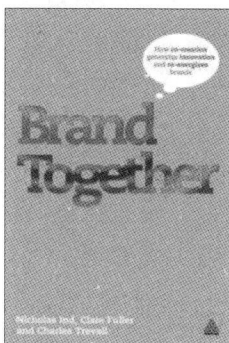

Title：Brand Together：How Co – Creation Generates Innovation and Re – energizes Brands

Author：Nicholas Ind，Clare Fuller，Charles Trevail

Publisher：Kogan Page Ltd

Date：March 3，2012

书名：品牌聚合：如何共同创造、产生、创新以及重振品牌

作者：尼古拉斯·印德，克莱尔·福勒，查尔斯·特瑞威尔

出版社：高根出版社

出版时间：2012 – 03 – 03

作者简介：Nicholas Ind is an established author，consultant and academic. He writes for business journals（including Brand Management，Strategy and Business），teaches at the Oslo School of Management（on Branding and Innovation）and is a visiting professor at ESADE in Barcelona and napier University，Edinburgh. He is also the author of Living the Brand（published by Kogan Page），and he developed this book with Charles Trevail and Clare Fuller from Promise – a London/New York – based consultancy who are the world's leading co – creation company.

书籍简介：Any business that wants to continue growing has to consider new ways of developing and engaging with customers and clients. Innovation and co – creation have emerged as the key topics in the post – recession business environment. "Brand Together" will show you how to involve all stakeholders in the process of creativity – providing inspiration on how to revitalize brands and enable them to succeed in the new world of customer engagement and participation. It will show you how to truly intertwine innovation with brand strategy，whilst providing guidance on how to co – create with customers from a brand perspective. Drawing on case studies including Barclays，Mozilla，Yellow Tail，Kraft Foods，Virgin Media and Danone. "Brand Together" will provide valuable insights for marketing and branding professionals and for anyone who wants to grow their business and their brand.

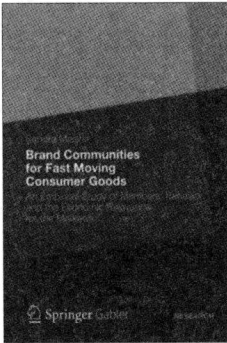

Title：Brand Communities for Fast Moving Consumer Goods： An Empirical Study of Members' Behavior and the Economic

Author：Sandra Meister

Publisher：Springer

Date：April 7，2012

书名：快速消费品品牌社群研究：成员行为与经济的实证研究

作者：桑德拉·梅斯特

出版社：施普林格出版社

出版时间：2012 – 04 – 07

作者简介：Dr. Sandra Meister holds a PhD in business administration from Prof. Dr. Claudia Fantapié Altobelli, Chair of Marketing at the Helmut Schmidt University in Hamburg. She is a marketing – and media professional with extensive experience in the consumer goods industry.

书籍简介：Do brand communities really work for FMCG? Can consumers involved in brand communities be characterized by specific behavioral attributes? Are there significant differences between members and those consumers who are simply visiting the brand – community site? And do the members show a higher level of customer retention as those non – member? In her study Sandra Meister derives a set of behavioral attributes relevant for brand – community members. By means of a significance test and a structural equation model, she examines the behavioral profile of brand – community members and compares the results with brand – community non – members. Additionally, she investigates the impact of the behavioral attributes on the performance measure customer retention. Finally, she formulates leanings and recommendation for brand – community management.

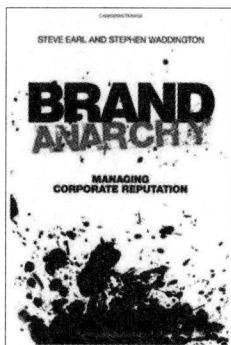

Title：Brand Anarchy：Managing Corporate Reputation
Author：Steve Earl，Stephen Waddington
Publisher：A&C Black
Date：June 5，2012
书名：品牌无政府状态：管理公司的声誉
作者：斯蒂夫·厄尔，斯蒂芬·沃丁顿
出版社：A&C 布莱克出版公司
出版时间：2012－06－05

作者简介：Steve Earl is Managing Director，Europe at Zeno Group. Stephen Waddington is European Digital and Social Media Director for Ketchum.

书籍简介：As the media landscape looks increasingly diverse and anarchic，individuals，organisations and governments should not waste time wondering whether they have lost control of their reputations. The simple fact is that they have never had control. The question is what they can do about it now，and what they need to consider for the future. The fragmentation of media and the rise of social media has brought brand and personal reputational risk into sharp focus like never before. Disaffected shareholders，customers and staff are voicing their opinions to a global internet audience. In a brand context，it's reputation anarchy. In Brand Anarchy，Steve Earl and Stephen Waddington draw on insight from opinion－makers and shapers such as Greg Dyke，Alastair Campbell，Mark Thompson and Seth Godin to explore how reputations can be better managed and the new challenges that the future of media may bring. This plain－speaking，shrewd book pulls no punches. It's a survival guide for anyone concerned what others think or say about them.

Title：Follow Me！Creating a Personal Brand with Twitter

Author：Sarah – Jayne Gratton

Publisher：Wiley

Date：August 7，2012

书名：跟我来！用推特创建个人品牌

作者：沙拉·简·格拉顿

出版社：威利出版社

出版时间：2012 – 08 – 07

作者简介：Sarah – Jayne Gratton（London，UK）is an author，television presenter，and former theatre performer. She is European correspondent for the television show *You Are the Supermodel*，where she hosts a weekly segment on personal branding. A former actress，Sarah – Jayne is an influential social media persona，speaker，and writer，regularly featured in Social Media Today and other publications including In – Spire Lifestyle Magazine（in – spirelsmagazine. co. uk）and blogcritics. org. She was nominated for a Shorty Award in social media and is one of "Twitter's Top 75 Badass Women"（bitrebels. com）. She is also listed in the Top 50 of The Sunday Times "Social List". You can find out more about Sarah – Jayne at *sarahjaynegratton. com* and can follow her on Twitter（@ grattongirl）.

书籍简介：There are more than 106 million active Twitter accounts and that number is increasing by as much as 300，000 per day. There are 600 million searches on the Twitter search engine every day. Consumers are using Twitter to find discussions and information about the products and topics they're interested in. This makes Twitter a powerful marketing platform that has been proven to have a measurable impact on costumer decisions and brand evangelism. Follow Me！offers real – world examples and proven techniques for capturing a Twitter audience and using that audience to further spread the word on your personal brand. Celebrity author Sarah – Jayne Gratton has received international notoriety for her personal branding and marketing abilities on Twitter and shares her knowledge on how to create and execute a surefire personal brand marketing campaign that spans the globe using Twitter.

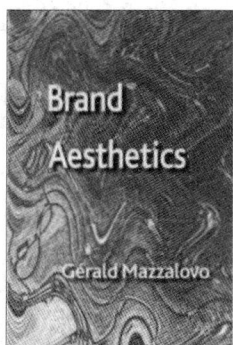

Title：Brand Aesthetics
Author：Gerald Mazzalovo
Publisher：Palgrave Macmillan
Date：August 21，2012
书名：品牌美学
作者：杰拉尔德·马扎罗夫
出版社：麦克米伦出版社
出版时间：2012 – 08 – 21

作者简介：Gerald Mazzalovo is Managing Partner at Aravis S. A. ，a private equity firm active in luxury brands. He is also Visiting Professor at Instituto de Empresa（Madrid），Université Paris – Dauphine and Université Lumière in Lyon. A former consultant at Arthur Andersen，he has held the position of President or CEO at luxury brand companies such as Ferragamo，Loewe，Bally and Clergerie，and has consulted for many multinational firms，including Pininfarina，on strategic brand management. He is the author of numerous articles on brands and co – author of the books Pro Logo and Luxury Brand Management.

书籍简介：Explores the growing importance of aesthetic factors in the success of brands and the reluctance of brand managers and academics to deal with these issues. Proposes a series of theoretical and practical managerial instruments which analyse the aesthetic aspects of various brand manifestations.

List of Figures and Tables Introduction PART I：BRAND AESTHETICS：THEORY AND DIRECT APPLICATIONS Brand Aesthetics：An Oxymoron? The Relevance of the Concept Historical Foundations：From Experimental Aesthetics to Postmodernism Brand Identity The Chain of Brand Aesthetics PART II：BRAND AESTHETICS：APPLICATIONS TO LINEAR AESTHETIC EXPRESSIONS Lines and Forms The Relevance of Lines in Brand Aesthetic Management The Semiotic Square of Linearity Possible Meanings of the Four Lines Managerial Applications of the SINC© Square Consumers Preferences for the Four Lines Conclusion Bibliography.

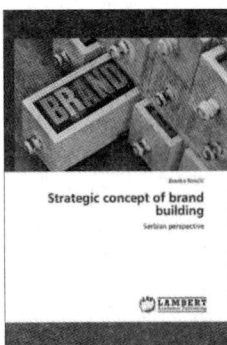

Title：Strategic Concept of Brand Building

Author：Branka Novcic

Publisher：Lambert Academic Publishing

Date：November 9，2012

书名：品牌建设的战略概念

作者：布兰卡·诺维西

出版社：兰伯特学术出版社

出版时间：2012 – 11 – 09

作者简介：Branka Novcic M. Sc is born on April 11th 1985，in Belgrade，Serbia. The author has published 7 research papers and 3 case studies in national and international journals，and primary areas of focus are her brand management，international marketing and crosscultural communication. Branka is member of EMAC，Knowledge Committee of Serbia and EMRBI.

书籍简介：The topic of this book relates to the determination of the key elements necessary for the development of the strategic concept of building brand value of the offer. The book includes identifying the sources and the concept of brand value based on consumers knowledge about the brand offer. The first part of this work includes analysis of offer brand value drivers：choice of brand elements，and other associations which are directly transferred to the brand. The second part of the book analyzes the product brand value concept and the basic strategy of products brand building. The third part of the work includes defining the concept of service branding，branding strategies that are applied in the service sector. The fourth part of the book deals with the elements of the proposal to promote the concept of strategic brand offers. In the last part presents the results of the research on brand elements in the banking services sector in Serbia. The aim of this book is to determine the elements and criteria for consumers in process of defining an offer branding strategy. This book presents the similarities and differences in concepts of building brand value for products and services.

（三）2013 年英文图书精选

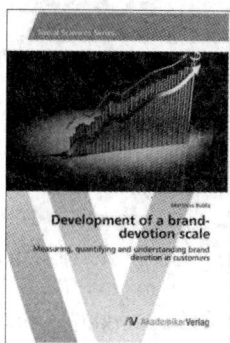

Title：Development of a Brand – devotion Scale
Author：Matthias Bolda
Publisher：AV Akademikerverlag
Date：February 12，2013
书名：品牌忠诚量表的开发
作者：马提亚·博达
出版社：AV 学术出版社
出版时间：2013 – 02 – 12

作者简介：After completing his Bachelors degree in Electrical Engineering in Innsbruck，Austria，Matthias Bolda went on to continue his education at UCLA. accomplishing his Masters degree while obtaining several Professional Certifications in Accounting，General Business. Marketing，Taxation and Personal Financial Planning.

书籍简介：This book summarizes，then expands current theories in brand – loyalty and – devotion while introducing a way to explore quantitative studies. In collaboration with Elisabeth A. Pichler and Andrea Hemetsberger，the author translates an extensive qualitative questionnaire into a useful and efficient tool. He successfully optimizes a set of questions to quantify the level of brand devotion in customers and gives insight on the direct relation to profitability.

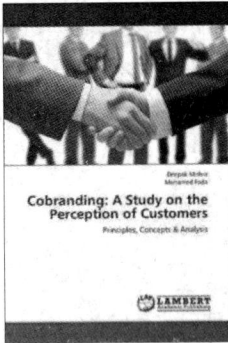

Title：Cobranding：A Study on the Perception of Customers
Author：Deepak Mishra
Publisher：Lambert Academic Publishing
Date：May 3，2013
书名：联合品牌：根据客户认知的研究
作者：迪帕克·米什拉
出版社：兰伯特学术出版社
出版时间：2013 - 05 - 03

作者简介：Deepak Mishra，MBA in International Business and Global Marketing Strategy from Cardiff University，Wales，UK，with a course from Oxford University related to Human perception in corporate world，worked for USIEF as pan India Marketing Manager，under US Dept of State，and presently associated with Manuscriptedit com of Reseapro Scientific Services.

书籍简介：Today's consumers want value added augmented products and services. So does apply to debit and credit cards. Addressing the needs of consumers throughout their life cycles is a big challenge. To meet the challenge，co - branding combines the extended benefits，strength，recognition，and appeal of one brand with the other. In this research the main idea is to study the perception of customers towards co - branded card offerings of Citibank. This study would help in assessing how consumers feel about the co - branded cards. The finding of the research suggests that the degree of relationship，emotional appeal，loyalty，satisfaction，trust and security towards the co - branded cards differ from individual to individual. Customers were found to be deal loyal rather than real loyal.

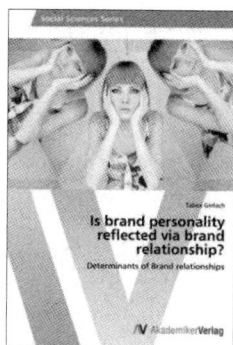

Title：Is Brand Personality Reflected Via Brand Relationship?

Author：Gerlach Tabea

Publisher：AV Akademikerverlag

Date：May 26, 2013

书名：品牌个性通过品牌关系反映出来吗？

作者：格拉克·塔贝

出版社：AV 学术出版社

出版时间：2013 - 05 - 26

书籍简介：In a time where markets are marked by the exchangability of products，the question is how can marketers create powerful brands in establishing a long - term connection with the brand. The following thesis is seeking to provide empirical support for the determinants of strong brand connections by testing a series of hypotheses using an experimental research approach with 130 participants. The thesis didn't find support for the direct impact of a match between brand - and consumer personality（consumer - brand congruence）on the brand connection. However the findings indicate that the other determinants like involvement，investment and satisfaction with the brand influence brand connection. Involvement stands for the relevance of the brand to the consumer based on his fundamental value system. Therefore if the brand personality incoporates the consumer's own value system，he is more likely to connect to the brand. Furthermore a consumer is more likely to invest in a brand that is closer to his own self and his fundemental value system. Thirdly a consumer that is satisfied with the brand is more like to identify with the brand，leading to a stronger brand relationship. The paper conceptually introduces brand - consumer congruence and the other determinants of the brand connection. Never the less due to its findings it challenges the concept of brand - consumer congruence.

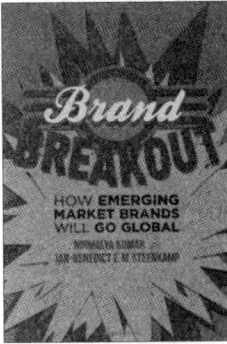

Title：Brand Breakout：How Emerging Market Brands Will Go Global

Author：Nirmalya Kumar

Publisher：Palgrave Macmillan

Date：June 18，2013

书名：品牌突破：新兴市场品牌将如何走出去

作者：尼尔马利亚·库马尔

出版社：麦克米伦出版社

出版时间：2013 – 06 – 18

作者简介：Dr. Nirmalya Kumar is Member – Group Executive Council at Tata Sons. He reports directly to the Chairman of the $100 billion plus Tata group and is responsible for group strategy. Previously，he was professor of marketing at the London Business School and also taught at Columbia Business School，Harvard Business School，IMD（Switzerland）and Northwestern University（Kellogg School of Management）. Dr. Kumar has written seven books，including Marketing as Strategy and India Inside. He has also published several articles in Harvard Business Review and many other leading academic journals. As a consultant，he has worked with more than 50 Fortune 500 companies in 60 different countries as well as served on several boards of directors. Dr. Kumar was included in Thinkers 50（the biannual listing of the top 50 management thinkers in the world）and received their "Global Village Award" for the person who contributed the most to the business community's understanding of globalization and the new frontiers established by emerging markets. Dr. Kumar received his B. Com from Calcutta University，his MBA from the University of Illinois at Chicago and his PhD. in marketing from the Kellogg School of Management，Northwestern University.

书籍简介：World class marketing experts，Nirmalya Kumar and Jan – Benedict Steenkamp set out a cutting – edge plan for emerging market brands to achieve success in international markets. Brand Breakout outlines eight strategies – including the Asian tortoise route，from B2B to B2C，brand acquisition and leveraging cultural resources – that will take brands from domestic dominance to worldwide triumphominance cultural resources rand will go global. kground.

For each strategic route，Kumar and Steenkamp examine the most effective implementation as well as identifying the problems that companies will face and how these can be overcome. Full of case studies from around the world including HTC，Tata Motors，Samsung，Lenovo，Pearl River Piano，Havaianas and Corona，the authors demonstrate that their strategies and underlying strategic brand – building principles are here to stay.

Brand Breakout is not only a practical and enlightening guide for emerging market brands but crucial reading for Western companies who should not underestimate the challenge coming from these up – and – coming international businesses. By understanding their strategies and success factors, Western companies can plot their counter – strategies for this new business environment.

In this engaging and illuminating book, Brand Breakout equips readers with the knowledge and techniques so that their brand can finally go global.

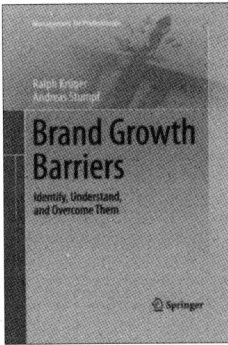

Title：Brand Growth Barriers：Identify，Understand，and Over-
come Them

Author：Ralph Krüger，Andreas Stumpf

Publisher：Springer

Date：July 1，2013

书名：品牌发展障碍：识别、理解和克服它们

作者：拉尔夫·克鲁格，安德烈亚斯·斯通普夫

出版社：斯普林格出版社

出版时间：2013 – 07 – 01

作者简介：Ralph Krüger and Andreas Stumpf were Brand Managers at Procter & Gamble for several years before they founded their own company Advanced Marketing Consulting in Frankfurt in 1999. Together with their team，the authors advise and support numerous national and international enterprises from the consumer goods and finance industries such as Bayer，Beiersdorf，Deutsche Bank，Nestlé，Pepsico，SCA and Wrigley，as well as companies active in B2B marketing and sales such as Bosch or Heraeus Kulzer. The authors' core competence lies in the systematic development of growth strategies – based on their own brand leadership approach – to generate sustainable growth for brands.

书籍简介：How can a brand—whether products or services，B2B or B2C，big or small—get back onto a growth track，even in economically difficult times? According to the two brand leadership experts Ralph Krüger and Andreas Stumpf，this can only be achieved by systematically overcoming growth barriers. In this book they present their Brand Growth Barrier Model，which makes it possible for businesses to identify，understand and overcome the barriers to and in their own brands. Case studies from well known brands of different categories，useful checklists for daily business and a clear，practical Question and Answer System on all relevant issues make this book an indispensable guide – not only for marketing experts but also for chief executives and responsible parties in sales and controlling.

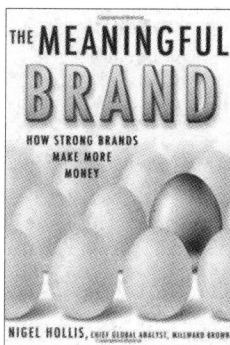

Title：The Meaningful Brand：How Strong Brands Make More Money

Author：Nigel Hollis

Publisher：Palgrave Macmillan

Date：October 22，2013

书名：有意义的品牌：强势品牌是如何赚更多钱的

作者：奈杰尔·霍利斯

出版社：麦克米伦出版社

出版时间：2013－10－22

作者简介：Nigel Hollis is executive vice president and chief global analyst at Millward Brown. Nigel brings 30 years of research experience to bear on his understanding of how marketing communications can build and maintain brands. Nigel has worked with clients in many different industries and countries，and has been instrumental in developing some of Millward Brown's most successful research solutions. He has a popular brand blog called Straight Talk with Nigel Hollis. A four－time winner of WPP's Atticus Award. He lives in Vermont.

书籍简介：Why do consumers pay a premium price for a brand? Is it better quality，the look and feel，or is it the brand's social standing? Author Nigel Hollis believes the answer to all those questions is "yes". Yet the vast majority of brands today trade on past equity and transient buzz. And marketers focus on plan execution rather than creating meaningful differentiation rooted in the brand experience. This lack of meaning is creating a market full of commodities rather than products that instill loyalty. But loyalty（i. e.，repeat business）is the key to long term success，and that requires focusing on meaningful differentiation：functional，emotional，or societal. Here，brand expert Nigel Hollis focuses on the four components of a meaningfully different brand：purpose，delivery，resonance，and difference. This unique model will be applied to two very different brand models：premium priced and value priced. The models will show readers how to amplify what their brand stands for across all the brand touch points including：findability，affordability，credibility，vitality，and extendibility. The book will include cases of global brands such as Dysor，Johnny Walker，Geico，Volkswagen，and more.

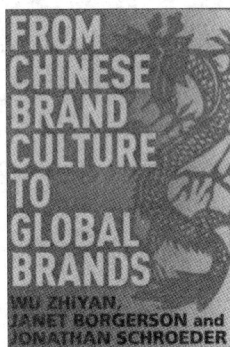

Title：From Chinese Brand Culture to Global Brands

Author：W. Zhiyan，J. Borgerson

Publisher：Palgrave Macmillan

Date：November 1，2013

书名：从中国品牌文化到全球品牌

作者：吴志彦，简妮·柏格森

出版社：麦克米伦出版社

出版时间：2013 – 11 – 01

作者简介：Zhiyan Wu is a native of China，has worked in the Chinese garment manufacturing sector and was a marketing supervisor at CUIPPC，an intellectual property firm in Beijing. She has a B. A. in English from Beijing Foreign Studies University，an MSc in International Management and a PhD in Management from the University of Exeter，where she was awarded a Jonathan Young scholarship and an Award for Excellence. She is currently teaching at the School of Business，Shanghai Institute of Foreign Trade，China.

Janey Borgerson has held faculty positions at Stockholm University，Sweden and the University of Exeter Business School，UK. She is currently teaching at Saunders College of Business，Rochester Institute of Technology，New York. She has served as Malmsten Visiting Professor in the Center for Consumer Science at Gothenburg University，Sweden，research Fellow at the University of Auckland，New Zealand and Visiting Fellow at the Royal Institute of Technology in Stockholm. She received her B. A. in Philosophy from the University of Michigan，Ann Arbor and M. A. and Ph. D. in Philosophy from the University of Wisconsin，Madison.

书籍简介：Chinese – styled branding，conceived as a process that generates cultural meaning and value，can be productively considered in a conceptual space located between managerial strategy and consumer interpretation，with implications for brand management and research. Creating a frame for this space directs attention to a perceived gap between managerial intention and market response. We suggest that the potential of Chinese branding can be elaborated through the notions of co – creation and circulation between brands and cultures.

It contains：①Global Branding，Fashion Sytems，and Historical Culture. ②Jay Chou，Pop Star：Chinese Aesthetics and Contemporary Trends. ③The 2008 Beijing Olympics Opening Ceremony：Branding China for the World. ④Shanghai Tang：A Chinese Luxury Brand with Global Ambitions. ⑤From Chinese Brand Culture to Global Brands.

第五章　品牌管理学学科
2011～2013 年大事记

第一节　品牌管理学学科国内会议

2011 年

1. 会议名称：中国广告与品牌大会

会议时间：2011 年 3 月 17 日

会议地点：上海

会议纪要：在中国广告业被国家确定为"三业"（现代服务业、创意产业与文化产业），行业面临整体升级的大背景下，2011 年 3 月 17 日，"2011 中国广告与品牌大会暨中国广告创刊 30 年颁奖盛典"在上海隆重召开。本次大会的与会嘉宾为政府、企业、媒体以及广告行业等各界的精英，大家齐聚一堂，共襄盛举。

中国广告与品牌大会由中国广告杂志社主办，始于 2001 年，迄今已为 1000 多家企业、广告公司和媒体的近 4000 位参会嘉宾提供了一个了解并讨论中国广告与品牌的平台，大会始终致力于挖掘中国市场丰富的潜能并强力为业界搭建更为实用、有效的沟通平台。

2011 年正值《中国广告》创刊 30 周年，在这特殊的年份，站在数字革命浪潮风起云涌之下，50 余位演讲嘉宾与 400 余位与会嘉宾共同回望了过去 30 年中国广告的风雨历程，展望了 30 年后中国广告时代的发展图景，畅谈创意无限的品牌新故事。同时，在中国广告创刊 30 年颁奖盛典上还揭晓了 2010 中国广告年度大奖以及影响中国广告业 30 年荣誉大奖。

本次大会主论坛共设 30 年论剑之趋势与整合、品牌新故事、媒体新故事三大板块。其中，大会特别设立"创意产业园区的品牌塑造"为主题的头脑风暴，并组织与会人员参观"田子坊"、"新天地"、"八号桥"等创意产业园区，实现了会场内外的有效互动，将理论与亲身体验充分结合。此外，本次大会还充分利用数字视频手段，采用 LED 超大屏幕，凸显了后世博时代的传播特点；并在整个会议过程中采用微博墙，实现了台上台下的互动，将"微"传播时代的传播方式展现得淋漓尽致。大会的一系列创新赢得与会嘉宾的一致好评。

2. 会议名称：全国品牌认证工作会议

会议时间：2011 年 5 月 10 日

会议地点：北京

会议纪要：本次会议由全国高科技产业品牌推进认证专业委员会主办，会议得到了国务院新闻办公室、中国互联网新闻中心、联合国世界和平基金会、国际低碳环保委员会、国际绿色和平产业联盟、中国网等单位的支持。出席会议的有李隆基副主席，全国品牌认证委主任赵振博，常务副主任曹明真，全国品牌认证委副主任、首席品牌培育师邓博文，副主任蒲建平、郑淑萍，秘书长翟杰，副秘书长张春伦、马兴芳、王勇，首席记者徐中丽，全国品牌认证委北京市品牌认证管理中心及其他省市中心负责人王冬丹、吴柏润、周国刚、盛丹、郭华龙、程宝明、耿立红、郝丽英、庞红利、韩宝禄、龙军、吕万明和兴业银行孙亮部长，还有培育企业的负责人王萍、文艳、韩文芳等受邀参加了本次会议！

3. 会议名称：中国安全食品品牌峰会

会议时间：2011 年 6 月 28 日

会议地点：北京

会议纪要：2011 年中国安全食品品牌峰会于 6 月 28～29 日在北京人民大会堂举办。本次峰会由中国技术监督情报协会联合河南、广东、辽宁、吉林、黑龙江、陕西、河北、内蒙古、湖北、山东等省标准化研究院共同发起，《人民日报》、《中国质量报》、中新社、新华社、中新网、千龙网、新浪网、《中国国门时报》、《中国工业报》、《中国贸易报》、《中国食品报》、《中国食品安全报》、《团结报》、《农民日报》、《中国经营报》、《中国包装报》、中央电视台等中央主流媒体共同参与。

峰会的主题是"采用安全标准，保障质量稳定"。会议以探讨食品安全标准化、中国安全食品品牌企业的社会责任、采用食品安全标准行动保障食品质量安全、全国首家食品安全标准化（河南漯河）示范区食品安全工作实践探索等议题为主。峰会按照"努力推进农业标准化，保障食品安全"的联盟方针，继续吸收相关省份机构加入联盟，并与参与合作的全国范围内农业标准化特色区域的省区市，在严格遵守相关法律法规的基础上，在农业标准化与食品安全发展联盟成员单位共同签署的框架协议内开展合作。同时，根据国民经济和社会发展规划的总体要求，坚持区域协调发展和可持续发展，充分发挥各方的优势与特色，按照市场原则推进区域合作，拓宽合作领域，提升区域经济效益。

4. 会议名称：中国品牌年度峰会

会议时间：2011 年 7 月 6 日

会议地点：北京

会议纪要：2011 年 7 月 6 日下午，由"CCTV 中国品牌年度发布"组委会联合党、政、军、商、学、媒等多部委及机构，在北京举行了盛大的"中国品牌年度峰会"。数位部委领导、国内外 500 余名企业家和品牌专家齐聚一堂，共同探讨了中国品牌的未来发展之路。

"中国品牌年度峰会"是"CCTV中国品牌年度发布"活动的年度主题峰会。"CCTV中国品牌年度发布"由中央电视台和中国网络电视台主办，自2009年至今已成功举办两届，已成为中国品牌的最高荣誉殿堂，其权威性与影响力得到企业界和专家界普遍认同与广泛参与。据悉，"中国品牌年度峰会"是对"CCTV中国品牌年度发布"年度主题的一次深入探讨与延展。很多与会者说，如果说"CCTV中国品牌年度发布"是中国品牌的"年度里程碑"，那么"中国品牌年度峰会"就是通往这条丰碑路上的"风向标"。

对于中国经济和中国品牌来说，2011年势必会成为历史性的"拐点"之年。"2011中国品牌年度峰会"在"转型"成为时代主题，"十二五"开局之年的大背景下召开，势必会对中国经济和中国品牌的未来发展产生重要的影响与推动。

"2011中国品牌年度峰会"围绕"转型下的中国品牌发展之路"主题，分别从"企业经营"、"产品创新"、"品牌互动"三个层面，聚焦"企业经营战略抉择与政策导向"、"产品线升级与品牌高端之路"、"用户体验与品牌良性互动"三个议题展开深入讨论，获得了许多突破性的启迪与共识。

5. 会议名称： 第三届中国品牌与传播大会

会议时间： 2011年8月31日

会议地点： 北京

会议纪要： 第三届中国品牌与传播大会于2011年8月31日在北京盛大举行。本次活动由北京大学新闻与传播学院、复旦大学新闻学院、中国人民大学新闻学院、中国传媒大学广告学院、武汉大学新闻与传播学院联合主办，世通华纳移动电视传媒集团特邀联办，天津渤海商品交易所协办，金色号角视频支持，传媒中国网承办了本次活动。在中国品牌与传播大会上，来自海内外的企业领袖与传媒精英巅峰论道，共同探寻媒体融合之中发展新思路，谋求未来品牌传播的新方向。

在本届大会中，中华全国新闻工作者协会党组书记、常务副主席翟惠生，全国政协委员、全国工商联原副主席、中国民间商会副会长孙晓华，中国广告主协会执行会长、原国务院国资委监事会主席段瑞春等领导出席大会致辞。中国品牌与传播大会开创了国内独一无二的"名企+名媒+明星"大会模式，一百多位来自传媒学术界的专家学者和知名媒体领袖，二百多位知名企业领导和市场推广人士，二十余位当红的影视明星等共计三百多人，齐聚北京，共襄盛举。

大会重点分析年度成功的品牌传播策略及未来阶段的传播趋势，同时独创性地把企业界的领袖人物和传媒界的掌门人聚集起来，展开触碰行业核心价值和合作的深层对话，实现企业传媒多重层次的资源共享，让优秀的企业和媒体联手推动中国的品牌建设与传播。

2011中国品牌与传播大会践行"智慧对话，思想交锋"的宗旨，不仅重点讨论了新经济形势下的企业和媒体的持续发展之道，还为企业和媒体搭建了一个极好的互动沟通平台来深度对接。中国品牌与传播大会正成为企业界和传媒界越发重视和亲自参与的年度盛会。

6. 会议名称：中国农业品牌发展高峰论坛

会议时间：2011 年 9 月 23 日

会议地点：北京

会议纪要：值此中国共产党成立 90 周年之际，由"中国农业经济可持续发展研究会"、"全国农业科技发展推进委员会"、"中国农产品流通协会"、"中国城乡发展研究会"、"中国品牌建设协会"、"今日财富报社"联合主办的"建党 90 周年巨献·2011 中国品牌总评榜颁奖盛典暨 2011 中国农业品牌发展高峰论坛"于 2011 年 9 月 23～25 日在北京人民大会堂盛大召开。

此次活动以"展示乡镇特色 打造魅力品牌"为主题，旨在通过此次盛会全面回顾新中国成立以来，特别是改革开放以来，我国农村经济发展的辉煌成就，深入探讨论"十二五"规划背景下，农业产业的升级与转型，着重研讨中国农业农村发展方向，展望中国农业农村发展前景。在会上，政、产、学、研等各界人士共谋中国农业农村的发展大计，为全面建设小康社会献计献策。

同时，为全面展示我国乡镇的魅力形象与品牌，大力表彰对推动我国区域经济发展做出突出贡献的特色乡镇及优秀个人，主办方在人民大会堂举办了盛大的颁奖典礼，与会领导亲自为获奖单位及个人颁奖，现场百余家主流媒体共同见证。与此同时，主办方还举办了政策解读、主题演讲、高端对话等一系列精彩纷呈的论坛活动，积极搭建与会代表交流与合作的高端平台。大会期间还举办了欢迎晚宴、旅游考察、项目对接等丰富多彩的配套活动，会议内容囊括了中国经济社会所涉及的诸多方面。主办方力求通过此次盛会成果促进中国城乡一体化进展，提升现代化农村整体幸福指数。

7. 会议名称：2011 中国品牌价值管理论坛

会议时间：2011 年 9 月 27 日

会议地点：上海

会议纪要：2011 年 9 月 27 日，由商业报纸媒体《21 世纪经济报道》和 Interbrand 品牌咨询集团共同举办的"2011 中国品牌价值管理论坛暨第七届中国最佳品牌建设案例"颁奖典礼在上海隆重召开。江南春、郭本恒、梁上燕等优秀企业家陆续到场，与方正、双妹、大众等企业高管以及来自清华、北大的数位专家学者代表一起，就"迷局·反思·寻根·突破"的大会主题进行热烈讨论。大会通过主题演讲、领袖圆桌、主题分论坛三个部分对论坛主题进行深入剖析，现场解读。当天晚上还揭晓了"第七届中国最佳品牌建设案例奖"、"第七届中国最佳国际品牌建设案例奖"、"中国最佳品牌建设案例城市品牌奖"、"中国最佳品牌建设案例优秀奖"系列奖项。

8. 会议名称：国际品牌营销联合大会

会议时间：2011 年 11 月 11 日

会议地点：深圳

会议纪要：2011 年 11 月 11 日，2011 国际品牌营销联合大会在深圳隆重召开。本次大会由大会联合主席唐善新、执行主席曾荣谦、品牌万里行总指挥杜平主持，原国务院副总理吴桂贤和部分在深圳的领导同志与近千名海内外企业家出席了大会。

联合品牌营销联合大会由"2011 中国国际名牌发展年度大会"、"2011 中国品牌万里行年度大会"和"第 12 届中国营销创新大会"联合组成，由国际名牌发展委员会、中国品牌万里行指导中心、中国营销学会主办。大会围绕"营销铸就品牌，品牌创造价值"主题，传播了品牌知识，表彰了十大行业十大品牌。

原国务院副总理吴桂贤在大会上勉励中国企业家与时俱进、勇于创新，要创造出无愧于中华民族的伟大品牌，为中华民族的伟大复兴贡献力量。广东省知识产权局副局长、广东省战略知识产权文化研究院院长、大会联合主席唐善新发表了《知识产权与品牌建设》的专题演讲，指出，"只有拥有知识产权并善于运用法律武器进行自我保护的企业，品牌才能做强、做大、做久。"中国营销界知名学者、中国营销学会会长丁一教授发表了《服务营销创造品牌》的专题演讲。丁教授认为，营销是企业实现价值的重要环节，好的营销策划，可以使滞销产品畅销，使企业销售业绩倍增。丁教授还特别指出，营销是塑造企业品牌、产品品牌的必由之路。中国品牌万里行指导中心总指挥杜平期待中国企业做强做大，希望中国的品牌走出国门、走出亚洲、走向世界。

9. 会议名称：品牌中国高峰论坛

会议时间：2011 年 12 月 19 日

会议地点：北京

会议纪要：2011 年 12 月 19 日，由品牌联盟主办的 2011 品牌中国（区域品牌推广）高峰论坛在京举行。来自各地相关政府官员、品牌专家、新闻媒体等出席并针对区域品牌推广的话题展开演讲、对话和研讨。

近年来，各级政府对区域品牌的打造越来越重视，并形成了区域品牌建设和推广的新高潮。发掘当地文化特色，对区域品牌进行准确定位，通过营销活动来进行有效品牌传播，已经成为区域品牌影响力快速提升的重要途径。在"区域品牌定位与核心价值提炼"主题论坛环节，针对"区域品牌如何进行准确定位"、"如何提炼区域品牌核心价值"以及"区域品牌战略规划的制定和实施过程中需要注意哪些事项"等问题，品牌联盟主席艾丰，深圳文化产权交易所副总经理、CCTV《赢在中国》推广总监高强，品牌联盟副秘书长、北京实力场策划有限公司董事长石岩在论坛上分别做了主题演讲。品牌联盟执行副主席、青岛市市长助理武铁军主持了主题论坛环节。

在以"从特色资源优势到品牌优势的转变"为论题的高峰对话环节，为进一步解读"除了人文、历史、文化、旅游外，地方特色的资源还包括哪些"、"从资源到品牌，地方政府应该扮演什么角色"、"如何充分发挥品牌优势，来促进区域品牌经济发展"，中国旅游饭店协会副会长、品牌中国酒店专业委员会会长孙子元，环球活动网 CEO 欧阳国忠，山东省德州市区域合作办公室主任周同恩，品牌联盟副秘书长、北京实力场策划有限公司董事长石岩等来自国内各行业的领袖们就以上话题进行了激烈、开放的对话与交锋。

联盟自成立以来，曾与多个地方政府共同举办品牌活动，对当地区域品牌传播与推广起到了积极的作用。论坛上，2011 达沃斯全球青年领袖、全国青联委员、品牌联盟秘书长王永与博鳌亚洲论坛执行总监、中国国际贸易学会副会长姚望就"区域品牌营销与传播案例"进行了品牌案例解读。

最后的品牌研讨环节主要探讨"品牌营销活动与有效品牌传播",与会嘉宾就"区域品牌营销活动的组织策划有哪些要点"、"地方政府如何开展节庆活动来推动区域经济发展"、"如何对区域品牌进行有效的品牌传播"展开了自由讨论。

2012 年

1. 会议名称：中国广告与品牌大会

会议时间：2012 年 3 月 23 日

会议地点：上海

会议纪要：2012 年 3 月 23～24 日，2012 中国广告与品牌大会在上海盛大召开。本届大会由中国广告杂志社、上海市广告协会主办，互动通控股集团联合主办，中国广告协会、中央电视台、上海现代服务业联合会协办。

中国广告协会会长李东生、上海市委宣传部副部长宗明、CCTV 广告经营管理中心市场部主任陈荣勇、上海市广告协会会长孔祥毅和互动通控股集团首席执行官郑斌分别致开幕词。

本次大会以"future is now——技术改变创意"为主题，继续采用"故事汇"形式，开启广告人与品牌主深度对话，同时大会邀请了互动通、盛世长城、摩托罗拉、华扬联众等多家国内、国际知名品牌倾力加盟，聚焦"移动"、"数字"、"技术"、"艺术"等热点，通过热门案例的深度解析，从品牌数字、品牌时尚、广告艺术等方面，汇聚中外广告人的视野和胸襟，讲述技术如何改变创意以及技术如何产生效益，洞察中国广告业乃至全球广告在移动数字化时代的新趋势。

2. 会议名称：中国服装品牌论坛

会议时间：2012 年 3 月 23 日

会议地点：北京

会议纪要：2012 年 3 月 23～25 日，由《竞争情报·服装经销商》杂志社、中研国际时尚品牌管理咨询集团、中研资本、服装企业电子商务、中国服装培训网主办的 2012 中国服装品牌论坛暨成就中国服装 500 强业界年会在京召开。本次论坛以"中国服装行业复兴的方向"为主题，世界顶级专家齐聚一堂，来自中国服装界上市公司高管、品牌商、渠道商、零售商、媒体界共 2000 余人出席本次论坛。

在为期三天的论坛中，与会嘉宾分别从宏观经济、渠道变革、零售模式三大主题进行了探讨，并且进行了中国服装渠道商学习典范、零售商学习典范大奖颁奖活动。著名经济学家郎咸平从世界经济环境格局的高度论述了中国服装行业发展趋势，来自国内服装企业两家上市公司浙江森马服饰股份有限公司董事长邱光和、特步（中国）有限公司高级副总裁叶齐则从战略、品牌、资本三个层面论述推动企业腾飞的动力。著名学者梁文道则以

"中华传统文化土壤"为题，为服装产业的发展寻找"文化支点"。

3. 会议名称：中国金融品牌管理者年会

会议时间：2012 年 3 月 28 日

会议地点：北京

会议纪要：由财富管理媒体《理财周报》、扬特品牌同盟（The Brand Union）、威汉营销传播集团（WE Marketing Group）、益普索（Ipsos）等全球领先的品牌策略机构及调研机构发起主办的 2012 中国金融品牌管理者年会暨 2011 中国金融品牌"金象奖"颁奖典礼于 2012 年 3 月 28 日在北京盛大召开。

本活动是"中国金融品牌成长促进计划"的重要组成部分。该计划旨在通过举办"中国金融品牌'金象奖'"、"品牌管理者沙龙"、"品牌管理者年会"等多种活动，搭建起中国金融品牌管理者之间互动交流的平台，提升金融品牌管理者的管理水平。

2012 中国金融品牌管理者年会以"全球危机，中国机遇：不确定时代下的金融品牌主张"为主题，邀请来自银行、基金、保险、证券等金融行业的品牌管理者、金融机构代表、业界资深品牌专家及媒体代表，围绕"当今金融环境下的品牌战略思考"、"如何合理运用社会化媒体进行整合营销"等几个方面进行深入交流与探讨。

与此同时，为了对中国金融品牌年度建设行为进行有效的检阅，寻找出中国金融品牌建设的路径与方法，进一步促进中国金融品牌的健康成长，组委会还为 2011 中国金融品牌"金象奖"获奖企业举行了盛大的颁奖典礼。

4. 会议名称：中国品牌领袖峰会

会议时间：2012 年 8 月 25 日

会议地点：北京

会议纪要：2012 年 8 月 25 日，由工业与信息技术部指导、中国企业品牌研究中心、中国广告主协会联合发起，中国品牌领袖峰会主办的"2012 首届中国品牌领袖峰会"在北京隆重召开。时任工业与信息技术部副部长杨学山、中国中小企业国际合作协会会长郑斯林等出席会议致辞，并为入选第一品牌的 26 家企业颁奖。

本次峰会旨在为来自国际和本土的品牌领袖人物搭建一个便于交流和学习的平台。各级政府领导、企业领袖、学界和媒体精英从宏观和微观层面，解读了品牌政策，交流和探讨了品牌建设大计。

品牌领袖峰会的举办正是结合我国正处于经济和社会转型机遇期的大背景。一方面，国内企业必须加快品牌发展，重新塑造比较优势；另一方面，经济社会转型所带来的需求结构转型和市场结构调整，要求企业考虑如何更好地适应转型中的消费市场，更好地抓住中国发展和转型到来的机遇。

5. 会议名称：自主创新品牌大会

会议时间：2012 年 9 月 6 日

会议地点：北京

会议纪要：2012 年 9 月 6 日，2012 自主创新品牌大会暨《科技创新与品牌》杂志创刊五周年活动在北京人民大会堂举行，来自全国各地的 300 余名科技工作者、科技创新型企业负责人和媒体记者应邀出席会议。

为了贯彻科技体制改革战略，展示自主创新优秀品牌，鼓励企业自主创新的精神和信心，由中国科技协会主管、中国科技新闻学会主办的《科技创新与品牌》杂志发起并主办此次大会。

以"创新、发展、诚信、品牌"为主题的本次大会，着力探寻自主品牌创新发展路径，提升自主品牌竞争实力，推动自主创新品牌群体崛起。《科技创新与品牌》杂志总编辑、中国工程院院士刘人怀教授在大会致辞中介绍，"2012 自主创新品牌大会"旨在深入贯彻落实科学发展观，促进我国企业技术创新和进步，营造尊重知识、尊重人才、打造民族品牌的氛围，推动优秀人才脱颖而出，激发企业的创新热情。

大会组委会确定，从《科技创新与品牌》杂志创刊五年来所报道和考察过的企业和科技人才中，为遴选出来的优秀代表设立荣誉奖项。"2012 自主创新品牌大会"专家委员会按照评审原则，从企业的创新氛围、创新成果、创新投入以及品牌影响力、社会贡献度以及参评单位所处的行业、规模、经济形态等方面进行评定，组委会本着宁缺毋滥的原则，最终评审出了"自主创新企业贡献奖"、"创新品牌优秀企业奖"、"创新品牌巾帼英杰奖"、"自主创新杰出人物奖"四个奖项，包括贵州怀仁市茅台镇酒都酒业有限公司、漳州御品茶业有限公司、爱国者数码科技有限公司、安徽江淮汽车股份有限公司、东北林蛙生态研究院、河北科学院应用数学研究所主任胡波、亿丰集团董事局主席冯燕等 45 个单位和个人分获各个奖项。

6. 会议名称：中国品牌价值管理论坛

会议时间：2012 年 10 月 18 日

会议地点：上海

会议纪要：2012 年 10 月 18 日，由《21 世纪经济报道》和品牌咨询集团 Interbrand 共同举办的"2012 中国品牌价值管理论坛暨第八届中国最佳品牌建设案例"颁奖典礼在上海隆重召开。红星美凯龙家居集团股份有限公司总裁袁伯银，科勒厨卫集团亚太区总裁阮家明，圣象集团执行总裁郭辉，昆仑控股集团总裁叶健，利郎集团执行董事、副总裁胡诚初等优秀企业家出席论坛并发表精彩演讲，并与福特汽车、中信银行、星河湾集团等企业高管以及来自清华、北大的多位专家学者齐聚一堂，就"Made for China——以品牌拥抱中国机会"的论坛主题进行热烈讨论。

论坛以主题演讲、领袖圆桌、分论坛三个部分对主题进行深入剖析，现场解读。当天晚上还同步揭晓了第八届"中国最佳品牌建设案例"奖、"中国最佳国际品牌建设案例"奖、"中国最佳品牌建设案例"优秀奖、最佳广告片奖等系列奖项，太平洋保险、上海家化、方太厨具、立邦中国、可口可乐、渣打银行、海尔等 30 家企业榜上有名。

7. 会议名称：中国金融品牌论坛

会议时间：2012 年 12 月 12 日

会议地点：北京

会议纪要： 2012 年 12 月 12 日，由招商银行、中央电视台、腾讯、中国经营报社联合主办的 2012 中国金融品牌论坛在北京举办。招商银行行长马蔚华先生、中国银行业协会专职副会长杨再平先生、国泰君安证券董事长万建华先生、中信银行副行长孙德顺先生、北京银行行长严晓燕女士等国内外金融业界高层领导、高校著名营销传播学者和高端媒体人士等 300 余人，共同探讨大数据、大知识时代金融品牌大发展及品牌建设新智慧。

论坛围绕数据爆炸性增长、新数据类型不断出现的"大数据"时代环境中，如何挖掘大数据启迪品牌建设的新智慧，如何构建以客户为中心的品牌建设新平台，如何把握大分析、大智能机遇实现金融品牌大发展等主题进行了深度交流。

2013 年

1. 会议名称： 中国品牌年会

会议时间： 2013 年 1 月 8 日

会议地点： 北京

会议纪要： 2012 中国品牌年会暨品牌金博奖颁奖盛典于 2013 年 1 月 8 日在北京举行。政府官员、知名企业家、专家学者齐聚一堂，探讨中国品牌如何走向世界。

本次活动由中国品牌传播联盟（CBCA）发起并联合中国国际问题研究基金会和平发展基金、中央电视台证券资讯频道主办。年会以"走向世界的品牌"为主题，分为"品牌之翼、品牌之星、品牌之梦、品牌之城、品牌之志与品牌之力"六大板块。

与会专家表示，品牌，是国家经济实力的象征，是产业进步的成果结晶，是企业发展的灵魂，也是品牌信誉的综合体现。当前，中国品牌面临着前所未有的机遇和挑战，实施全球化品牌战略是提升中国企业核心竞争力、塑造中国国家形象、展示中华民族精神的必由之路。坚持诚信为本，创新为魂，是中国自主品牌永远都不能丢弃的法宝，是中国自主品牌走向世界的必由之路。

品牌金博奖是中国品牌传播联盟发起设立的品牌奖项。用以表彰和鼓励在品牌创新、品牌贡献、品牌传播、品牌公益等方面做出卓越贡献的人物、明星、城市、媒体和企业。本届品牌金博奖将分为公益品牌奖、企业奖、人物奖、媒体奖、明星奖与城市奖等。

2. 会议名称： 亚洲品牌年会

会议时间： 2013 年 1 月 25 日

会议地点： 北京

会议纪要： 2013 年 1 月 25 日，以"提升危机下的亚洲品牌竞争力"为主题的 2012 亚洲品牌年会暨中国品牌年度总评榜颁奖典礼在北京举行。此次活动由亚洲品牌协会、《环球时报》社、国家发展改革委中国经济导报社特联合主办。活动旨在加快亚洲国家及地区间的品牌文化建设，促进亚洲品牌的自主创新，提高亚洲品牌的国际竞争力，为亚洲经济全面发展做出贡献。

世界品牌研究专家和亚洲优秀企业家们在年会上分享对品牌的认识和理解，探讨品牌发展的责任和挑战。年会还发布了2012亚洲品牌成长100强和中国品牌100强两个综合榜单，以及品牌类、人物类等多项大奖。本届年会还举办了新闻发布会、2012亚洲品牌年会高端论坛等活动。

3. 会议名称：中国广告与品牌大会

会议时间：2013年3月22日

会议地点：苏州

会议纪要：2013年中国广告与品牌大会于2013年3月22日在江苏举行。本次大会由中国广告杂志社与上海市广告协会主办，由中国广告协会指导，中央电视台、苏州广告协会、苏州商标协会、苏州金枫创业投资有限公司协办，由中国广告杂志社与苏州金枫广告产业园共同承办。

本届大会的主题是"眼界决定世界"，论坛共分七大板块。大会上，30余位业界领袖和创意高手担任演讲嘉宾，与500余位参会嘉宾，以"创意无界"为主题，在"公益新传播"、"全球创意热店巡礼"、"设计新思维"、"明星营销新边界"、"新数字营销"、"创意园区的可持续发展"等几大板块中，为业界奉献了一场思想与灵感的盛宴。

4. 会议名称：全球品牌峰会

会议时间：2013年7月17日

会议地点：深圳

会议纪要：2013年7月17日，全球品牌峰会暨中国最佳全球品牌颁奖典礼在深圳盛大开幕。全球品牌峰会由财经媒体《21世纪经济报道》、中山大学管理学院、美国密歇根大学Ross商学院共同发起主办，旨在聚焦中国顶尖企业强势品牌，将最前沿的研究成果与企业最佳实践深度对接，共同探讨中国企业创建全球品牌的战略、战术和方法，成为"中国创建全球知名品牌的策源地"。

峰会就全球资本运作下的自主品牌价值增长、中国品牌海外形象打造、中国食品企业国际化、中国品牌国际化资源拓展等话题进行了深入探讨，活动同时得到了深圳贸促会、深圳品牌促进会和美通社的鼎力支持。商务部研究院研究员、新世纪跨国公司研究所所长王志乐先生，澳大利亚驻广州总领事馆商务处商务领事刘初阳女士与吉利、双汇、TCL、复星、中国国际海运集装箱集团等企业高管以及来自加拿大曼尼托尼大学、丹麦哥本哈根大学、清华大学、中山大学的数位学者围绕着"从参与到引领——全球品牌映像，中国最佳实践"这一主题，以主题演讲、专场对话的形式来进行深入探讨，现场解读。

5. 会议名称：品牌中国高峰论坛

会议时间：2013年8月9日

会议地点：北京

会议纪要：2013年8月9日上午，2013品牌中国（营销）高峰论坛在北京举行，论坛主题为"大数据与微营销"。论坛由中国品牌管理研究中心主席王汉武主持，品牌联盟副主席、中国企业联合会执行副会长冯并，微创新研究中心创始人、首席研究员金错刀，北京实友联盟企业管理有限公司董事长石岩，亚太第一卫视传媒集团首席运营官高强，天极传媒集团 VP 祁争晖，奢尚品牌总经理李世春，深山老林企业管理咨询有限公司董事长邱道勇，慈铭体检集团首席品牌官郭征等出席了论坛。

随着移动互联网和信息时代的来临，"大数据"已经深入到商业、经济及其他领域，并深刻影响着人们的生活。尤其是微博、微信的兴起，为企业实现个性化、针对性的品牌营销提供了难得的历史机遇。然而，在大数据时代实现淘金也并非易事，需要借助各种品牌营销手段才能完成。

论坛分为"大数据与微营销"主题演讲和"微时代的生存与发展"高峰对话两部分。微创新研究中心创始人金错刀将小米手机和诺基亚手机在这四年的变化进行了对比，他认为过剩经济学、互联网的颠覆、移动的大颠覆这些都是中国市场的"灭顶之灾"，而这一切的幕后黑手就是"微创新"。品牌联盟副主席冯并认为，应把握市场新的营销模式，扬长避短，把有用的、有效的、优质的产品卖得更好，同时在网络营销、电子商务中树立一种品牌。北京实友董事长石岩认为，这个世界是需要交流的，需要接触的。做好营销，审美能力很重要，远离浮躁，但不是通过手机，不是通过平面设计，而是通过人与人之间的真情来达成的。

据悉，在第七届中国品牌节期间，还举行了酒业、乳业、危机公关、文化艺术、环境保护、NGO 品牌管理、品牌经理人、企业社会责任等平行分论坛，深入探讨中国品牌的梦想与尊严。

6. 会议名称：中国国际金融品牌论坛

会议时间：2013 年 9 月 4 日

会议地点：上海

会议纪要：2013 中国国际金融品牌论坛于 2013 年 9 月 4～6 日在上海隆重举办。本届论坛由中国国际金融组委会主办，招商银行、阳光保险集团、国泰君安证券、《中国经营报》联合主办。招商银行副行长丁伟、国泰君安董事长万建华、兴业银行行长李仁杰、阳光保险集团副总裁胡颖、邮储银行副行长曲家文等知名金融机构的高管出席了论坛，与著名学者、媒体人士就论坛主题"数字金融时代的机遇与挑战"展开深入讨论，为近 300 名与会人员奉献了一场金融品牌的思想盛宴。

随着数字信息技术的发展及其在金融领域的进一步深入，互联网金融日益升温，金融业正经历深刻变革。本届论坛聚焦于数字金融时代的热点，力求通过与会嘉宾的集思广益，深度探讨在信息技术嫁接金融乃至引领金融发展的大趋势下，如何实现金融业务创新，如何管理品牌声誉等重要问题，促进金融业品牌建设的整体大发展。

开幕式上，招商银行副行长丁伟就数字时代商业银行呈现出的新热点，提出了数字时代的大背景下推进品牌管理与创新的策略及方向。国泰君安证券董事长万建华以"互联网金融的兴起与展望"为题发表了精彩的主旨演讲。之后兴业银行行长李仁杰、阳光保险集团副总裁胡颖、邮储银行副行长曲家文分别从金融服务改进、互联网与传统金融的冲突与融合、商业银行创新发展的角度对数字金融时代进行了解读，阐释了金融业面临的机遇与挑战。中央电视台广告经营中心市场部副主任佘贤君和腾讯网络媒体事业群广告客户部总经理栾娜则以媒体的视角，描绘了数字化时代的传播特点，并以此为背景指出了金融业品牌建设的发展方向。

7. 会议名称：中国旅游品牌论坛

会议时间：2013 年 9 月 17 日

会议地点：长白山

会议纪要：2013 年 9 月 17 日，"2013 中国旅游品牌论坛"在长白山隆重召开。本届论坛由《华夏时报》、北京巅峰智业旅游文化创意股份有限公司、旅游与酒店杂志、德安杰环球顾问集团联合主办，江淮汽车特别赞助。论坛以"大数据时代的旅游品牌创新"为主题，解读大数据时代背景下中国旅游品牌营销的成功经验，分享万达旅游投资和经营发展模式，吸引了来自地方旅游部门、旅游及衍生企业、旅游行业媒体等单位的 100 余位负责人莅临现场，以权威观点、专业解读，探讨中国旅游品牌的成长与发展。

会上，万达文化产业集团副总裁莫跃明表示，即将在 2013 年 10 月 1 日施行的旅游法，将会给中国的旅游发展带来巨大的机遇和挑战，也是中国旅游业转型的一个重要的契机。《华夏时报》总编辑水皮先生以"新时代背景下的中国旅游品牌传播"为题进行演讲。山东省旅游局局长于冲以"期待旅游地产业大发展时代的到来"为题发表演讲，他认为：第一，旅游业作为大产业，需要大企业支撑；第二，大企业进入休闲度假市场恰逢其时；第三，旅游地产大发展需要整合提升。德安杰环球顾问集团总裁贾云峰在演讲中指出，旅游策划必然是多种文化的交叉点、第一文化的爆发点、某一产业的突破点，三点融合，而中国空间营销未来趋势为文化化、故事化、国际化、时尚化；要"以人为本"进行旅游营销，以人突破万达空间。著名旅游规划专家刘锋的演讲题目为"创新规划提升区域旅游品牌价值"。他认为，做中国的旅游品牌除宣传推广外，更要注重提升区域旅游品牌的价值，这样才能够做到可持续发展。在圆桌对话环节中，北京巅峰智业旅游文化创意股份有限公司总裁蒋骏认为，在品牌提升方面，旅游首先是产品，其次才是品牌。在旅游品牌打造过程中，将前期的旅游产业和区域规划全部协调起来，才能让整个区域得到更好的发展。最后，其他业界知名专家、企业家围绕着主题也发表了他们的精彩观点。

8. 会议名称：中国国际品牌农业发展大会

会议时间：2013 年 10 月 12 日

会议地点：北京

会议纪要："2013 中国国际品牌农业发展大会"于 2013 年 10 月 12～13 日在北京举行。农业部牛盾副部长出席会议并致辞，农业部党组成员、驻部纪检组组长、中国优质农产品开发服务协会会长朱保成做了题为"为实现中国农业品牌梦而努力奋斗"的主旨演讲，农业部原党组成员、中国农产品市场协会会长张玉香主持了会议开幕式。

"2013 中国国际品牌农业发展大会"是由中国优质农产品开发服务协会、中国绿色食品协会、中国农产品市场协会、中国农业产业化龙头企业协会、中国国际贸易促进委员会农业行业分会、中国水产学会、中国畜牧业协会、中国农业展览协会八家协（学）会联合主办的。会议在总结"2012 中国农业品牌发展推进会"以来农业品牌建设经验的同时，围绕"品牌之道：挖掘价值，探索途径"的主题，探讨国际品牌农业发展理念及趋势，学习借鉴国际先进经验，开阔中国农业品牌发展的国际视野，探索实现中国农业品牌梦的途径及策略。

会上，联合国粮农组织驻华代表处代表助理张中军，云南省副省长沈培平，柴姆（Chime）公关集团总监、哈佛公共关系学院创始人西蒙·琼斯，台湾植物病理学会理事长、原台湾大学农学院院长吴文希等嘉宾做了精彩演讲。来自地方政府部门和行业协会的领导、专家、企业家等，围绕农业品牌建设等做了交流发言。

会议还设置了"云南高原特色农业"、"品牌的营销时代"、"中国优质农产品信任系统及智慧电子商务平台助推品牌农业发展"、"品牌价值与资本市场"等专题进行研讨交流、互动对话，组织了社会工商资本与品牌农业发展项目的对接，并为"2012 最具影响力中国农产品区域公用品牌"进行了授牌。

来自 13 个国家和地区以及国际组织的代表，农业部有关司局和单位负责同志，有关地方政府部门的领导、农业品牌方面的专家、企业界的代表等共 200 多人参加会议。

9. 会议名称：中国国际旅游品牌营销研讨会

会议时间：2013 年 10 月 23 日

会议地点：昆明

会议纪要：2013 年 10 月 23 日下午，由中国国家旅游局和中央电视台主办，亚太旅游协会支持，云南省旅游发展委员会、中央电视台广告经营管理中心和北京兴旅国际传媒有限公司共同承办的"第五届中国国际旅游品牌营销研讨会"在昆明举行。参加本届国际旅交会的海内外参展商代表和媒体代表等约 150 人出席了本次研讨会。国家旅游局副局长杜江、中央电视台副总编辑程宏出席研讨会并致辞。

作为旅交会的重要配套活动，中国旅游品牌营销研讨会自 2011 年创办以来，已成功举办四届。本届研讨会立足当下社会热点，以"汇聚品牌力量，营销美丽中国"为主题，围绕旅游品牌传播、目的地营销等方面的新趋势和热点问题进行积极探索。

主题发言阶段，围绕全球化背景下的国家旅游品牌建设，云南省旅游发展委员会主任段跃庆从"七彩云南，旅游天堂"品牌推广实践入手，与嘉宾分享了国际旅游目的地品牌营销经验；亚太旅游协会总裁特别顾问张科德，从全球的角度，结合全球经典案例为我们阐述了国家旅游品牌建设的途径与方式；北京大学旅游规划与研究中心主任吴必虎，从旅游发展趋势的角度结合自己的学术研究与实践同与会者分享了美丽中国国家品牌与分省品牌建设方面的心得与体会；中央电视台广告经营管理中心市场部副主任佘贤君作为中央级媒体的代表，重点结合央视的成功案例，从消费心理与广告传播的角度为业界的旅游品牌建设提出了建设性的意见；央视市场研究股份有限公司副总裁田涛则从第三方的监测角度，同与会者探讨了大数据时代的旅游品牌传播与推广。本届研讨会的专题讨论部分，以福建旅游品牌推广实践为案例，对传统媒体与网络媒体竞合发展趋势下的旅游目的地营销变革进行了深入研讨。

本届研讨会的亮点之一，是备受关注的调研报告发布。BBC 大中华区总监 Katy Xu 发布了《中国旅游目的地的全球认知——以高端长途旅行者为例》调研报告，对国际长途旅游的消费特征进行了剖析；全球最大旅游评论网站 TripAdvisor 亚太区目的地旅游总监 Sarah Mathews 发布了《如何将中国打造成全球独特旅游目的地——2013 年 TA 全球旅游者中国游调查报告》，分享了国际自助游客对中国旅游目的地的看法与认知，为业界更好地利用国际媒体与社交网站进行旅游目的地营销提供了宝贵借鉴。

10. 会议名称：中国品牌价值管理论坛

会议时间：2013 年 10 月 23 日

会议地点：上海

会议纪要：2013 年 10 月 23 日，由商业报纸媒体《21 世纪经济报道》和品牌咨询集团 Interbrand 共同举办的"第十届中国品牌价值管理论坛暨 2013 中国最佳品牌建设案例评选"颁奖典礼在上海隆重召开。

巴斯夫全球高级副总裁关志华，上海家化副总经理方骅，西门子中国有限公司副总裁许国祯，资深国际品牌经理人、前 BOTTEGA VENETA 葆蝶家中国区总裁高峰，王品集团大陆事业群董事主席陈正辉，九龙仓中国置业有限公司助理董事邵永官，银泰商业集团总裁助理、营销企业部总经理程泳江，红星美凯龙家居集团股份有限公司副总裁詹慧川，著名演员黄海波，宜信公司高级副总裁吕海燕，科勒投资有限公司市场部副总裁李泓，歌莉娅中国电子商务总经理刘世超等优秀企业家和《罗辑思维》创作人罗振宇，《21 世纪商业评论》发行人吴伯凡以及来自清华、复旦等的多位专家学者齐聚一堂，就"From Big to Strong——从大到强"的论坛主题进行热烈讨论。论坛分主题演讲、领袖圆桌、分论坛三个部分对主题进行深入剖析，现场解读。

当天晚上还同步揭晓了 2013 年"中国最佳品牌建设案例"奖、"中国最佳国际品牌建设案例"奖、"中国最佳品牌建设案例"优秀奖、最佳广告片奖、"品牌·十年"卓越贡献人物奖等系列奖项，可口可乐、三星、联想、夏普、海尔、歌莉娅、上海家化、太平洋保险、浦发银行等 38 家企业榜上有名。

11. 会议名称：中国品牌领袖峰会

会议时间：2013 年 11 月 23 日

会议地点：北京

会议纪要：2013 年 11 月 23 日，以"中国'品牌梦'的现实和跨越"为主题的 2013 年（第二届）中国品牌领袖峰会暨 2013 年 C‒BPI（中国品牌力指数）行业第一品牌颁奖盛典在北京国家会议中心举行。本次峰会是由工业与信息技术部支持，工业与信息技术部科技司、消费品司、电子司指导的连续性国家级品牌盛会。

逾 500 位与会嘉宾深度解析了中共十八届三中全会后，中国市场发展和政策变化大势，分享品牌成功经验，共同探讨新时期下中国"品牌梦"崛起的战略性机遇和精准营销的实战方法，从而为企业品牌建设及企业参与竞争提供支持与帮助，促进中国品牌健康、快速发展。受邀出席的企业家代表展望了未来十年的发展宏图。在《商业文化》杂志主编于镁的主持下，三星电子大中华区首席市场官晏昆、强生（中国）有限公司总经理周敏涛、浩沙集团总裁施鸿雁以及活跃传媒集团董事长兼 CEO 张博涵围绕下一个十年的品牌之路、市场环境、品牌格局等内容展开对话讨论。

据悉，行业第一品牌的数据基础为 C - BPI（China Brand Power Index）中国品牌力指数，工业与信息技术部品牌研究中心负责的该指数研究旨在每年公布相关行业的以知名度和忠诚度构成的 Brand Power 调查结果，以便企业确定自己的位置，寻找改善品牌力量的方向，成为企业加强竞争力、进行战略性品牌管理的基础性参考指标。企业可以通过分析本次调查结果寻找其品牌的相对优势，比较分析相关品牌的指数，从而有助于建立品牌战略管理系统，以增强其品牌力量。2013 年中国企业品牌研究中心共访问了中国 30 个城市的 135000 个样本，调查行业总量达到 170 个，涵盖品牌 7600 个。

12. 会议名称：中国特产品牌发展大会

会议时间：2013 年 11 月 30 日

会议地点：北京

会议纪要："2013 中国特产品牌发展大会"于 2013 年 11 月 30 日在北京举行。来自国家农业部、国务院扶贫办、国家林业局、国家环保部、全国工商联、中国农业科学院、中国农业大学、人民日报社等单位的领导和专家，来自黑龙江省、山西省、江苏省、辽宁省、安徽省等十多个特产之乡的政府代表，以及来自全国各地的产业化龙头企业代表约200 余人参加了大会。

"2013 中国特产品牌发展大会"是由中国特产采购协会、中国药文化研究会联合主办，由联合国工业发展组织中国投资与技术促进处绿色产业专家委员会等单位协办。会议在总结近来各地特色产业经济发展及品牌建设经验的同时，以"品牌价值——合作共赢、探索发展"为主题，探讨特产品牌发展理念及趋势，学习交流先进经验，开阔中国特色产业经济发展的新视野，探索实现特色产业经济为贫困地区脱贫致富，以及丰富城市餐桌的途径及策略。

会上，国务院发展研究中心世界发展研究所研究员谢明干、国务院扶贫办政策法规司巡视员刘福合、国家农业部政策法规司原司长郭书田、中国农业大学教授李全宏、中国农业科学院教授陆庆光、和君资本总裁何劲松、安徽祁门红茶董事长王昶、云南文山州三七特产协会会长刁彪等嘉宾做了精彩演讲。来自地方政府部门和行业协会的领导、专家、企业家等，围绕特产品牌建设等做了交流发言。

会议还设置了"科研技术"、"品牌与资本"、"产品认证"服务台为参会单位就科研技术、品牌与资本、产品认证等问题研讨交流、互动对话，组织了社会工商资本与特产发展项目的对接。

13. 会议名称：中国国际品牌发展论坛

会议时间：2013 年 12 月 13 日

会议地点：北京

会议纪要：2013 年 12 月 13 日，由中国国际贸易促进委员会主办，中国认证认可协会协办的"2013 中国国际品牌发展论坛"在北京成功举办。大会主论坛以"中国自主品牌国际化"为主题，邀请国内外品牌建设方面的政府官员、专家学者、企业高管，就如何实施中国自主品牌战略，塑造中国品牌的良好形象，提升品牌的内在价值，推动中国品牌的国际化，促进更多中国自主品牌的涌现和崛起进行了探讨。来自政府部门、品牌企业、商协会组织、认证机构、研究机构、新闻媒体的 500 多名代表参加了论坛。

中国贸促会张伟副会长在致辞中表示，目前中国已经是世界第二大经济体，但国际知名的中国自主品牌仍非常少。中国自主品牌要实现崛起，走向国际化，除了必要的宣传推广外，还应提高产品质量、增强工艺技术上的发明革新，并拥有核心的发明创造。国家质检总局原副局长、中国品牌建设促进会刘平均理事长介绍了建立品牌评价国际标准体系的情况，以及中国制造业自主品牌价值评价结果。国家知识产权局保护协调司武晓明副司长介绍了我国政府实施知识产权战略、为企业营造健康有序和公平开放的市场环境和创新环境所做的工作。

在论坛上，华通明略公司的谭北平表示，中国品牌最欠缺的就是差异化，应以本土化的姿态、用情感和差异化来吸引消费者。未来品牌公司 Nick Henderson 认为，品牌应由个性、承诺和信誉三大信息构成，品牌要创造可持续的价值。Retail Pro 公司的傅瑜从国际公司在华品牌运作的经验解读了中国自主品牌如何进行国际化运营。罗德公关的赵元恒认为，产品和服务的功能、可靠性和时尚性，以及品牌认知度是打造成功品牌的三要素，同时通过资源目标的全方位整合，实现品牌体验的效果的最大化。

大会还同期举办了"中国国际服务品牌发展论坛"和"中国制造品牌发展论坛"两场分论坛。来自认证认可协会的 20 多个会员单位 40 多名代表参加了论坛。

第二节　品牌管理学学科国内重大事件

2011 年

1. 事件名称：中国国家形象宣传片发布

事件时间：2011 年 1 月 17 日

事件简介：中国形象宣传片是由国务院新闻办公室发起，并委托该公司制作的一部国家形象宣传片，旨在塑造和提升中国繁荣发展、民主进步、文明开放、和平和谐的国家形象。面向世界观众，播放中国的国家形象，是在新时期探索对外传播新形式的一次有益尝试。自北京 2008 年奥运会以来，中国展示"软实力"的工作开始加强。而国家形象广告也成为展现"软实力"的另一渠道。

该片共分为两个部分：一部分是 30 秒长度的电视宣传片，由 50 多位中国各界名人来诠释中国形象，包括袁隆平、姚明、杨利伟、宋祖英、谭盾等；另一部分是 15 分钟长度的短纪录片，用于外事活动展示。2011 年 1 月 12 日，国家形象宣传片的人物篇制作完成，1 月 17 日亮相纽约时报广场。

2. 事件名称：郭美美炫富殃及红十字会

事件时间：2011 年 6 月

事件简介：2011 年 6 月 21 日，微博用户"郭美美 Baby"备受网友关注，这个自爆"住大别墅，开玛莎拉蒂"的 20 岁女孩，其认证身份却是"中国红十字会商业总经理"。网友对其真实身份也猜测万分，更有网友认为她就是中国红十字会副会长郭长江的女儿，由此引发网友对中国红十字会的热议和质疑。

6 月 22 日，中国红十字会称"郭美美"与红十字会无关，新浪也对实名认证有误一事致歉。北京警方也对郭美美事件正式立案，通报结果为郭美美及其母亲与中国红十字总会无直接关联，其认证的"中国红十字会商业总经理"身份属自行杜撰。然而，舆论浪潮早已一发不可收拾，红十字会深陷信誉危机。

此次中国红十字会的信誉危机并非偶然，郭美美无疑只是一条导火索而已。红十字会作为公益组织，财务信息如何公开、透明，在一定程度上拷问着中国公益的公信力。

3. 事件名称：2011 胡润品牌榜发布

事件时间：2011 年 6 月 29 日

事件简介：胡润研究院于 2011 年 6 月 29 日发布《2011 胡润品牌榜》。榜单中，工商银行以 2820 亿元的品牌价值成为"中国最有价值的品牌"。中国移动屈居第二，其品牌价值五年来起伏很大，2011 年还比 2007 年略低，2011 年是 2730 亿元，2007 年为 2840 亿元。建设银行以 2320 亿元的品牌价值位列第三。

有 42 个民营品牌进入 100 个中国最有价值的品牌之列。其中，百度品牌价值翻了两番，以 1580 亿元首次成为"中国最有价值的民营品牌"，并在全国品牌中排名第四，超过了中国银行。去年的民营冠军腾讯 QQ 今年在民营品牌中退居第二，在全国品牌中排名第七，比去年上升了四位，品牌价值比去年上升了 65%，达到 760 亿元。

2011 年的胡润品牌榜上，房地产、金融、烟酒、服装和信息服务业诞生了 60% 中国最有价值的品牌，其中房地产品牌上榜数量仍然最多。

此外，新浪、新东方、人人网、如家等 21 个品牌新上榜，其中有 11 个是民营品牌。而北京银行、深发展、方正等九个品牌则未达门槛落榜。

4. 事件名称：达芬奇造假门事件

事件时间：2011 年 7 月

事件简介：2011 年 7 月 10 日，央视播出《达芬奇天价家具"洋品牌"身份被指造假》，在社会上引起极大关注。据报道，达芬奇家具是家具高端品牌，以价格昂贵著称。一张单人床能卖到十多万元，一套沙发能卖到 30 多万元。对如此天价家具，达芬奇销售人员说，这是因为他们所售家具是 100% 意大利生产的"国际超级品牌"，使用的原料是没有污染的"天然的高品质原料"。

然而，经调查发现，达芬奇公司销售的这些天价家具相当一部分不是产自意大利而是广东东莞，所用原料不是达芬奇公司宣称的名贵实木而是高分子树脂材料。上海市工商局介入调查并发布公告：初步发现并认定达芬奇家居公司主要有三大问题：一是涉嫌虚假宣传。达芬奇公司在宣传时使用了诸如最大、顶级品牌、最高等绝对用语。二是部分家具产品被判定不合格。三是大部分家具产品标志不规范，没有标明出产地和材质，按照国家相关规定，应该标明具体使用什么材质。

达芬奇家具假冒"洋品牌"和欺骗消费者的行为，性质极其恶劣，不仅使公司失去信誉，更失去了消费者的心。事发后，甚至出现消费者退货堵门的事情。达芬奇家具事件确实令人发指。

5. 事件名称：关于加快我国工业企业品牌建设的指导意见

事件时间：2011 年 7 月 22 日

事件简介：2011 年 7 月 22 日，工业和信息技术部、国家发展与改革规划委员会等六部门以工信部联科〔2011〕347 号印发《关于加快我国工业企业品牌建设的指导意见》。该《意见》有加快我国工业企业品牌建设的重要意义，指导思想、总体目标和基本原则，主要任务和工作内容，工作要求四部分。《意见》指出，加快我国工业企业品牌建设，是促进经济结构调整、转变发展方式，走中国特色新型工业化道路的必然要求；是坚持扩大内需战略，释放消费潜力，增强国际竞争力的客观需要；是推动工业创新发展，促进科技成果向现实生产力转化的重要抓手；是树立和维护质量信誉，打造"中国制造"国际形象和影响力的坚实基础。总体目标是：到 2015 年，中国工业企业创新能力和品牌培育能力显著增强，工业企业品牌成长的市场环境明显改善。50% 以上大中型工业企业制定并实施品牌战略，品牌产品市场占有率和品牌附加值显著提高。重点培育一批具有国际影响力的自主品牌。基本原则是：坚持以企业为主体，发挥企业在品牌建设中的主体作用；坚持突出质量、技术、创新在品牌建设中的核心作用，加大工业产品知识产权的创造、运用、保护和管理力度，鼓励推广具有自主知识产权的技术标准；坚持以市场为导向，通过市场竞争、优胜劣汰，培育拥有较高知名度和美誉度的工业品牌；坚持政策引导，通过政策扶持、规范市场和加强公共服务体系建设，积极探索我国工业企业品牌发展道路。

6. 事件名称：中国十大品牌城市揭晓

事件时间：2011 年 8 月 9 日

事件简介：2011 年 8 月 9 日，第五届中国品牌节电视颁奖晚会在北京隆重举行，晚会现场揭晓了 2011 年度"中国十大品牌城市"的名单，青岛、深圳、苏州、大连、泉州、西安、无锡、长沙、佛山、北京市东城区分别获得"2011 中国十大品牌城市"称号。

据悉，品牌城市总评榜是品牌中国总评榜的重要组成部分，2011 年是第三次评选。城市总评榜评选对象是副省级城市、计划单列市、地级市或直辖市下辖的行政区，特别优秀的县级市将授予特别奖。此次评选权重为：网络投票 15%，短信投票 35%，专家评审 50%。

本届"中国十大品牌城市"依据"品牌集群"、"城市品牌影响力"、"城市品牌创新力"、"品牌投资与生存环境"等多个指标，并邀请城市品牌专家、著名经济学家、知名企业家、传媒领袖等有关方面权威人士组成专家评审团，负责评审工作。

"品牌中国总评榜"是中国品牌节最为重要的品牌调研推介活动，每届中国品牌节宣传推广期间，组委会在全国范围内开展"品牌中国总评榜"评选活动。"品牌中国总评榜"已成功举办四届。

7. 事件名称：第六届亚洲品牌盛典

事件时间：2011 年 9 月 9 日

事件简介：2011 年 9 月 9 日，第六届亚洲品牌盛典在香港会议展览中心隆重举行。该盛典活动是亚洲品牌界的年度盛宴，每年举办一届，已成功举办五届，以诠释亚洲品牌价值、交流亚洲品牌理念、塑造亚洲品牌国际形象为主要目的。本次盛典以"品牌决胜未来"为宗旨，由亚洲品牌协会、香港文汇报社、环球时报社和中日韩经济发展协会联合主办。

9 日，大会举办了新闻发布会、第六届亚洲品牌战略国际论坛等活动。晚上，亚洲品牌颁奖典礼和第六届亚洲品牌小姐大赛总决赛等活动在会展中心举行，本届盛典备受关注的 15 项大奖获奖名单、2011 亚洲品牌 500 强排行榜等也隆重揭晓。

8. 事件名称：品牌中国年度人物系列活动

事件时间：2011 年 12 月 17 日

事件简介：2011 年 12 月 21 日，为期四天的 2011 品牌中国年度人物系列活动在北京圆满落幕。活动由中国国际商会和品牌中国产业联盟联合主办，包括品牌中国六周年暨 2011 品牌中国年度人物贵宾"梦想"主题酒会、第十三届品牌中国高峰论坛、2011 品牌中国（区域品牌推广）高峰论坛、2011 品牌中国年度人物颁奖盛典、煮酒论英雄暨 2011 品牌中国理事会员联谊会、2011 品牌中国（地板行业）品牌经理人 VIP 圆桌论坛、2011 品牌中国行业年度人物颁奖典礼、品牌中国（服装）专业委员会授牌仪式、2011 品牌中国第九届渠道大会等丰富多彩的活动。政府领导、企业家、品牌专家、品牌经理人、媒体代表等千余人出席了此次活动。

2012 年

1. 事件名称：2011 年度全球最佳品牌 100 强排行榜发布

事件时间：2012 年 1 月

事件简介：品牌价值评估机构 Interbrand 最新的 2011 年度全球最佳品牌排名报告出炉。2011 年榜单中，可口可乐仍排名第一，品牌价值为 718.6 亿美元。第二位、第三位分别为 IBM 和微软，品牌价值分别为 699.1 亿美元和 590.9 亿美元。除苹果接替诺基亚进入前 10 之外，2011 年榜单的前 10 名与 2010 年相比没有任何变化。前 20 名中的科技公司还包括谷歌、英特尔、苹果、惠普、思科、诺基亚、三星和甲骨文。

在报告中，苹果公司的品牌价值较去年同比增长了 58%，总价值为 334.9 亿美元。在品牌价值上升度中，苹果成为增长率第一、排名增长第二的品牌。推出低价平板电脑，对苹果造成威胁的亚马逊，则是排名上升最多的品牌，从第36名上升至第26名，品牌价值127.5亿美元，增长32%。谷歌的品牌价值也同比增长了27%。台湾之光HTC首度挤进百大排行榜之中，以36亿美元品牌价值名列第98位。

品牌价值下降最多的公司是诺基亚，2010年排名第八的诺基亚此次跌出前10，位居第14，品牌价值为250.7亿美元，同比下降15%。其他品牌价值有显著下降的是任天堂和索尼，分别同比下降14%和13%。微软是前10名中唯一品牌价值同比下降的品牌，降幅为3%。

2011年智能手机厂商的品牌价值排名有升有降。其中，除了苹果从第17上升至第八外，三星的品牌价值从第19上升至第17。面临困境的诺基亚和RIM均表现不佳。诺基亚品牌价值从第八下降至第14，黑莓从第54下降至第56。而另一家遭遇动荡的互联网公司雅虎品牌价值从第66下降至第76。

奢侈品方面，路易威登虽然下跌两级，但仍然以第18名名列前20强。古奇、爱马仕、卡地亚、蒂芙尼上升位数则分别为五位、三位和七位，排名分别至第39位、第70位和第77位。阿玛尼上升至第93位，紧随其后的是排名第95位的巴宝莉。在服装行业方面，H&M、ZARA和GAP三巨头分别名列第21位、第44位和第84位。西班牙ZARA品牌是三者之中唯一排名上升的，美国GAP和瑞典H&M则保持原位不动。护肤化妆品牌同样不少入围，其中吉列下降至第16位，欧莱雅则上升至第40位。高露洁和妮维雅则保持原来第51位和第87位，雅芳则下降至第65位。按国家来看，在全球前100大品牌中，美国品牌占63%。德国、日本和法国品牌分别占9%、7%和5%，排名第二位至第四位。

2. 事件名称：《商业企业品牌评价与企业文化建设指南》正式实施

事件时间：2012年2月1日

事件简介：2011年12月31日，国家质检总局、国家标准委颁布了中国第一部品牌评价国家标准《商业企业品牌评价与企业文化建设指南》。该标准于2012年2月1日起实施。

《商业企业品牌评价与企业文化建设指南》的核心内容为商业企业品牌评价指标和分值，满分为1000分，共分为能力、品质、声誉、企业文化、影响五个一级指标，以及品牌规划、品牌管理、保障机制、企业品质、商品质量、服务质量、品牌知名度、品牌美誉度、品牌忠诚度、社会责任、诚信、精神信念、宣传推广、顾客感知、业界交流、行业影响、社会影响17个二级指标。评价结果的等级有四级，依次为：950分以上，五星品牌；900分以上，四星品牌；800分以上，三星品牌；700分以上，二星品牌。国标的出台对促进各行业企业积极部署企业品牌与企业文化建设，推动全社会经济增长产生了重大影响。

该标准研究、立项、起草、审定前后经历了10余年，可谓十年磨一剑。该标准评价的范围是"大商业"范围，包含了企业从生产到流通的全过程，既可作为企业内部的自我评价，又可由有资质的第三方机构开展评价。

3. 事件名称： 优酷与土豆合并

事件时间： 2012 年 3 月 12 日

事件简介： 2012 年 3 月 12 日下午，优酷网和土豆网对外宣布以 100% 换股的方式合并。其中，优酷方面将占到新公司 71.5% 的股份。随着网络视频行业竞争的加剧，单一的广告盈利模式和高昂的版权费用已经无法维持企业生存。让市场回归理性，给用户更多的便利和体验，是视频行业的大势所趋。优酷和土豆合并，让网络视频行业的竞争格局更加清晰，并成为该行业的"巨无霸"品牌，或将对整个行业整合提供参考。合并之后优酷和土豆将保留各自的品牌，并秉承差异化发展战略，两个平台的侧重点也有所不同，这也符合了视频网站行业差异化的竞争的发展趋势。

4. 事件名称： 广药集团收回"王老吉"商标归属权

事件时间： 2012 年 5 月 9 日

事件简介： 2012 年 5 月 9 日，持续一年多的王老吉归属之争终于水落石出，中国国际经济贸易仲裁委员会做出裁决，鸿道（集团）有限公司停止使用"王老吉"商标，广药集团最终胜出。不过，一纸判决书并没有使双方消停下来，加多宝的上诉，广药指责"75 亿非法收入"，不管是商业技巧还是商标归属权争夺，结果只能是"鹬蚌相争，渔翁得利"。在可口可乐、百事可乐等跨国巨头竞争中成长起来的王老吉创造了一个品牌神话，如今，这个神话正被内耗掉。而王老吉后代认为，市场上王老吉被用于生产许多其他的品类，违背了专注做凉茶的祖训，也极大地稀释了王老吉的品牌价值。

5. 事件名称： 第六届中国品牌节

事件时间： 2012 年 8 月 8 日

事件简介： 2012 年 8 月 8 日，第六届中国品牌节在北京人民大会堂隆重开幕，本届主题为"转型与驱动"。十届全国人大常委会副委员长、品牌中国产业联盟名誉主席顾秀莲出席发表重要讲话并宣布品牌节开幕。在开幕式上，2012 品牌中国华谱奖隆重揭晓，全国政协经济委员会副主任、中国商业联合会会长、品牌中国产业联盟副主席、商务部原副部长张志刚宣读了获奖名单。

作为第六届中国品牌节的重要活动，第十四届品牌中国高峰论坛同期举办，来自政府、企业、中介机构、媒体的众多嘉宾齐聚一堂，分别以"转型与驱动"、"品牌转型中的取与舍"、"寻找自主品牌驱动力"、"竞合与共赢，探寻品牌正能量"为话题展开演讲和对话，并同期举行了世界 500 强对话中国自主品牌、品牌中国对话达沃斯论坛、中国品牌经理人高峰论坛以及区域、泛家居、服装、酒业、创新、青年、微电影等平行分论坛，深入探讨中国品牌的转型与驱动。

6. 事件名称： 央视网国标频道上线

事件时间： 2012 年 9 月 6 日

事件简介： 2012 年 9 月 6 日，央视网国标频道正式上线。央视网国标频道是央视网品牌评价与售后服务体系宣传平台，是全国唯一一个以宣传品牌评价与售后服务体系为主旨的国家级网媒频道。平台以汇总宣传各类国标资讯，解读国家政策、法律法规为己任，利用央视网海量空间，为企业提供一个国标认证服务的宣传、交流、申报的互动平台，宣传优秀企业，颂扬榜样力量，关注企业动态，聚焦民生热点，努力构建和谐社会、诚信社会。

国标频道设有"国家标准"、"产业标杆"、"行业标兵"、"品牌评价"、"城视在线"、"榜样会客厅"、"天下华商"、"诚信中国"、"品牌口碑库"等多个经典栏目。其中，"品牌口碑库"以图文并茂的方式呈现，致力于建设一个中国品牌的网络电子档案库。国家级中国企业品牌展示平台，通过运用互联网平台及数字化表现手段，将品牌的诞生、发展、现状、成就以时间轴的方式囊括其中，并编号归档入库。大力弘扬优秀民族企业品牌，使更多的企业通过口碑品牌相互了解与学习，不断提升自身企业的品牌信誉与品牌标准，着眼于未来商业的发展，创造良好的品牌市场竞争环境。

7. 事件名称：2012 年全球最佳品牌 100 强排行榜

事件时间：2012 年 10 月

事件简介：Interbrand 在纽约证券交易所发布 2012 年度"全球最佳品牌榜"。可口可乐、苹果和 IBM 位居品牌榜的前三名。可口可乐连续 13 年拔得头筹，而苹果凭借其产品去年在发达市场和新兴市场的热销而跃居第二名（品牌价值激增 129%）。社交媒体巨头 Facebook（第 69 位）在作为美国历史上第三大 IPO 成为头版头条后也走进了该报告。过去一年中，谷歌（第四位）的品牌价值增长了 26%，在 Interbrand 报告史上第一次超越了竞争对手微软（第五位）的品牌价值。

排行榜中，新入榜的品牌有帮宝适、Facebook、普拉达、起亚、拉夫·劳伦、万事达信用卡；上升最快的品牌是苹果、亚马逊、三星、日产、甲骨文。榜单中，科技品牌继续占据主导地位，前五名增长迅速的公司中有四个（三星、苹果、亚马逊和甲骨文）来自于科技品牌，因此科技品牌在近些年一直保持着强大的推动力。汽车品牌方面，汽车品牌正变得更加趋向于加强消费者与车之间的情感联系和沟通，这使得许多汽车制造商能够开发更有效的高科技方法来实现目标市场，并更好地帮助潜在买家来选择合适的汽车品牌。在奢侈品品牌方面，排行榜包括了七个奢侈品品牌：路易威登、古奇、爱马仕、卡地亚、蒂凡尼、巴宝莉和普拉达。尽管当前经济形势不太乐观，但在今年的榜单中，所有奢侈品品牌都增加了它们的品牌价值。作为奢侈品转变的意义，今年的顶级奢侈品品牌反映了全球意识的不断变化。它的成功不仅依赖于卓越的产品与顶级的服务品质相结合，还在于它是一个强大而有凝聚力的品牌。

2013 年

1. 事件名称：广东取消 142 个著名商标

事件时间：2013 年 3 月

事件简介：根据广东省工商局刚发布的一份通知，今年有 142 个广东的著名商标被取消。这是近年来广东省著名商标取消数量最多的一次，这些被取消的著名商标中，不乏大家耳熟能详的品牌。

近150个著名商标被取消，其中原因，各不相同。值得注意的是，这些著名商标当中，有103个著名商标根本就没有申请延续，比如很多人熟悉的步步高、大印象、雅倩等。从最早的"省优、部优、国优"，到现在的"中国驰名商标"，对于这种评定，质疑声不断。2009年"两会"上，有人大代表很直白地说：这些年许多闻所未闻的商标一夜"驰名"，几乎达到泛滥成灾的地步。

2. 事件名称：2012年度中国品牌发展报告发布

事件时间：2013年5月25日

事件简介：2013年5月25日，中国商业联合会、中国生产力学会、中国保护消费者基金会等机构联合主办了"售后服务与品牌"国标宣传一周年纪念大会，会上发布了《2012年度中国品牌发展报告》。该报告由中国商业联合会、中国人民大学信息分析研究中心每年发布一次。

报告全文分上、下两篇，约20万字。其核心内容是，通过对传统品牌的现代管理问题、本土品牌的国际拓展问题、线下品牌的上线之路问题、中外品牌的权利冲突问题、文化品牌的价值塑造问题、体育品牌的破困突围问题、授权品牌的资产管理问题、区域品牌的整合营销问题、国内品牌的海外维权问题、食品品牌的诚信补救问题十大品牌问题的分析，揭示了当今的商业竞争，已经从粗犷的产品竞争、资金竞争，发展到了更深入的企业软实力竞争，这种软实力的竞争既是企业文化的竞争，更是企业品牌的竞争。

编写"品牌发展年度报告"，着眼于国家"品牌强国"的战略方针，深入宣传我国第一部关于品牌评价的国家标准《商业企业品牌评价与企业文化建设指南》，为企业创建品牌、强化品牌提供理论和经验。

3. 事件名称："余额宝"横空出世，挑战传统金融

事件时间：2013年6月13日

事件简介：2013年6月13日，阿里巴巴正式上线余额宝业务，用户将支付宝中的资金存入余额宝，即可自动购买天弘基金旗下的天弘增利宝货币基金，获得4%~5%的年化收益率。与银行理财产品不同，余额宝的投资下限仅为1元，门槛极低，被视为草根阶层的理财神器。

"余额宝"上线之后仅用一个月的时间即突破百亿资产规模，年底更是越过千亿大关，线上碎片化金融理财凸显出巨大能量。除此之外，余额宝的爆发更是引发了社会公众对互联网金融的极大关注，它再也不是只有少数人知晓的专业词汇。在这样的背景下，传统金融界已明显感觉到危机四伏。

4. 事件名称：2013胡润品牌榜发布

事件时间：2013年7月22日

事件简介：2013年7月22日，胡润研究院发布了2013胡润品牌榜。200个最具价值中国品牌上榜，其中民营品牌数量最多，达到98个；国有品牌其次，有94个；另有8个外资控股的中国品牌上榜。中国移动以2510亿元的品牌价值再次蝉联"最具价值中国品

牌"榜首，工商银行及建设银行继续保持第二名、第三名，百度品牌价值比去年缩水28%，但仍以1060亿元蝉联"最具价值中国民营品牌"，腾讯QQ以880亿元的品牌价值保持民营品牌亚军地位，品牌价值比去年上升9%。

从地区分布看，北京、广东和上海上榜品牌仍然最多，分别有49个、37个和25个。与去年对比，各地区新的最具价值品牌有：浙江的淘宝、云南的玉溪、重庆的长安、吉林的修正、香港的加多宝、天津的天狮、海南的海南航空和黑龙江的哈尔滨。

从行业分布看，金融行业上榜品牌仍然最多，有33个；其次是房地产行业，有26个；酒类行业超过烟草和信息服务业排名第三，有19个。

马云是唯一一个创造了三个品牌登上胡润品牌榜的，分别是淘宝、天猫和支付宝。凡客诚品和绿城是品牌价值涨幅最大的上榜品牌，分别比2012年上升了三倍和两倍多。天狮和联想是最国际化的两大上榜品牌。

5. 事件名称：商标法大修，驰名商标禁止用于广告宣传

事件时间：2013年8月30日

事件简介：2013年8月30日，全国人大常委会通过了关于修改商标法的决定，明确规定禁止生产、经营者将"驰名商标"字样用于商品、商品包装或容器上，或者用于广告宣传、展览以及其他商业活动中。

对大多数人而言，"驰名商标"意味着对这个品牌的信赖，但正是因为如此，不少商家借用"驰名商标"对消费者进行诱导。由于对"驰名商标"的认证和查询等种种弊端的存在，导致其被部分不法商家利用，成为虚假宣传的一种手段。

近年来，我国商标注册量剧增，现行商标法一些内容逐渐不适应实际情况：商标注册程序比较烦琐，商标确权时间过长；驰名商标制度在实践中出现偏差；恶意抢注商标情况比较常见，商标代理活动不够规范，商标领域的不正当竞争现象比较严重；商标侵权尚未得到有效遏制，注册商标专用权保护有待加强等。

针对以上情况，这次对商标法的修改亮点有：①增加关于商标审查时限的规定；②完善商标注册异议制度；③厘清驰名商标保护制度；④加强商标专用权保护；⑤规范商标申请和使用行为，禁止抢注他人商标，维护公平竞争的市场秩序；⑥规范商标代理活动。

6. 事件名称：2013全球百大品牌榜

事件时间：2013年9月30日

事件简介：2013年9月30日，全球品牌咨询公司Interbrand发布了2013年全球百大品牌报告。报告中，苹果和谷歌公司领衔全球最有价值品牌。2012年的第一名可口可乐被挤到第三位，可口可乐最近10年来首次跌落最有价值品牌榜首位置。

Interbrand的CEO Frampton称，苹果坐上榜首位置是迟早的问题。2011年苹果的位置是第8位，2012年就已升至次席。苹果公司从产品生产到产品的气质，都在改变人们的生活。Frampton认为，尽管可口可乐无疑仍然是高效、杰出的品牌营销者，但其他的先进技术公司正在迎头赶上，成为营销界的典范。这与技术对我们生活的影响息息相关。技术改变了人们的各种行为：从购物到交流等各种生活方式。

7. 事件名称：《关于加强中央企业品牌建设的指导意见》

事件时间：2013 年 12 月 17 日

事件简介：为全面贯彻中共十八大、十八届三中全会精神，深入落实科学发展观，提高中央企业品牌建设水平，推动中央企业转型升级，实现做强做优中央企业、培育具有国际竞争力的世界一流企业的目标，国资委研究制定了《关于加强中央企业品牌建设的指导意见》。《意见》确认了品牌建设的目标，即到 2020 年末，涌现一批品牌战略明晰、品牌管理体系健全、品牌建设成果显著的企业；形成一批产品优质、服务上乘、具有广泛影响力的知名品牌；培育一批拥有自主知识产权和国际竞争力的自主品牌。

《意见》的主要内容包括以下四个部分：充分认识加强中央企业品牌建设的重要意义，中央企业加强品牌建设的指导思想、基本原则和主要目标，中央企业加强品牌建设的主要内容，中央企业加强品牌建设的主要措施。

第三节　品牌管理学学科国际会议

2011 年

1. 会议名称：区域品牌国际会议

会议时间：2011 年 1 月 20 ~ 22 日

会议地点：波哥大

英文名称：International Place Branding Conference

会议纪要：格奥尔格·齐美尔都市研究中心成员合力召开了城邦组织第二届区域品牌国际会议——区域识别的探究。会议于 2011 年 1 月 20 ~ 22 日在哥伦比亚的波哥大举行。学者、从业人员和城市代表之间在面对相似问题时往往有着不同的见解，该会议旨在促进这些人员之间的交流。基于此，会议采用了跨学科和国际化的视角，并提出了较完整的复杂性主题。在这三天内，来自世界各地的大约 100 名参与者基于跨国际和跨学科的区域品牌背景进行了理论、方法和实践过程的讨论。会议不仅进一步加深了对区域品牌的理解，更进一步展示了我们所正在做的事情。

会议之所以选择在波哥大举行是因为在过去的 10 年里，波哥大经历了巨大的改变，如今它已成为当今世界上无论是在文化上还是商业规模上都最具活力的城市之一。但通常情况下，一座城市形象的树立需要很长的时间。波哥大在此背景下迅速推出了新的城市营销策略，这对于本次会议来说是一个很好的案例。

2. 会议名称：中国酒店品牌建设国际论坛

会议时间：2011 年 5 月 31 日至 2011 年 6 月 2 日

会议地点：香港

英文名称：International forum on China Hotel Brand Development

会议纪要：本次会议由香港理工大学酒店及旅游管理学院组织和举办，第四届中国酒店品牌发展国际论坛已经在香港理工大学的教研会馆——唯港荟酒店成功拉开序幕。这种独特的论坛模式由香港理工大学于 2007 年开创，这也是其第一次在香港这座充满活力的城市展开。

论坛的建立在于抓住中国酒店行业快速扩张的机会。作为唯一的专门关注中国酒店品牌建设的年度论坛，它已经成功地为行业从业者和学者提供了一个互动的平台，与会者可以在这里分享经验和交换意见。论坛的主题为"新视野、新市场和品牌创新"。

论坛的主要议题包括：部分酒店行业高层领导的观点和建议；中国大陆、香港和澳门的酒店在 2011 年及以后的市场前景；新市场竞争环境下的酒店品牌建设和管理；多角度、多种方式的品牌创新；中国领先的国际和国内品牌的品牌经验和战略计划；品牌投资：为你的酒店找到"最好"的品牌；发展明日酒店业的未来领导力等。

3. 会议名称：消费者研究学会亚太会议

会议时间：2011 年 6 月 16~18 日

会议地点：北京

英文名称：Asia – Pacific Conference of the Association for Consumer Research

会议纪要：2011 年 6 月 16~18 日，2011 年消费者研究学会亚太会议在中国人民大学隆重召开。本次会议由消费者研究学会主办，中国人民大学商学院承办，会议的主题是"连接文化：概念和大陆"。

来自国内外营销学界及相关学科的近 170 名知名学者（其中 130 名来自海外高校）参加了这一学术盛会，共同探讨当前消费者研究领域的热点问题，分享最新的学术研究成果。本次会议录用的论文全部经过同行专家的严格匿名评审，具有相当高的学术水平和在国际一流期刊上发表的潜力。

消费者研究学会主席、伊利诺伊大学沙伦·沙维特教授为与会者做了主题为"东方与西方：消费者行为中的能力目标"的主题报告。具有丰富商业策划和运营管理经验、来自中国银河集团的杨博士做了题为"中国消费者行为的改变"的主题演讲。加拿大约克大学的拉塞尔·贝尔克教授做了题为"数码消费市场的魅力"的主题发言。香港中文大学副校长许敬文教授和与会学者分享了关于自身认知的最新研究成果。

同时，分论坛主要针对消费者的财务行为、消费者限制性选择、消费者创新、多文化视角下的广告、消费者情绪、消费者对多样性与独特性的追求、劝说与社会影响、消费者识别与谈判边界、亚洲的社会媒体、影响消费者评价的影响因素进行了圆桌讨论，并对如何进行消费者行为研究进行了反思。

4. 会议名称：品牌内部化和员工敬业度会议

会议时间：2011 年 10 月 17~18 日

会议地点：多伦多

英文名称：2nd Internal Branding & Employee Engagement Conference

会议纪要：本次会议讨论并进一步了解了业内的最佳实践，还针对加拿大以吸引劳动力为目的的组织整合区域趋势进行了探讨。与会者来自可口可乐、森科能源、Loblaw 公司、百思买、加拿大帝国商业银行、葛兰素史克制药、江森自控、加拿大宝马、宏利金融等公司。

会议的目的主要有：理解员工敬业度中的人口细分对于驱动更好的客户体验、增加收入、降低运营成本的重要性；利用社交媒体沟通渠道来提升内部沟通策略；在衰退后的沟通气氛中建设员工品牌；建立和维持一个员工敬业度驱动的高效、高性能的企业文化；转变易变的员工文化以适应数字商业和社会的需求；促使员工和领导参与指标评估以保持部门内高水平的参与投入度；建立各种员工或业务资源组以开发和分享想法进而对整个组织进行改进。

为了给参会代表和演讲者们营造良好的交流气氛，此次会议的目标人群主要是高管。因为我们不是一个供应商推动的发布会，聚焦于高层次人群有利于与会代表们与业内同行和发言者进行互动，形成业内网络。

5. 会议名称：文化创意产业与品牌城市国际论坛

会议时间：2011 年 11 月 13～14 日

会议地点：北京

英文名称：International Forum on Cultural and Creative Industries and Brand Cities

会议纪要：2011 年 11 月 13～14 日，以"文化科技融合与城市产业结构升级"为主题的第三届"文化创意产业与品牌城市"国际论坛在中国人民大学举行。中国人民大学文化创意产业研究中心在论坛上向社会公开发布"中国省市文化产业发展指数（2011）"，这是该研究中心第二次向社会公开发布指数编制结果。

本届主论坛和分论坛分别由中国人民大学文化科技园管理委员会副主任倪宁、战略委员会主任王霁、中国人民大学文化创意产业研究中心执行主任金元浦主持。国内外文化产业领域的管理人士、专家学者齐聚一堂，解析了科技提升产业质量、文化升级城市产业结构的案例，分享了国内外先进地区文化与科技融合的经验，并探讨了文化产业发展与城市产业结构升级的模式。

论坛期间举办的文化产业精品项目投融资洽谈会邀请了近 30 家投资机构与十多家文化产业园区或企业洽谈合作，为各地文化产业园区和企业发展壮大提供资金支持，发挥中国人民大学文化科技园建设的投融资平台作用。经论坛组委会慎重筛选出的中国（惠州）国际文化产业基地、脐橙寻宝记、网络总动员、江苏（太仓）LOFT 工业设计园、澧县天龙电影城、梦真节等 10 个精品项目与投融资机构深入洽谈并达成初步合作意向。

6. 会议名称：世界品牌大会

会议时间：2011 年 11 月 25～26 日

会议地点：孟买

英文名称：World Brand Congress

会议纪要：2011 年 11 月 25～26 日，世界品牌大会在印度孟买举行，超过 1000 名来自全球的首席营销官、品牌管理者、营销负责人和顶尖品牌专家参与了此次会议。在为期两天的会议上，来自各界的专家学者发表了各自的见解。

此次会议的与会者来自89个国家和地区，包括美国、英国、中国等。世界品牌大会是世界各地最成功和最热门品牌背后最优秀"头脑"的聚会。在孟买为期两天的会议中，讨论的焦点是创新和变化的影响因素。此次会议通过设置主题演讲、头脑风暴会议以及互动讨论等为世界领先的品牌公司之间的互动提供了良好的机会。最新的企业质量案例研究使我们了解到了目前市场上优秀企业正在进行的改革。世界品牌大会的目的在于让来自国际领先和全国性的企业集团、品牌的主席、总裁、董事以及首席执行官相信积极的变化正在发生。2011年的世界品牌大会是由戈弗雷·菲利普斯等公司共同支持与赞助的。

2012 年

1. 会议名称： 品牌和商业国际会议

会议时间： 2012 年 4 月 21 日

会议地点： 埃里温

英文名称： Brands and Business International Conference

会议纪要： 2012 年 4 月 21 日，品牌和商业国际会议在埃里温拉开帷幕，会议由麦迪卡机构组织，由斯普林战略公司赞助支持。作为麦迪卡的主管，Taksildaryan 告诉 PanAR-MENIAN. Net，亚美尼亚的市场品牌化尚未完善，具有一定的激活性。据她说，有许多公司不提供品牌图书的服务。由该公司主办的此次会议的主要目的是解释品牌化已经成为公司不可分割的一部分。

参加此次会议的领头级专家主要是各大知名公司品牌管理领域的管理人员。专家们在会议上做了关于世界品牌发展趋势与政治品牌新趋势的报告。

2. 会议名称： 伊斯兰营销和品牌国际会议

会议时间： 2012 年 11 月 20~21 日

会议地点： 伦敦

英文名称： International Conference on Islamic Marketing and Branding

会议纪要： 伊斯兰营销和品牌国际会议讨论了一些扩大会议范围的重要议题。其中，重要议题包括：伊斯兰国家的营销、伊斯兰的营销和品牌策略、对伊斯兰与其他信仰体系之间业务问题的比较研究、伊斯兰的营销和品牌策略、清真市场营销中的教法问题、伊斯兰背景下的市场细分、清真认证及其面临的挑战等。

伊斯兰营销和品牌国际会议同时也讨论了伊斯兰营销和品牌，伊斯兰品牌的身份、形象和声誉，伊斯兰时尚和服装营销，伊斯兰银行和金融服务营销的最佳实施方法以及其他各种重要问题。

3. 会议名称： 世界著名品牌大会

会议时间： 2012 年 12 月 30 日

会议地点：北京

英文名称：World Famous Brand Assembly

会议纪要：世界著名品牌大会第九届年会于 2012 年 12 月 30 日在北京隆重举行。大会的主题是"推动改革创新全球战略合作，促进城市和企业可持续发展"，宗旨是"让世界著名品牌投资中国，让中国城市和企业走向世界"。

大会现场发布了 2012 年度"世界特色魅力城市 200 强、世界著名品牌 500 强、中国最具投资潜力城市 50 强、中国特色魅力城市 200 强、中国最具投资潜力特色示范县 200 强、影响世界的中国力量品牌 500 强、中国市场最受欢迎世界著名品牌奢侈品 150 强"等系列品牌报告，大会还为入选城市和企业举行专场颁奖盛典和招商引资重点项目发布、投资环境和旅游资源推介等活动。

2013 年

1. 会议名称：国际区域品牌会议

会议时间：2013 年 2 月 13~16 日

会议地点：曼彻斯特

英文名称：International Place Branding Conference

会议纪要：区域品牌、区域管理、区域营销、战略性空间发展、公私区域关系等是同义词，描述的都是同一类似的事物，即商业原则在区域的运用。无论是大区域还是小区域，中心区管理还是民族品牌，商业上的语言和惯例已经在世界上广泛传播。将商业原则广泛延伸到区域（区、城镇、城市、地区、国家甚至洲）上的做法不乏批评者，许多经济学家认为相互竞争的是公司而不是区域。然而，主张区域领导的人已经遏制了区域竞争，并且因此扩展了区域商业。

会议由柏林 INPOLIS 公司、区域管理与发展协会和曼彻斯特城市大学联合主办。该会议的目的就是要认识到那些现实的转变，并为与会者提供一个与区域商业相关的交流平台，以达到促进理论和实际发展的目的。会议的举办地是曼彻斯特，一座典型的现代化城市。与会代表们在理解学者、从业者和政策制定者的相关知识方面扮演了重要的角色。

2. 会议名称：国际网络营销和品牌会议

会议时间：2013 年 8 月 15~16 日

会议地点：德黑兰

英文名称：International Conference on Internet Marketing and Branding

会议纪要：卡斯派德和阿斯瑞卡兰木公司邀请到了伊朗的高级管理人员，于 2013 年 8 月 15~16 日在德黑兰广播电视会议厅，召开了一个与网络和线上品牌推广相关的会议。与会者听取了雅虎前欧洲、中东及非洲的商务总监——马尔文·廖带来的关于网络营销最新发展的演讲。卡斯派德公司的首席执行官哈米德·赛皮德纳作为会议的组织者和发言人指出，这个由 800 多名高级管理者、公司所有者以及大企业董事参加的会议旨在寻找新的发展突破口，即通过互联网对品牌进行推广，建立企业文化，增加网上销售。

最佳欧洲搜索博客奖得主巴斯·伯和微软（必应）高级广告顾问克里斯蒂安·豪克斯向参与者们分享了他们的知识；搜索引擎策略会议议员，来自丹麦的米克尔·斯万德森也参加了分享。

3. 会议名称：品牌的全球化：全球营销会议

会议时间：2013 年 9 月 16 ~ 18 日

会议地点：伦敦

英文名称：Brand2Global：The Global Marketing Conference

会议纪要：此次会议由本地化研究所以及主要发起组织协同举办，主要发起组织包括：首席营销官理事会、全球营销网络、品牌内容营销协会、圣路易斯大学的品牌制造商和波音国际商学院。这个独特的会议是专门针对从事全球营销活动、负责国际市场份额和收入的管理人员举办的。

品牌的全球化会议的研讨主题涵盖了全球品牌、市场营销、电子商务以及社交媒体的主要创新战略。与会者主要是高管、分析师、顾问和专家等企业的全球营销从业者，他们在会议上交流了企业的全球化营销所面临的挑战，并围绕着解决方案进行了探讨。这些组织包括埃森哲咨询公司、阿斯顿马丁、社交软件八度公司、英国广播公司、波音公司、思科公司、脸谱网、谷歌等。

本次会议试图解决企业所关注的品牌全球化和营销问题，包括品牌意识与地理特质性、全球营销和数字媒体的最佳实践。对于如何更好地利用全球品牌、市场营销、电子商务以及社交媒体等方式来实现全球市场成功，此次会议给了与会者较大的启发。此次会议也为企业的全球化营销提供了工具、途径和资源上的帮助，有助于企业了解不断变化的全球化数字媒体景观，提升企业的全球品牌意识，推动全球营销战略的实施。

4. 会议名称：城市品牌国际论坛

会议时间：2013 年 10 月 23 日

会议地点：北京

英文名称：City Brand International Forum

会议纪要：2013 年 10 月 23 日，以"定位城市：城市发展和转型的创新与可持续发展战略"为主题的"首届城市品牌国际论坛"在清华大学召开。本次论坛由清华大学新闻与传播学院、瑞典斯德哥尔摩大学商学院、中国社会科学院财经战略研究院、复旦大学管理学院主办，复旦大学北欧中心等高等学府联合协办，清华大学新闻与传播学院城市品牌研究室承办，论坛对中国城市发展中的形象塑造和品牌推广等问题进行了广泛而深入的讨论。

会议期间，约 100 位来自海内外城市品牌传播领域的高校学者及专业研究者齐聚一堂，分别就"城市定位：战略与规划"、"感官定位：城市氛围和吸引力打造"、"定位城市：城市身份与文化遗产"、"创新性社会品牌和社会包容性"、"城市品牌与城市规划创新"、"政府治理和城市品牌塑造"六大议题开展深入研讨，论坛会议共持续三天。

作为城市品牌专业领域的重要国际学术会议，此次论坛旨在总结国际学术界在城市品牌学科领域取得的创新研究成果，从城市品牌定位的战略视角出发，以创新与可持续发展为城市战略发展的核心理念，在定位、规划、文化、环境、社会管理、政府创新等重要领域展开深度的学术交流。

5. 会议名称： 工业设计与品牌国际会议

会议时间： 2013 年 12 月 5 日

会议地点： 成都

英文名称： International Conference on Industrial Design and Branding

会议纪要： 在创建品牌及品牌维系和保护过程中，工业设计发挥着重要作用。2013 年 12 月 5 日，由天府宝岛工业设计大赛组委会主办的 2013 工业设计与品牌国际会议在成都举行，来自不同国家和地区的 200 多位设计大师、行业专家齐聚一堂，畅谈工业设计与品牌塑造。

副省长刘捷出席会议并致辞。刘捷表示，四川始终把提升工业创新能力作为转变发展方式、调整产业结构的核心战略，以激发企业创新活力、增强企业创新能力、树立企业品牌文化为突破口，大力推进体制机制创新，建立健全以企业为主导、符合现代产业技术研发的工业创新体系，不断推动"四川制造"向"四川创造"、"四川设计"加速转型。

省经信委副主任王建明发表主题演讲。王建明表示，近年来，虽然我省工业创新能力得到了很大提升，但总体来看，我省工业仍处于从投资驱动向创新驱动过渡阶段，深入实施创新驱动发展战略仍面临不少挑战。下一步，我们将按照建设创新型国家的要求，健全技术创新市场导向机制，着力构建以企业为主体、市场为导向、产学研相结合的技术创新体系，全力推进产业优化发展、转型升级。

会上，四川省工业经济联合会与美国工业设计师协会中国区，签署了（中美）合作备忘录，将共同推动四川省与美国工业设计领域专业机构在项目、人才培训等方面的广泛合作，促进工业设计企业与制造企业的互动，提升工业设计水平。备忘录提出，美国工业设计师协会中国区将针对中国四川工业企业的需求，推荐国际顶尖设计专业机构参与开发项目，促进美国的专业设计机构来川落地开展业务。

第六章 品牌管理学学科前沿问题 2011～2013 年文献索引

第一节 中文期刊索引

2011 年

[1] 安贺新. 基于游客体验的旅游品牌塑造问题研究[J]. 中央财经大学学报，2011（2）：57-60+67.

[2] 白凯. 国家地质公园品牌个性结构研究：一个量变开发的视角[J]. 资源科学，2011（7）：1366-1373.

[3] 白凯. 西安入境旅游品牌意象特征研究[J]. 人文地理，2011（3）：135-141.

[4] 白小明. 我国旅游企业品牌塑造与发展问题探析[J]. 北方经贸，2011（6）：133-135.

[5] 白晓玉. 基于生命周期理论看我国在线旅游网络品牌发展——以携程网为例[J]. 黑龙江对外经贸，2011（6）：117-119.

[6] 包呼和，王爱民. 足球俱乐部品牌及其周期管理[J]. 体育与科学，2011（6）：96-98.

[7] 包小强，王国艳. 职业运动球队品牌权益建构的理论探讨[J]. 体育与科学，2011（5）：30-34.

[8] 毕振力. 品牌关系作用机制：制造业与服务业的差异——基于移动通信消费领域的实证研究[J]. 经济管理，2011（7）：89-99.

[9] 蔡晓艳. 品牌管理与建设的策略研究[J]. 商场现代化，2011（10）：40.

[10] 曹航，闫曦. 品牌竞争力的构成要素分析[J]. 科技创业月刊，2011（4）：48-50.

[11] 曹洪军，莎娜，庄晖. 品牌资产动态模型的逻辑结构及其演进机理[J]. 宏观经济研究，2011（4）：38-45.

［12］曹琳，孙曰瑶．基于品牌经济学的名人代言机制分析［J］．当代财经，2011
（2）：69－77.

［13］曹琳，孙曰瑶．名人代言的品牌经济学分析［J］．广东商学院学报，2011（1）：
45－50.

［14］曹艳爱．农产品区域产业品牌伞策略探析［J］．商业研究，2011（6）：168－
173.

［15］曹艳爱．商业银行品牌伞策略初探——一个概念模型［J］．金融与经济，2011
（1）：90－92.

［16］柴俊武，赵广志，何伟．解释水平对品牌联想和品牌延伸评估的影响［J］．心
理学报，2011（2）：175－187.

［17］陈兵．论媒介品牌定位的五个步骤［J］．北方经济，2011（15）：75－76.

［18］陈东灵．基于委托－代理的品牌联盟风险规避机制研究［J］．广东商学院学报，
2011（6）：63－72.

［19］陈栋，卫平．企业品牌核心价值研究［J］．技术经济，2011（3）：108－116.

［20］陈嘉庚．基于品牌管理的市场营销策略探析［J］．中国商贸，2011（6）：
33－34.

［21］陈亮，唐成伟．国外零售商自有品牌研究综述［J］．商业研究，2011（12）：
156－161.

［22］陈柳．外部需求衰退与代工企业自创品牌［J］．国际贸易问题，2011（3）：
35－44.

［23］陈柳钦．论城市品牌建设［J］．中国市场，2011（7）：66－77.

［24］陈梦莹，席玉宝，朱昭丛．国产运动服装品牌与国际品牌的营销探析——品牌
营销与市场竞争［J］．科技信息，2011（28）：256－258.

［25］陈亭．浙江纺织服装产业集群品牌建设策略［J］．现代经济信息，2011（16）：
307－308.

［26］陈小桂．B2B商业模式下企业塑造品牌营销策略［J］．赤峰学院学报（自然科
学版），2011（10）：65－66.

［27］陈晔，白长虹，曹振杰．内部营销对员工品牌内化行为的影响关系与路径研
究——以服务型企业为例［J］．管理学报，2011（6）：890－897.

［28］陈晔，白长虹，吴小灵．服务品牌内化的概念及概念模型：基于跨案例研究的
结论［J］．南开管理评论，2011（2）：44－51＋60.

［29］陈志强，蔡招娣．电视娱乐节目主持群的品牌策略分析——以湖南卫视"快乐
家族"主持群为例［J］．新闻知识，2011（2）：86－88.

［30］谌飞龙．考虑品牌延伸"强化－稀释"效应的品牌价值计量模型与实证研究
［J］．财贸经济，2011（7）：84－90.

［31］程春华．我国企业品牌管理中存在的问题与对策研究［J］．中国商贸，2011

（9）：93－94.

［32］程秋实．豪华汽车品牌的品牌建设研究——从消费者需求和品牌价值的视角［J］．广告大观（理论版），2011（1）：17－30.

［33］迟涵，李景国．高校学生工作品牌创建对策之思考［J］．改革与开放，2011（6）：165－166.

［34］崔明，刘常亮．现代蛋品企业品牌定位模型探讨——以正大蛋品为例［J］．中国农学通报，2011（26）：163－168.

［35］崔明，秦树新，李志乾，包军强．基于消费者心智的品牌推广策略研究［J］．财会研究，2011（13）：67－70.

［36］戴海容．产业集群与区域品牌互动关系研究［J］．商业时代，2011（7）：113－115.

［37］戴勇，肖丁丁．从制造到研发、设计与品牌的企业功能升级策略研究［J］．暨南学报（哲学社会科学版），2011（3）：38－45.

［38］邓贝贝，颜廷武．关于我国农产品品牌建设的思考［J］．山东农业大学学报（自然科学版），2011（4）：622－626.

［39］邓理峰，王坚．全球市场里的品牌国别与消费政治：美国品牌在华的案例研究［J］．现代传播（中国传媒大学学报），2011（10）：90－96.

［40］邓植．互联网快时尚品牌传播策略探析——以VANCL（凡客诚品）为例［J］．新闻知识，2011（10）：61－64.

［41］刁晓蕾．品牌联合策略下的城市品牌传播模式探析——威海城市品牌传播的战略选择［J］．旅游纵览（行业版），2011（12）：25－27＋29.

［42］丁士海，韩之俊．考虑竞争与重复购买因素的耐用品品牌扩散模型［J］．系统工程理论与实践，2011（7）：1320－1327.

［43］冬继峰．李宁品牌和安踏品牌营销策略分析及启示［J］．中国商贸，2011（15）：21－22.

［44］董莉莉，黄硕琳．休闲渔业品牌战略构建的必要性分析［J］．上海海洋大学学报，2011（3）：431－436.

［45］董正秀，周晓平．乡村旅游品牌战略研究——以苏南为例［J］．改革与战略，2011（6）：56－58＋70.

［46］窦均林．品牌构建要素"1－3－1"模型研究［J］．学术论坛，2011（10）：155－160＋175.

［47］杜春霞．中国自主品牌汽车发展战略探讨［J］．山东财政学院学报，2011（5）：54－60.

［48］杜艳艳．对公益组织品牌建设的思考［J］．新闻界，2011（4）：136－137.

［49］樊秋．培训行业品牌营销策略分析［J］．中小企业管理与科技（上旬刊），2011（1）：56－57.

［50］范小军，陈宏民．零售商导入自有品牌对渠道竞争的影响研究［J］．中国管理科学，2011（6）：79－87．

［51］方正，杨洋，江明华，李蔚，李珊．可辩解型产品伤害危机应对策略对品牌资产的影响研究：调节变量和中介变量的作用［J］．南开管理评论，2011（4）：69－79．

［52］冯诚，陈景秋．对雇主品牌要素构成问题的实证分析——基于高校应届毕业生对理想雇主的期望调查［J］．北京交通大学学报（社会科学版），2011（1）：79－83．

［53］付晓荣．体育明星品牌运营策略探析［J］．山东体育学院学报，2011（8）：14－18．

［54］高峰，王幼军．我国体育用品品牌营销策略分析［J］．中国商贸，2011（28）：122－123．

［55］高金城．关于中小企业品牌建设的思考［J］．湖北经济学院学报（人文社会科学版），2011（4）：50－51．

［56］高媛，李阳，孟宪忠，谢佩洪．品牌体验如何影响品牌忠诚——兼论产品卷入的调解效应［J］．软科学，2011（7）：126－130．

［57］高媛，李阳，孟宪忠．性别调解下高卷入产品品牌体验对品牌忠诚的影响［J］．上海管理科学，2011（2）：29－35．

［58］葛凌桦，郭建南，朱伟明．国内中高档商务休闲男装品牌评价体系［J］．纺织学报，2011（12）：124－127．

［59］关辉．B2C网店品牌资产及其驱动品牌忠诚机理研究［J］．审计与经济研究，2011（1）：105－112．

［60］郭海清．我国创造自主品牌的策略研究［J］．内蒙古农业大学学报（社会科学版），2011（1）：116－118．

［61］郭锐，陶岚．民族品牌跨国并购后的品牌战略研究——基于认知一致性理论［J］．中国地质大学学报（社会科学版），2011（1）：17－23．

［62］郭晓凌，张梦霞．全球消费导向对消费者全球品牌态度的作用及路径研究［J］．经济与管理研究，2011（9）：105－115．

［63］郭晓凌．消费者全球认同与全球品牌态度——针对发展中国家的研究［J］．上海经济研究，2011（11）：83－90．

［64］郭永锐，陶犁，冯斌．国外旅游目的地品牌研究综述［J］．人文地理，2011（3）：147－153．

［65］郝家春，汪如锋．CBA联赛品牌影响力及提升路径研究［J］．哈尔滨体育学院学报，2011（3）：7－10．

［66］何迪．农业产业集群与区域品牌建设分析——以通化人参品牌建设为例［J］．通化师范学院学报，2011（3）：31－33．

［67］何桂芳．基于品牌生态系统视域我国体育用品强势品牌塑造研究——以"李宁"、"安踏"、"361°"等国内一线品牌为例［J］．南京体育学院学报（社会科学版），

2011（5）：42 – 46.

[68] 何红，张巧宁．论新兴旅游景区的品牌建设与品牌营销[J]．山东工商学院学报，2011（2）：58 – 61.

[69] 何佳讯，才源源，秦翕嫣．中国文化背景下消费者代际品牌资产的结构与测量——基于双向影响的视角[J]．管理世界，2011（10）：70 – 83.

[70] 何佳讯．品牌个性认知对品牌延伸评价影响的再研究——兼论上海冠生园的品牌延伸新策略[J]．华东师范大学学报（哲学社会科学版），2011（2）：74 – 83 + 154 – 155.

[71] 何兰萍．论慈善品牌建设与慈善事业的发展[J]．河南师范大学学报（哲学社会科学版），2011（3）：135 – 138.

[72] 何浏，黎小林，杨伊侬，王海忠．品牌权益与资本市场反应的关联性研究综述[J]．广东商学院学报，2011（5）：25 – 34.

[73] 何浏，王海忠，田阳．品牌身份差异对品牌并购的影响研究[J]．中国软科学，2011（4）：145 – 153 + 174.

[74] 何浏，王海忠，朱帮助，田阳．名人多品牌/产品组合代言溢出效应探析——一项基于网络外部性视角的研究[J]．管理世界，2011（4）：111 – 121 + 157.

[75] 何浏，肖纯，梁金定．相似度对品牌延伸评价的影响研究[J]．软科学，2011（5）：47 – 52 + 68.

[76] 何旺兵，胡正明．基于顾客视角的品牌资产研究综述及展望[J]．企业活力，2011（7）：88 – 91.

[77] 何小芊，周军，张涛．旅游景区品牌价值货币化评估研究——以秭归县凤凰山景区为例[J]．干旱区资源与环境，2012（1）：135 – 140.

[78] 何孝延，谢向英．福建省茶业品牌化经营问题探析[J]．茶叶科学技术，2011（1）：39 – 42.

[79] 何艳平．论企业品牌危机管理[J]．现代商贸工业，2011（24）：27 – 29.

[80] 贺爱忠，龚婉琛．购物网站顾客体验对品牌忠诚影响的实证研究[J]．东南大学学报（哲学社会科学版），2011（4）：61 – 67 + 127.

[81] 贺爱忠，龚婉琛．顾客体验对服务品牌忠诚影响的实证研究[J]．湖南商学院学报，2011（5）：24 – 28.

[82] 贺和平，刘雁妮．本土品牌"土气"形象成因及时新策略[J]．企业经济，2011（7）：55 – 57.

[83] 赫金鸣．体育品牌开发现状及发展对策研究[J]．福建体育科技，2011（1）：1 – 4.

[84] 胡红忠，马莉．"假洋品牌"现象分析及其转型发展探讨[J]．企业经济，2011（9）：73 – 75.

[85] 胡俊男，董大海，刘瑞明．横向并购背景下的品牌整合——以美的集团为案例

［J］．管理案例研究与评论，2011（2）：102－111.

　　［86］胡茉，夏健明．品牌文化构成要素及其传播路径研究［J］．现代管理科学，2011（2）：17－19.

　　［87］胡伟峰，陈黎，刘苏，赵江洪．汽车品牌造型基因提取及可视化研究［J］．机械设计与研究，2011（2）：65－68＋79.

　　［88］胡晓云，余耀锋，许雪斌，程杨阳．以构建强势农产品区域公用品牌为主体目标的中国农事节庆影响力评价模型研究［J］．广告大观（理论版），2011（2）：18－28.

　　［89］胡筱．论服装设计师在品牌终端视觉形象设计中的作用［J］．企业经济，2011（8）：76－79.

　　［90］胡正明，蒋婷．基于品牌体验的企业－消费者行为模式研究［J］．企业活力，2011（2）：23－27.

　　［91］胡志刚，孙曰瑶．品牌集中度及其度量模型研究［J］．审计与经济研究，2011（2）：96－103.

　　［92］黄国辉，程建伟.90后大学生主题教育活动品牌打造与创新［J］．深圳信息职业技术学院学报，2011（2）：1－5.

　　［93］黄浩．中小型国有企业品牌战略管理［J］．宜宾学院学报，2011（11）：20－24.

　　［94］黄静，王新刚，童泽林．空间和社交距离对犯错品牌评价的影响［J］．中国软科学，2011（7）：123－130.

　　［95］黄静，曾一凡．基于能力和诚信断裂的品牌关系再续沟通策略［J］．科学决策，2011（5）：60－70.

　　［96］黄美，李阳明．我国中小企业品牌营销分析［J］．中国商贸，2011（17）：19－20.

　　［97］黄星．主题公园品牌推广策略研究——以常州"中华恐龙园"为例［J］．品牌（理论月刊），2011（5）：7－8.

　　［98］黄义兵．基于消费者视角的品牌资产维度实证研究［J］．枣庄学院学报，2011（3）：60－64.

　　［99］黄永乐，赵红杰，胡海霞，陆岩．大学生思想政治教育工作品牌培育初探［J］．河北师范大学学报（教育科学版），2011（2）：100－103.

　　［100］黄韫慧，施俊琦．并购事件对被并购品牌的内隐和外显态度影响［J］．管理学报，2011（1）：103－110.

　　［101］黄卓龄．关于"李宁"品牌重塑的思考［J］．江苏商论，2011（10）：119－121.

　　［102］贾英．符号学视角下的品牌剖析［J］．经济研究导刊，2011（12）：203－204.

　　［103］简洁．品牌战略：省级卫视自制剧的未来之路［J］．新闻知识，2011（3）：78－79.

［104］蒋科蔚，王晓霞．基于成员成长理论的虚拟品牌社区构建［J］．企业经济，2011（7）：63－65．

［105］蒋文佳，何健锋，徐伟新，周南，何有节．创建品牌开创箱包产业新局面［J］．皮革科学与工程，2011（1）：72－75．

［106］蒋亚奇，张亚萍．基于层次分析法的企业品牌竞争力评价与测度研究［J］．经济研究导刊，2011（8）：139－141．

［107］金京星．酒店的品牌战略研究——以锦江酒店为例［J］．哈尔滨商业大学学报（社会科学版），2011（3）：116－120．

［108］金英，江明华．基于中国市场的品牌个性研究［J］．中国市场，2011（41）：151－152．

［109］金永生，许销冰，许彬彬．植入式营销中的品牌个性塑造［J］．石家庄经济学院学报，2011（1）：75－79．

［110］瞿惠芳．我国体育用品品牌营销历史进程与"后奥运时期"营销路径探究［J］．南京体育学院学报（社会科学版），2011（4）：83－85．

［111］瞿艳平，程凯．品牌忠诚度测评指标体系及模型研究［J］．湖南商学院学报，2011（1）：67－69．

［112］凯文·莱恩·凯勒，孟群华．未来品牌管理的六个抓手［J］．市场观察，2011（9）：46－47．

［113］康正发．网络传播与企业品牌建设［J］．商业经济，2011（18）：58－60．

［114］康庄，石静．品牌资产、品牌认知与消费者品牌信任关系实证研究［J］．华东经济管理，2011（3）：99－103．

［115］匡导球．青奥会的品牌理念与品牌价值初探［J］．南京社会科学，2011（10）：9－16．

［116］邝光明，曹文杰．创意产业集群品牌化战略研究［J］．改革与战略，2011（10）：127－130．

［117］赖明勇，周玉波．国内外城市品牌建设模式差异研究［J］．求索，2011（8）：87－88＋160．

［118］雷超，卫海英．品牌资产视角的服务品牌忠诚度研究［J］．中国流通经济，2011（3）：90－94．

［119］雷超，卫海英．品牌资产与消费者溢价支付意愿的关系——基于搜索、体验和信任属性产品的实证研究［J］．开发研究，2011（1）：124－128．

［120］李安周．关中－天水经济区现代农业区域品牌建设模式探究——基于原产地形象的视角［J］．安徽农业科学，2011（20）：12524－12526．

［121］李存金．产业集群品牌形成的四个基本机制［J］．科技和产业，2011（8）：1－4．

［122］李佛关．世界品牌的分布与国家竞争力实证研究［J］．经济问题探索，2011

（11）：159－164.

［123］李福全．浅析农产品品牌建设的意义和方法［J］．商业经济，2011（20）：77－79.

［124］李桂华，余伟萍．信息视角的消费者－品牌关系建立过程：SCPRUC 模型［J］．情报杂志，2011（7）：190－195.

［125］李海潮．我国体育用品品牌营销现状及策略研究［J］．中国商贸，2011（30）：33－34.

［126］李继侠．品牌消费心理影响下的包装设计［J］．包装工程，2011（20）：84－87.

［127］李建福，吕文丽．品牌汉译与中国文化［J］．英语广场（学术研究），2011（Z5）：54－55＋59.

［128］李军霞．品牌形象模型及构成要素研究［J］．品牌（理论月刊），2011（1）：6－7.

［129］李君．基于顾客感知价值的卷烟产品品牌忠诚模型构建及实证研究［J］．企业经济，2011（3）：89－91.

［130］李俊丽，张振华，张冬霞．"361°"体育品牌国际化战略研究［J］．企业经济，2011（11）：50－52.

［131］李坤．浅析苹果直营店对其品牌形象的传播［J］．商业文化（上半月），2011（8）：222－223.

［132］李莉莉，成艳娜．浅谈服装品牌营销的现状与发展趋势［J］．纺织导报，2011（1）：92－93.

［133］李丽．社会责任是企业提升品牌价值的重要途径［J］．中国商贸，2011（8）：252－253.

［134］李柳邦．品牌形象策略提升品牌价值［J］．今传媒，2011（5）：59－60.

［135］李龙，张莹．我国自主汽车品牌竞争力培育研究［J］．赤峰学院学报（自然科学版），2011（2）：105－108.

［136］李启庚，薛可，杨芳平．消费者关系依恋对品牌体验和重购意向的影响研究［J］．经济与管理研究，2011（9）：96－104.

［137］李启庚，余明阳，梁秋云．品牌战略联盟中知识转移的影响因素、风险与治理［J］．科技管理研究，2011（8）：135－138.

［138］李启庚，余明阳．品牌体验价值对品牌资产影响的过程机理［J］．系统管理学报，2011（6）：744－751.

［139］李勤．论市场营销策划与品牌包装策略［J］．中国商贸，2011（21）：39－40.

［140］李清刚，黄崴．论学校品牌管理的社会和制度基础［J］．教育理论与实践，2011（10）：20－22.

［141］李小云，田银生．休闲养生产业定位与城市品牌塑造——以南阳市为例［J］．

资源与产业，2011（4）：27－31.

[142] 李晓明，陈作章. 产业品牌生态分析[J]. 江苏商论，2011（6）：113－115.

[143] 李燕，刘咏梅. 基于 H&M 与 Meters bonwe 的快时尚服装品牌战略对比分析[J]. 现代商业，2011（30）：169－171.

[144] 李耀. 国外品牌关系理论新探索[J]. 商业研究，2011（11）：34－39.

[145] 李英禹，胡春娟，郭鑫. 黑龙江绿色食品品牌建设障碍因素研究[J]. 商业研究，2011（7）：47－52.

[146] 李宇明，李刚，于静，娄晶. 对中国男子篮球职业联赛品牌塑造的研究[J]. 北京体育大学学报，2011（5）：8－11.

[147] 李雨虹. 从消费者心理角度研究品牌资产价值[J]. 现代营销（学苑版），2011（5）：160.

[148] 梁瑞仙. 论企业品牌战略[J]. 生产力研究，2011（3）：172－173＋182.

[149] 梁勋凤，陶玉玉. 中国餐饮品牌建设的创新路径——基于"俏江南"的个案研究[J]. 边疆经济与文化，2011（10）：16－17.

[150] 廖成林，柳茂森. 关于消费者品牌知识对重复购买行为的影响[J]. 商业时代，2011（19）：26－27.

[151] 林青. 泉州企业品牌发展战略研究[J]. 经济与社会发展，2011（3）：49－52.

[152] 林少龙，林月云，陈柄宏. 虚拟品牌社群成员个人特质对品牌社群承诺的影响：社群发起形态的干扰角色[J]. 管理学报，2011（10）：1495－1503.

[153] 林升栋，黄合水. 区域产业品牌化战略研究[J]. 厦门大学学报（哲学社会科学版），2011（2）：134－140.

[154] 林新波. 中小连锁零售企业品牌营销的策略[J]. 中国市场，2011（28）：71－73.

[155] 林雅军. 休眠品牌的品牌关系再续及品牌激活策略研究[J]. 经济与管理，2011（6）：40－44＋57.

[156] 刘纯，杨继伟，夏既明. 我国文化创意产业品牌走势及其对策[J]. 科技进步与对策，2011（16）：51－56.

[157] 刘芳生，罗礼. 企业品牌经营战略分析[J]. 经营管理者，2011（1）：183.

[158] 刘高福，聂磊. 健身俱乐部品牌形象对顾客忠诚影响的实证研究[J]. 北京体育大学学报，2011（10）：20－23.

[159] 刘高福，徐玖平. 店铺形象对顾客品牌忠诚的影响分析——基于药品零售业的实证[J]. 当代财经，2011（4）：72－81.

[160] 刘国华，邓新明. 品牌社区研究综述及展望：基于 2000 年以后的西方文献[J]. 兰州学刊，2011（7）：53－60.

[161] 刘华军，闫庆悦，孙曰瑶. 碳排放强度降低的品牌经济机制研究——基于企

业和消费者微观视角的分析[J].财贸经济，2011（2）：110－117.

[162] 刘军棋，罗政华.农民专业合作社品牌建设问题与对策思考——以湖南常德市为例[J].农村经济与科技，2011（12）：51－53.

[163] 刘敏，刘玉娥，邓益成.图书馆文化品牌形象塑造研究综述[J].图书馆学研究，2011（10）：2－5＋9.

[164] 刘强.论品牌传播效果[J].现代营销（学苑版），2011（5）：54－55.

[165] 刘强.论品牌理解与品牌传播[J].现代营销（学苑版），2011（2）：20－21.

[166] 刘文纲，杨倩.零售企业自有品牌成长路径研究[J].商业研究，2011（12）：35－39.

[167] 刘祥彬.品牌资产模型研究述评[J].现代商贸工业，2011（5）：116－119.

[168] 刘新，杨伟文.消费者参与虚拟品牌社群前定因素研究[J].软科学，2011（3）：135－139.

[169] 刘学理，王兴元.高科技品牌生态系统的技术创新风险评价[J].科技进步与对策，2011（8）：115－118.

[170] 刘志民，曹永强，丁燕华.大型体育赛事赞助对品牌的影响研究——"李宁集团"赞助营销策略[J].南京体育学院学报（社会科学版），2011（4）：9－16.

[171] 龙成志，甘寿国.品牌关系对消费者品牌形象感知及购买行为的影响研究[J].广东商学院学报，2011（4）：19－26.

[172] 娄金华，黄秉杰，周德田.农业品牌发展问题探讨——以山东农业为例[J].技术经济与管理研究，2011（8）：120－123.

[173] 卢长宝，石占伟.消费特权影响品牌关系的情感机制——基于嫉妒、后悔与不公平的理论解释[J].福州大学学报（哲学社会科学版），2011（5）：18－25＋112.

[174] 卢长宝，孙慧乾.品牌赛事对城市创意产业拓张的影响[J].上海体育学院学报，2011（1）：34－38.

[175] 卢长宝.体育赞助营销策略研究——基于品牌形象转移理论[J].北京体育大学学报，2011（4）：19－22.

[176] 卢闯，鲍睿，杨景岩.好的品牌能带来更多的回报吗？——基于中国公司的经验研究[J].科学决策，2011（6）：81－94.

[177] 陆娟，张振兴，杨青青.基于品牌联合的食品品牌信任提升研究[J].商业经济与管理，2011（1）：76－85.

[178] 陆平.品牌溢价研究综述[J].企业导报，2011（15）：109－110.

[179] 陆瑶，徐利新.专业市场品牌促进纺织产业转型升级的作用机理——以绍兴中国轻纺城为例[J].华东经济管理，2011（3）：1－5.

[180] 吕承超，孙曰瑶.多品牌战略内在机制的经济分析[J].经济经纬，2011（6）：121－125.

[181] 吕承超，孙曰瑶.品牌品类扩张边界的经济分析：基于选择成本分析范式

[J] . 财贸研究, 2011 (6)：117 – 123 + 132.

[182] 吕承超, 孙曰瑶 . 品牌信用度衰减模型及经济学分析 [J] . 石家庄经济学院学报, 2011 (4)：62 – 66.

[183] 吕承超 . 网络品牌与实体品牌的关系研究——基于交易费用的品牌经济学分析 [J] . 广东商学院学报, 2011 (5)：19 – 24.

[184] 吕承超 . 总部和加盟商的博弈：连锁品牌经营机制的经济分析 [J] . 贵州财经学院学报, 2011 (6)：53 – 58.

[185] 吕芹, 霍佳震 . 基于制造商和零售商自有品牌竞争的供应链广告决策 [J] . 中国管理科学, 2011 (1)：48 – 54.

[186] 吕小红, 杨开英, 苗艳玲, 张苏苹 . 科技期刊品牌建设的思考 [J] . 编辑学报, 2011 (S1)：127 – 129.

[187] 吕振奎 . 泉州模式的新内涵：品牌经济推进发展方式转变 [J] . 福建论坛（人文社会科学版）, 2011 (2)：143 – 146.

[188] 罗森 . 浅析企业品牌的网络推广途径 [J] . 经营管理者, 2011 (22)：289.

[189] 罗云华, 李昊泽 . 品牌带动区域经济增长机制探讨 [J] . 当代经济研究, 2011 (2)：80 – 83.

[190] 骆紫薇, 卫海英 . 如何塑造网络品牌？——基于认知方法和关系方法的网络品牌资产测量的实证研究 [J] . 现代管理科学, 2011 (7)：21 – 23.

[191] 马超, 倪自银 . 基于系统角度的区域品牌建设理论研究 [J] . 科技与管理, 2011 (3)：67 – 70.

[192] 马春林 . 我国中部城市体育健身俱乐部品牌发展的影响因素与对策研究 [J] . 体育科学, 2011 (2)：36 – 41.

[193] 马进军, 张鹏 . 品牌关系形成机制研究 [J] . 国际商务研究, 2011 (6)：70 – 77 + 80.

[194] 马秋芳, 孙根年, 张宏 . 基于 Web 的省域旅游地品牌符号表征比较研究 [J] . 旅游学刊, 2011 (3)：43 – 49.

[195] 马绍茵, 曹方 . 基于 SWOT 模型的甘肃特色农产品品牌创建问题分析 [J] . 图书与情报, 2011 (1)：104 – 107.

[196] 梅轶竹 . 新媒体时代视频网站的品牌建构与营销策略 [J] . 北京交通大学学报（社会科学版）, 2011 (2)：88 – 92.

[197] 孟萍萍 . 泉州运动鞋服品牌差异化策略探析 [J] . 泉州师范学院学报, 2011 (5)：108 – 113.

[198] 莫智勇, 刘欣 . 基于用户角度类型化网站品牌价值评估模型研究 [J] . 广告大观（理论版）, 2011 (6)：39 – 46.

[199] 牛永革, 赵平 . 基于消费者视角的产业集群品牌效应研究 [J] . 管理科学, 2011 (2)：42 – 54.

［200］钮力书，冯伟．晋江市运动品牌企业发展的回顾与展望［J］．体育学刊，2011（3）：78－82.

［201］潘洪涛，王新新．虚拟社群中的品牌定位——基于用户生成内容点互信息的实证研究［J］．财贸研究，2011（4）：111－118.

［202］潘磊，秦辉．品牌联合研究评述［J］．现代物业（中旬刊），2011（6）：91－95.

［203］彭博，晁钢令．品牌代言人对品牌的作用及选择研究［J］．现代管理科学，2011（12）：17－19.

［204］彭娟．论连锁企业品牌发展战略途径及其实施策略［J］．改革与战略，2011（1）：150－152.

［205］彭银美．品牌体验文献研究综述［J］．中山大学研究生学刊（社会科学版），2011（2）：109－119.

［206］朴勇慧．赛事赞助对企业品牌形象影响的实证研究——竞争赞助行为的调节作用［J］．体育科学，2011（10）：21－34＋97.

［207］浦徐进，蒋力，刘焕明．农户维护集体品牌的行为分析：个人声誉与组织声誉的互动［J］．农业经济问题，2011（4）：99－104.

［208］齐芳．新疆特色农产品品牌化经营的有效途径［J］．新疆农垦经济，2011（8）：15－18.

［209］齐昕，黄永兴．网络品牌忠诚驱动因素分类研究［J］．数理统计与管理，2011（6）：967－978.

［210］钱丽芸，朱竑．地方性与传承：宜兴紫砂文化的地理品牌与变迁［J］．地理科学，2011（10）：1166－1171.

［211］乔均，何秀丽．快递行业品牌形象提升的关键因素及影响机制［J］．南京社会科学，2011（9）：30－36＋43.

［212］秦辉，邱宏亮，吴礼助．运动鞋品牌形象对感知－满意－忠诚关系的影响研究［J］．管理评论，2011（8）：93－102.

［213］秦泽平．CBA 联赛品牌形象的塑造与维护［J］．西安体育学院学报，2011（4）：441－444＋475.

［214］邱立波．广告符号对品牌传播的影响［J］．新闻爱好者，2011（15）：74－75.

［215］邱守明，李琳，罗敏婷，薛永云．旅游景区品牌研究综述［J］．科技经济市场，2011（9）：86－88.

［216］邱团．中国－东盟体育赛事开发与品牌打造［J］．沈阳体育学院学报，2011（2）：28－30.

［217］曲明慧，郭鹏．天津文化产业品牌建设及策略研究［J］．价值工程，2011（35）：113－114.

［218］曲颖，李天元．旅游目的地形象、定位和品牌化：概念辨析和关系阐释［J］．

旅游科学，2011（4）：10-19+48.

［219］渠习习，王娜，艾蔚．浅谈品牌营销策略［J］．商场现代化，2011（8）：31.

［220］全世文，曾寅初，刘媛媛．消费者对国内外品牌奶制品的感知风险与风险态度——基于三聚氰胺事件后的消费者调查［J］．中国农村观察，2011（2）：2-15+25.

［221］任方旭．零售商自有品牌产品生产中的制造商选择［J］．统计与决策，2011（1）：65-68.

［222］任方旭．消费品牌意识下的自有品牌产品质量特性的选择［J］．华东经济管理，2011（5）：126-129.

［223］任丽娟．浅析我国外贸企业的品牌战略问题［J］．中国商贸，2011（21）：213-214.

［224］任晓峰．广告、品牌壁垒与消费者选择［J］．产业经济研究，2011（6）：79-86.

［225］沙爱霞，张红梅．沙漠生态旅游品牌建设研究——以沙坡头为例［J］．甘肃农业，2011（3）：57-59+62.

［226］沈蕾，李义敏．奢侈品品牌态度研究［J］．预测，2011（3）：22-26.

［227］沈鲁，姜娜．中国大陆电视综艺娱乐节目品牌竞争格局分析［J］．成都理工大学学报（社会科学版），2011（1）：17-24.

［228］沈鹏熠，胡保玲．零售商品牌资产影响因素及其作用机制的实证研究［J］．北京工商大学学报（社会科学版），2011（2）：29-36.

［229］沈鹏熠．国外品牌资产理论研究述评［J］．广告大观（理论版），2011（3）：35-40.

［230］沈鹏熠．农产品区域品牌的形成过程及其运行机制［J］．农业现代化研究，2011（5）：588-591.

［231］沈鹏熠．农产品区域品牌资产影响因素及其作用机制的实证研究［J］．经济经纬，2011（5）：85-89.

［232］沈鹏熠．消费者购物价值、关系品质与零售商品牌权益——理论模型及实证检验［J］．中南财经政法大学学报，2011（5）：134-140.

［233］沈婷．以品牌策划奠定形象设计的基础——品牌策划课程设置及教学研究［J］．美术学报，2011（4）：114-119.

［234］沈威，姜国玉．当前高校校园文化品牌培育的现状分析与对策［J］．思想政治教育研究，2011（1）：101-104.

［235］施娟，唐冶．品牌关系质量与消费者遭遇产品伤害的反应特征研究——基于事前信念的视角［J］．经济管理，2011（1）：93-100.

［236］施俊华，王海燕．体育运动赛事与赞助品牌的一致性关系研究——以我国体育赛事为例［J］．成都体育学院学报，2011（10）：26-31.

［237］石荣丽，刘迅．企业集群升级中的区域品牌塑造分析［J］．企业经济，2011

（5）：40 – 43.

［238］舒咏平. 品牌：传受双方的符号之约——"狗不理"品牌符号解析［J］. 现代传播（中国传媒大学学报），2011（2）：106 – 111.

［239］斯琴图雅. 电视栏目的品牌经营［J］. 内蒙古民族大学学报，2011（1）：108 – 109.

［240］宋国栋，邓黎黎. 品牌认知价值来源及构成探析［J］. 现代商贸工业，2011（4）：136 – 137.

［241］宋立，李利伟，王宁. 运动品牌体育营销策略分析［J］. 中国商贸，2011（5）：14 – 15.

［242］宋志金. 我国农产品品牌塑造策略分析［J］. 山西农业科学，2011（12）：1316 – 1319.

［243］苏金安. 浅谈我国企业的品牌营销［J］. 现代营销（学苑版），2011（7）：11.

［244］孙佳美，严阔. 探究食品企业品牌建设与提升对策［J］. 商业经济，2011（22）：55 – 56 + 75.

［245］孙瑾，张红霞. 服务品牌名字的暗示性对消费者决策的影响——基于服务业的新视角［J］. 管理科学，2011（5）：56 – 69.

［246］孙瑾. 属性可比性对消费者品牌评价的影响：评价模式的调节作用［J］. 管理评论，2011（8）：103 – 111.

［247］孙乐增. 略论中小企业的品牌营销策略［J］. 经济研究导刊，2011（27）：198 – 201.

［248］孙有智. 大型体育赛事对城市品牌提升的路径研究——基于城市空间理论视角的探索［J］. 南京体育学院学报（社会科学版），2011（2）：80 – 83.

［249］谭利娜. 品牌危机管理的竞争情报分析［J］. 情报杂志，2011（S1）：82 – 84 + 48.

［250］唐舒静，毛军权. 品牌社群生态位及其测量模型研究［J］. 企业经济，2011（9）：54 – 58.

［251］唐小飞，黄兴，夏秋馨，郑杰. 中国传统古村镇品牌个性特征对游客重游意愿的影响研究——以束河古镇、周庄古镇、阆中古镇和平遥古镇为例［J］. 旅游学刊，2011（9）：53 – 59.

［252］陶云彪. 老字号品牌激活策略——基于 Aaker 理论［J］. 企业活力，2011（4）：33 – 35.

［253］陶云彪. 品牌共创：主动消费时代的品牌战略［J］. 企业管理，2011（3）：16 – 18.

［254］田汉族. 论大学品牌战略及其经营管理策略［J］. 湖南师范大学教育科学学报，2011（4）：39 – 43 + 47.

［255］田华杰. 品牌对消费者行为的影响［J］. 合作经济与科技，2011（7）：

110 - 111.

［256］田戊戌. 基于品牌要素的品牌创建动态模型建构［J］. 现代营销（学苑版），2011（1）：7-8.

［257］田戊戌. 中国白酒品牌构成要素探索研究［J］. 现代商贸工业，2011（2）：99-101.

［258］铁翠香. 负面网络口碑对消费者品牌评价的影响——基于第三变量的理论模型［J］. 电子政务，2011（12）：60-66.

［259］万雪芹，李金. 基于价值感知差距模型的主题公园品牌力提升路径研究［J］. 首都经济贸易大学学报，2011（5）：47-51.

［260］汪涛，刘继贤，崔楠. 以品牌并购建立国际品牌：基于后进国家企业视角［J］. 中国地质大学学报（社会科学版），2011（1）：9-16.

［261］汪涛，周玲，彭传新，朱晓梅. 讲故事　塑品牌：建构和传播故事的品牌叙事理论——基于达芙妮品牌的案例研究［J］. 管理世界，2011（3）：112-123.

［262］汪献平. 从好莱坞经验看中国电影品牌的创建［J］. 当代电影，2011（6）：118-121.

［263］汪兴隆. 我国商业银行中小企业金融服务品牌差异与满意度因素分析——基于调查问卷的比较研究［J］. 浙江金融，2011（11）：49-52.

［264］汪云星，胡哲纯. 实现体育用品品牌国际化策略［J］. 安庆师范学院学报（社会科学版），2011（5）：46-48.

［265］王保利，陈新岚，田娟. 品牌竞争力对产业集聚影响的实证研究——以陕西装备制造业为例［J］. 科技进步与对策，2011（19）：65-70.

［266］王波. 基于期望与感知的旅游景点品牌塑造研究——以南京夫子庙品牌为例［J］. 技术经济与管理研究，2011（3）：25-29.

［267］王长征，崔楠. 个性消费，还是地位消费——中国人的"面子"如何影响象征型的消费者—品牌关系［J］. 经济管理，2011（6）：84-90.

［268］王长征，周学春. 象征型品牌的效应——从意义到忠诚［J］. 管理科学，2011（4）：41-53.

［269］王春兰，袁明符. 我国社区志愿服务的品牌化发展探讨［J］. 重庆工商大学学报（社会科学版），2011（4）：68-73.

［270］王恩旭，赵奥. 低碳旅游品牌形象塑造研究——以佳木斯市旅游发展为例［J］. 旅游论坛，2011（6）：51-56.

［271］王分棉，林汉川. 国际品牌：一个新的概念框架及实证分析［J］. 中国工业经济，2011（5）：129-138.

［272］王枫，张宁. 品牌形象认知与品牌选择关系的实证研究［J］. 北京航空航天大学学报（社会科学版），2011（6）：77-82.

［273］王庚兰，张玮. 基于消费者怀旧的品牌营销策略［J］. 企业经济，2011（11）：

46 – 49.

[274] 王桂兰，张聪群．基于企业公开信息的消费者品牌信任形成机制研究[J]．消费经济，2011（5）：65 – 68.

[275] 王海鹏．国际与国内酒店集团在我国的品牌发展比较研究[J]．青岛酒店管理职业技术学院学报，2011（2）：34 – 38.

[276] 王海忠，陈增祥，司马博．跨国并购中品牌重置策略对新产品评价的影响机制研究[J]．中国工业经济，2011（11）：100 – 108.

[277] 王华清，李静静．基于感知质量的自有品牌产品定价决策[J]．系统工程理论与实践，2011（8）：1454 – 1459.

[278] 王慧灵，朱亚莉．我国中小企业品牌建设存在的问题及解决对策[J]．企业经济，2011（1）：69 – 72.

[279] 王家宝，秦朦阳．品牌知名度与品牌形象对消费者购买意愿的影响[J]．企业研究，2011（2）：50 – 51.

[280] 王建军，吕拉昌．基于公共关系的广州城市旅游品牌塑造研究[J]．价格月刊，2011（3）：65 – 67 + 77.

[281] 王洁雯．奢侈品的品牌传播研究[J]．新闻世界，2012（1）：109 – 110.

[282] 王静，郭建涛．我国房地产品牌建设分析[J]．现代商贸工业，2011（12）：8 – 9.

[283] 王静一．国货老品牌的信任机制研究[J]．广东商学院学报，2011（1）：38 – 44.

[284] 王静一．老品牌的长寿性、品牌信任与消费者购买意向关系的实证研究[J]．广东商学院学报，2011（3）：61 – 66.

[285] 王俊岭，赵瑞芬，秦彦雷．基于模糊综合评价的沧州金丝小枣品牌竞争力评价研究[J]．湖北农业科学，2011（22）：4748 – 4752.

[286] 王珂洵，郑晓慧．品牌形象介入空间设计[J]．艺术与设计（理论），2011（1）：119 – 121.

[287] 王蕾．服装品牌策划营销策略研究分析[J]．中国商贸，2011（17）：30 – 31.

[288] 王鹏，庄贵军，董维维．品牌原产地困惑和购买经历对品牌形象的影响[J]．预测，2011（4）：8 – 13.

[289] 王启万，王兴元．品牌生态位要素结构维度实证研究[J]．现代经济探讨，2011（8）：37 – 41.

[290] 王启万．品牌生态位理论评述与展望[J]．技术经济与管理研究，2011（12）：47 – 50.

[291] 王润斌，王群．体育品牌广告语审视[J]．体育文化导刊，2011（11）：75 – 79.

[292] 王硕．汽车品牌策略与品牌要素的创意路径——以比亚迪汽车为例[J]．无锡

商业职业技术学院学报，2011（2）：30-32.

[293] 王锁明．中小企业品牌建设的意义、问题与对策思考[J]．市场周刊（理论研究），2011（7）：27-28.

[294] 王维朗，吕赛英，张苹，陈移峰，张小强，侯湘，郑洁，梁远华．新形势下科技期刊品牌打造的策略[J]．编辑学报，2011（3）：198-200.

[295] 王伟芳．我国奢侈品消费文化心理与本土奢侈品牌文化策略探讨[J]．商业时代，2011（21）：138-141.

[296] 王文丽．结合中外案例探讨企业如何进行品牌延伸[J]．市场论坛，2011（8）：71-73.

[297] 王晓玉．产品危机中品牌资产的作用研究[J]．当代经济管理，2011（1）：34-40.

[298] 王欣欣，郭凯，杨明治．实施民族文化品牌战略推进承德旅游文化产业发展[J]．河北科技大学学报（社会科学版），2011（2）：16-19+38.

[299] 王雅莉，崔敬．城市化经济运行模式的比较分析——兼论大连品牌城市与青岛城市品牌[J]．经济与管理，2011（12）：34-37+52.

[300] 王亚辉，明庆忠，王峰．基于品牌关系的旅游目的地品牌构建研究[J]．资源开发与市场，2011（7）：663-666.

[301] 王艳，陈雷．非营利组织的品牌战略探究——以"壹基金"为例[J]．四川理工学院学报（社会科学版），2011（5）：23-26.

[302] 王洋，房殿生．打造冰雪文化品牌提升冰城旅游竞争力[J]．冰雪运动，2011（3）：91-93.

[303] 王颖聪，王雪野．我国时尚杂志品牌竞争态势实证研究——以女性高码洋期刊市场为例[J]．企业经济，2011（1）：65-68.

[304] 王玉华．品牌营销的理论分析与对策研究[J]．经济与管理，2011（9）：54-57.

[305] 王玉莲．农产品品牌竞争力评价指标体系及评价方法的构建[J]．求是学刊，2011（6）：53-57.

[306] 王运宏．试论农产品品牌推广的实施[J]．中外企业家，2011（1）：61-65.

[307] 王战，蒋浩．关于品牌社区价值及其经营策略的研究综述[J]．东南传播，2011（1）：118-120.

[308] 王正忠．品牌个性的形成及发展[J]．当代经济，2011（16）：132-135.

[309] 王志斌．太极拳品牌产业化逻辑分析[J]．南京体育学院学报（社会科学版），2011（3）：42-46.

[310] 王志东，闫娜．山东文化旅游品牌战略研究[J]．理论学刊，2011（6）：106-109.

[311] 王忠云，张海燕．产业融合视角下民族文化旅游品牌价值提升研究——以湘

西德夯为例[J].湖南商学院学报,2011(4):63-67.

[312]卫海英,杨国亮.企业-顾客互动对品牌信任的影响分析——基于危机预防的视角[J].财贸经济,2011(4):79-84.

[313]卫海英,张蕾,梁彦明,姚作为.多维互动对服务品牌资产的影响——基于灰关联分析的研究[J].管理科学学报,2011(10):43-53.

[314]魏芳.品牌名称的翻译及影响因素[J].西安建筑科技大学学报(社会科学版),2011(6):93-97.

[315]魏纪林,李明星,刘介明,胡神松.企业品牌创新知识产权协同战略探析[J].知识产权,2011(9):74-78.

[316]魏文川.基于价值链视角的特色农产品品牌塑造模式探讨[J].商业时代,2011(2):25-26.

[317]吴传清,从佳佳.区域产业集群品牌风险的成因及防范策略——基于文献述评与拓展研究的视角[J].学习与实践,2011(2):31-40.

[318]吴鸿.旅游目的地品牌个性塑造探析——以海南为例[J].湖南财政经济学院学报,2011(3):97-100.

[319]吴剑琳,代祺,古继宝.产品涉入度、消费者从众与品牌承诺:品牌敏感的中介作用——以轿车消费市场为例[J].管理评论,2011(9):68-75.

[320]吴佩勋,李力.零售商自有品牌的购买意向因素研究[J].中国流通经济,2011(5):78-82.

[321]吴思.我国企业跨国品牌资源的并购与整合:现状、问题与对策[J].国际贸易问题,2011(11):168-176.

[322]吴文瀚.品牌形象塑造中广告音乐的类型与心理接受机制探析[J].新闻界,2011(3):132-134.

[323]吴喜雁.区域产业品牌与产业集群演变动态研究[J].华东经济管理,2011(10):70-73.

[324]吴湘济,倪洁城.中国婚礼服企业的品牌发展研究[J].丝绸,2011(7):58-62.

[325]吴小平.制约物流企业品牌塑造的主要因素及其对策[J].改革与战略,2011(1):160-162.

[326]吴晓达.提升品牌价值的体验营销策略选择[J].赤峰学院学报(自然科学版),2011(9):54-55.

[327]吴晓丽,陈广仁,严佳君,岳臣,苏青,齐志红,朱宇.科技期刊品牌建设及延伸经营——《科技导报》办刊实践探析[J].中国科技期刊研究,2011(1):99-104.

[328]吴晓云,路复国,陈怀超.“台湾茶”区域品牌进入大陆市场的品牌拓展战略[J].未来与发展,2011(10):70-74.

［329］吴晓云，路复国，王峰．全球广告标准化与全球品牌一致性的关系模型［J］．财经论丛，2011（6）：99－104.

［330］吴艳，郑四渭．基于 TOPSIS 法的国际会展品牌竞争力评价［J］．江苏商论，2011（7）：80－82.

［331］吴勇．安踏运动品牌营销策略研究［J］．中国商贸，2011（29）：27－28.

［332］吴正勇，赵子文．以文化软实力提升中国企业品牌竞争力［J］．改革与战略，2011（2）：58－59＋84.

［333］夏晓平，李秉龙．品牌信任对消费者食品消费行为的影响分析——以羊肉产品为例［J］．中国农村观察，2011（4）：14－26＋96.

［334］夏欣欣．国外奢侈品牌运作对我国的启示［J］．中国市场，2011（23）：144－145＋159.

［335］鲜荣华，林叶青，吴冰，梁永刚．医院学科品牌建设策略探索与实践［J］．中国医院，2011（2）：60－62.

［336］肖文金．城市品牌战略与我国新型城市化进程［J］．求索，2011（6）：82－84.

［337］谢加封，沈文星．价值链管理与品牌竞争力：一个分析框架［J］．商业研究，2011（8）：51－55.

［338］谢加封，沈文星．中国木质家具品牌价值链治理：基于实证调查的分析［J］．世界林业研究，2011（6）：49－54.

［339］谢梅英，沈丽英．用品牌意识统领读者阅读指导创新服务模式［J］．图书馆理论与实践，2011（12）：22－25.

［340］谢庆红，罗二芳．国内外零售商自有品牌发展研究综述［J］．经济学动态，2011（10）：99－102.

［341］谢向英，陈小玲．基于战略联盟思想的地理标志品牌结盟研究——以福建白茶为例［J］．中国农学通报，2011（2）：299－303.

［342］谢向英，郑美玲．基于地理标志品牌成长的福建茶产业发展研究［J］．福建农林大学学报（哲学社会科学版），2011（6）：25－28.

［343］谢向英．福建白茶地理标志品牌结盟研究［J］．农业经济问题，2011（1）：49－54＋111.

［344］谢向英．福建品牌茶业发展探析［J］．科技和产业，2011（2）：16－20.

［345］谢子传．公安品牌管理法初探［J］．福建警察学院学报，2011（1）：35－40.

［346］谢宗云．南宁城市品牌差异化战略定位探析［J］．商业时代，2011（20）：139－143.

［347］徐彪，李心丹，张珣．基于顾客承诺的 IT 业品牌忠诚形成机制研究［J］．管理学报，2011（11）：1675－1681.

［348］徐金明．安踏销售渠道建设与品牌战略的启示［J］．科技信息，2011（13）：

133 – 134.

[349] 徐敬俊. 基于完全竞争的市场特征和需求缺乏弹性特点的农产品品牌营销分析[J]. 中国海洋大学学报（社会科学版），2011（6）：67 – 70.

[350] 徐令彦. 市场营销中的品牌定位浅析[J]. 经济研究导刊，2011（12）：199 – 200.

[351] 徐娜. 中小企业品牌网络推广策略[J]. 合作经济与科技，2011（21）：78 – 80.

[352] 徐鹏程. 浅析中小企业品牌战略的实施构想[J]. 商场现代化，2011（9）：45 – 46.

[353] 徐燕. 药品品牌的包装策略研究[J]. 包装工程，2011（20）：8 – 11.

[354] 许安心. 跨国公司在华品牌危机及启示——兼论中国自主品牌的国际化经营[J]. 福建论坛（人文社会科学版），2011（1）：26 – 28.

[355] 许安心. 品牌危机后的品牌传播策略研究[J]. 中国科技信息，2011（12）：146 – 148.

[356] 许敏玉，王小蕊. 中华老字号品牌传播策略研究[J]. 中国经贸导刊，2011（24）：81 – 82.

[357] 许文苹，陈通. 我国地理标志农产品品牌化的必要性分析[J]. 天津大学学报（社会科学版），2011（4）：303 – 307.

[358] 许新宇. 基于消费者知觉和品牌特性的品牌重新定位[J]. 江苏商论，2011（5）：27 – 29.

[359] 许正良，古安伟. 基于关系视角的品牌资产驱动模型研究[J]. 中国工业经济，2011（10）：109 – 118.

[360] 薛海波，王新新. 品牌社群关系网络密度影响品牌忠诚的作用机制研究[J]. 商业经济与管理，2011（8）：58 – 66.

[361] 薛海波. 品牌社群的组织界定与形成机理研究[J]. 外国经济与管理，2011（10）：33 – 41.

[362] 薛海波. 网络中心性、品牌社群融入影响社群绩效的实证研究[J]. 当代财经，2011（10）：73 – 81.

[363] 薛捷，张振刚. 中国自主品牌轿车的破坏性创新研究——以长城汽车为例[J]. 科学学研究，2011（1）：154 – 160 + 137.

[364] 薛倚明，韩琳. 常见牙膏品牌亲和力与重复购买意愿的实证研究[J]. 管理评论，2011（2）：93 – 98 + 106.

[365] 闫云霄. 万科企业品牌的营销沟通策略[J]. 企业经济，2011（2）：96 – 99.

[366] 央青. 试论孔子学院的品牌塑造[J]. 南昌大学学报（人文社会科学版），2011（5）：155 – 160.

[367] 杨杰，曾学慧，辜应康. 品牌来源国（地区）形象与产品属性对品牌态度及

购买意愿的影响[J]. 企业经济, 2011 (9): 51 – 53.

[368] 杨莉, 兰小媛, 陈进. 大学图书馆品牌经营与推广渠道——以上海交通大学图书馆 IC～2 创新型服务品牌实践为例[J]. 图书馆建设, 2011 (3): 99 – 102.

[369] 杨丽华, 王培培. 长沙市大学生品牌态度与消费行为调研: 以运动品牌为例[J]. 江苏商论, 2011 (6): 44 – 45.

[370] 杨林安, 张茜, 夏汉军. 基于游客角度的旅行社品牌价值研究[J]. 邵阳学院学报（社会科学版）, 2011 (3): 52 – 56.

[371] 杨宁. 服装品牌战略的完善与推广[J]. 黑龙江纺织, 2011 (1): 4 – 5 + 8.

[372] 杨文剑. 农特产品品牌形象建构的设计探索[J]. 浙江农林大学学报, 2011 (5): 789 – 793.

[373] 杨晓生, 史民强. 广州市体育用品品牌的发展战略[J]. 体育学刊, 2011 (5): 62 – 65.

[374] 杨喆, 许银萍. 区域品牌研究现状综述[J]. 中国城市经济, 2011 (23): 103 + 106.

[375] 杨佐飞. 基于产业集群的浙江区域品牌建设策略[J]. 改革与战略, 2011 (6): 135 – 138.

[376] 易开刚, 周树红, 金宝玉. 浙江区域茶品牌信誉危机透视与治理对策探讨[J]. 茶叶科学, 2011 (2): 152 – 159.

[377] 尹文珺, 顾幼瑾. 奢侈品品牌在品牌延伸时遭遇的问题浅析[J]. 中国市场, 2011 (27): 6 – 8.

[378] 于芳, 张进平. 卡通文化应用于餐饮业品牌（Ⅵ）设计的优越性探究[J]. 商业文化（下半月）, 2011 (5): 146 – 147.

[379] 于国瑞, 汪丹丹. 服装品牌进军 B2C 市场的困惑与出路——以唐狮品牌为例[J]. 丝绸, 2011 (1): 61 – 64.

[380] 于潇. 社交媒体时代品牌传播策略分析[J]. 新闻界, 2011 (4): 122 – 123 + 133.

[381] 于馨燕. 系统理论视角下的品牌生态商业模型构建[J]. 企业经济, 2011 (9): 48 – 50.

[382] 于颖. 基于企业社会责任的品牌建设研究[J]. 江苏商论, 2011 (5): 101 – 103.

[383] 余俊. 品牌扩张与商标制度的未来[J]. 电子知识产权, 2011 (11): 86 – 92.

[384] 余霞, 马宁. 论电影品牌的塑造[J]. 新闻爱好者, 2011 (2): 44 – 45.

[385] 喻国明. 媒介品牌形象及影响力指数的设计与分析[J]. 新闻前哨, 2011 (6): 8 – 11.

[386] 曾妮娜. 浅议旅游文化品牌的建设[J]. 市场论坛, 2011 (3): 67 – 68.

[387] 翟光红, 郭云. 我国自主品牌出口现状及对策分析[J]. 合肥师范学院学报,

2011（4）：69－73.

[388] 张保花，胡旺盛，张三宝．品牌社区认同因素对社区成员行为倾向影响研究[J]．中南大学学报（社会科学版），2011（4）：86－90.

[389] 张诚，谷留锋．跨国并购、品牌策略及产业影响分析[J]．现代管理科学，2011（7）：9－11.

[390] 张春晖，白凯．乡村旅游地品牌个性与游客忠诚：以场所依赖为中介变量[J]．旅游学刊，2011（2）：49－57.

[391] 张峰．基于顾客的品牌资产构成研究述评与模型重构[J]．管理学报，2011（4）：552－558＋576.

[392] 张海燕，覃丽凤．必胜客企业品牌管理的研究[J]．中小企业管理与科技（下旬刊），2011（6）：32－34.

[393] 张海燕，王忠云．产业融合视角下的民族文化旅游品牌建设研究[J]．中央民族大学学报（哲学社会科学版），2011（4）：17－23.

[394] 张海燕，王忠云．大湘西旅游产业品牌与区域经济发展的耦合研究[J]．贵州民族研究，2011（3）：118－124.

[395] 张辉，白长虹，郝胜宇．品牌资产管理新视角——基于员工的品牌资产研究述评[J]．外国经济与管理，2011（9）：34－42.

[396] 张辉．品牌、网络虚拟体验对产品 SEC 属性评价的影响[J]．广义虚拟经济研究，2011（3）：47－55.

[397] 张静，任卫新．新疆哈密瓜品牌发展战略研究——以哈密地区为例[J]．安徽农业科学，2011（1）：529－531.

[398] 张力群，高丽娟，韩顺平．品牌联合的主效应及其影响因素——基于 TESIRO 通灵的实证研究[J]．江海学刊，2011（4）：95－101.

[399] 张丽华．论品牌营销策略[J]．辽宁经济管理干部学院（辽宁经济职业技术学院学报），2011（6）：39－40.

[400] 张秋来．体育营销在企业品牌建设中所起的作用——以匹克运动品牌为例[J]．科技创业月刊，2011（6）：22－23＋32.

[401] 张文泉，赵江洪，谭浩．奥迪品牌发展与汽车造型特征研究[J]．装饰，2011（7）：75－77.

[402] 张欣瑞，雷悦．品牌偏好形成机理及营销启示[J]．商业时代，2011（4）：24－25.

[403] 张亚萍．服装品牌忠诚度的影响因素研究[J]．企业导报，2011（14）：117－118.

[404] 张彦荣．CBA 品牌营销策略研究[J]．价值工程，2011（33）：42－43.

[405] 张永建，史有春．双面网络口碑信息对消费者品牌态度的影响分析[J]．江苏科技信息，2011（5）：26－27＋30.

［406］张有绪. 基于消费者的品牌资产模型构建与实证研究［J］. 改革与战略，2011（10）：56-59.

［407］张有绪. 品牌资产测度方法构建研究［J］. 商业研究，2011（1）：32-38.

［408］张振兴，边雅静. 品牌体验——概念、维度与量表构建［J］. 统计与决策，2011（10）：177-179.

［409］章思思，杨子田，李双双，王雨潇. 中高端男装网络品牌营销策略分析——基于玛萨玛索品牌案例分析［J］. 商场现代化，2011（14）：31-33.

［410］赵飞. 企业品牌战略与国际化发展的研究与对策［J］. 内燃机与配件，2011（3）：39-42.

［411］赵赫. 电视频道主持人品牌化建构的基础与路径——以CCTV-2财经频道为例［J］. 南京社会科学，2011（7）：116-121.

［412］赵建芳，李晓艳，曹磊. 以李宁为例看国产运动品牌的网络营销［J］. 中国商贸，2011（3）：54-55.

［413］赵青，谷慧娟. 企业品牌评估：一种新方法的提出与评判［J］. 会计之友，2011（2）：18-20.

［414］赵勍升. 原产地品牌资产增值对策研究［J］. 改革与战略，2011（2）：47-50.

［415］赵卫宏，王东. 虚拟品牌社区消费者参与动机研究：中国消费者视角［J］. 企业经济，2011（7）：58-62.

［416］赵霞. 当前市场条件下的旅游景区品牌策略研究［J］. 中国商贸，2011（21）：155-156.

［417］赵晓飞. 品牌发展模式——茅台PK五粮液［J］. 中外企业文化，2011（9）：58-61.

［418］赵岩，周洋. 基于语义记忆模型的品牌联想表征的分析［J］. 兰州交通大学学报，2011（2）：12-16+53.

［419］赵易，李晶，宋菲. 海外品牌收购——中国汽车品牌发展的新路［J］. 中国商贸，2011（23）：188-189+193.

［420］赵志霞，唐娟. 来源国效应对大学生品牌态度的影响［J］. 社会心理科学，2011（2）：57-64.

［421］浙江大学CARD农业品牌研究中心中国茶叶企业产品品牌价值评估课题组，胡晓云，程定军，魏春丽，刘进. 2011中国茶叶企业产品品牌价值评估报告［J］. 中国茶叶，2011（5）：10-16.

［422］浙江大学CARD农业品牌研究中心中国茶叶区域公用品牌价值评估课题组，胡晓云，程定军，李闯，刘进，魏春丽. 2011中国茶叶区域公用品牌价值评估报告［J］. 中国茶叶，2011（5）：4-10.

［423］郑彬，卫海英. 基于消费者心理契约违背的品牌危机产生机理研究［J］. 企业

活力，2011（5）：41 – 44.

　　［424］郑彬，卫海英．品牌危机的内涵、分类及应对策略研究［J］．现代管理科学，2011（2）：91 – 93.

　　［425］郑欢，陈依红．创意传播——宗族类旅游景区的品牌化之路［J］．广告大观（理论版），2011（5）：74 – 80.

　　［426］郑文清，肖平．基于顾客的品牌资产创建模型研究［J］．商业研究，2011（6）：14 – 18.

　　［427］郑文清，肖平．基于顾客体验的品牌资产提升研究［J］．价格月刊，2011（4）：72 – 76.

　　［428］郑文清，肖平．木质家具品牌定位创新研究［J］．林业经济问题，2011（2）：137 – 140.

　　［429］郑秀平．品牌生态——品牌战略的新角度［J］．经济导刊，2011（5）：76 – 77.

　　［430］郑亚琴，郭琪．微博营销对企业品牌传播的影响［J］．吉林工商学院学报，2011（4）：27 – 31.

　　［431］周冰，孔繁敏，张一弛．雇主品牌维度及其影响效果：一项针对商业银行招聘和学生求职的实证研究［J］．管理学家（学术版），2011（7）：3 – 22.

　　［432］周华清．从"三一重工"的救灾事件看工业品牌的营销策略［J］．绵阳师范学院学报，2011（9）：17 – 19 + 23.

　　［433］周华清．工业品牌的事件营销策略研究——以"三一重工"为例［J］．河北北方学院学报（社会科学版），2011（4）：64 – 67.

　　［434］周华清．学术期刊的品牌经营策略研究［J］．四川理工学院学报（社会科学版），2011（4）：137 – 140.

　　［435］周鹏鹏．品牌定位与品牌文化辨析［J］．山东社会科学，2011（1）：117 – 120.

　　［436］周森，杨洪，倪自银．江苏沿海地区特色产业的区域品牌建设研究——以"中国东台发绣艺术之乡"为例［J］．企业经济，2011（9）：97 – 99.

　　［437］周敏，鹿永华，王少婷，柳冬，董丽．青岛农产品品牌建设浅析［J］．农业经济，2011（5）：30 – 31.

　　［438］周墨菁．中小型企业品牌建设过程中存在的问题及对策［J］．品牌（理论月刊），2011（7）：3 – 4.

　　［439］周文辉．网络口碑影响消费者品牌态度的机理与对策研究［J］．江苏商论，2011（12）：57 – 59.

　　［440］周晓丽．旅游目的地品牌化初探［J］．宜春学院学报，2011（1）：50 – 53.

　　［441］周旭，李晶．"无中生有"的品牌力量——浅析"无品牌"的品牌设计之路［J］．装饰，2011（4）：100 – 101.

［442］周颖．服装零售业态创新——基于 ZARA、H&M 等快速时尚品牌的研究［J］．改革与战略，2011（8）：143－145．

［443］周运锦．品牌伞的形成路径及研究主题［J］．中国流通经济，2011（5）：73－77．

［444］周志民，郑雅琴．从品牌社群认同到品牌忠诚的形成路径研究——中介与调节效应检验［J］．深圳大学学报（人文社会科学版），2011（6）：84－90．

［445］周仲宽，李春好．我国汽车产品品牌拥挤的影响因素分析［J］．科技管理研究，2011（3）：131－134．

［446］朱丹彤．关于房地产企业品牌价值建设的若干思考［J］．改革与开放，2011（6）：80－81．

［447］朱磊，郑爽，张子民，杨琰．综合门户网站品牌个性维度的模型建构研究——基于词汇联想法［J］．广告大观（理论版），2011（5）：67－73．

［448］朱梦婷，陆惠民．建筑业企业品牌与竞争力［J］．工程管理学报，2011（1）：100－104．

［449］朱瑞平．地质公园旅游品牌价值研究［J］．市场论坛，2011（2）：82－85．

［450］朱小玲．校园文化品牌活动构建和阅读推广［J］．大学图书馆学报，2011（2）：31－37．

［451］朱鑫榕．我国农产品品牌战略发展对策研究——以安溪铁观音为例［J］．生产力研究，2011（5）：32－33．

［452］祝合良．我国商贸流通业自主品牌培育发展思路［J］．中国流通经济，2011（8）：97－101．

［453］庄爱玲，余伟萍．道德关联品牌负面曝光事件溢出效应实证研究——事件类型与认知需求的交互作用［J］．商业经济与管理，2011（10）：60－67．

［454］邹学芝．我国职业体育俱乐部品牌联想因子研究［J］．北京体育大学学报，2011（6）：13－17．

［455］左双喜，刘沁园．论中国服装品牌设计及重要性［J］．轻纺工业与技术，2011（6）：82－83．

［456］左太元．多元化战略下品牌识别的符号化缺失与构建［J］．包装工程，2011（6）：5－7＋11．

2012 年

［1］阿兰·贝森代尔．英国开放大学品牌的塑造［J］．北京广播电视大学学报，2012（6）：15－19．

［2］艾墨，金芙杰．互联网信息服务带来改变　消费者确定性、消费者满意度和中国品牌的发展［J］．中国质量万里行，2012（10）：10－16．

［3］白秀君，王秋令．品牌资产管理策略分析［J］．改革与战略，2012（9）：49-51．

［4］白艳霞，宁白瑞普．论商标形象的视觉设计与品牌传播［J］．北京理工大学学报（社会科学版），2012（4）：141-146．

［5］边雅静，毛炳寰，张振兴．品牌体验对品牌忠诚的影响机制分析——基于餐饮品牌的实证研究［J］．数理统计与管理，2012（4）：670-679．

［6］卞显红．创新网络、集群品牌视角的旅游产业集群升级研究——以杭州国际旅游综合体为例［J］．地域研究与开发，2012（3）：22-26．

［7］蔡建梅，李易儒．基于淘宝网络销售平台的原创女装品牌发展策略研究［J］．浙江理工大学学报，2012（4）：526-531．

［8］曹琳．地理标志产业集群自律机制分析——基于品牌关联的视角［J］．华东经济管理，2012（2）：105-111．

［9］曹琳．基于品牌延伸的地理标志产品可持续发展机制研究［J］．云南财经大学学报，2012（1）：123-131．

［10］曹颖，符国群．使用者形象一致性及形象强度对品牌延伸的影响［J］．管理学报，2012（5）：723-728．

［11］常亚南．区域优势农产品品牌建设实证研究——以信阳红茶产业为例［J］．安徽农业科学，2012（12）：7527-7529+7532．

［12］陈海亮，莫水台，鲁瑶，陈涛．品牌个性、感知价值和品牌忠诚关系的实证研究［J］．中国市场，2012（6）：117-120．

［13］陈宏辉，周虹云．英国超市自有品牌产品的经营策略及其启示［J］．当代经济管理，2012（9）：16-19．

［14］陈济雷．我国自主品牌车企发展对策：以"长城汽车"为范本［J］．经济论坛，2012（7）：96-100．

［15］陈佳丽，汪筱兰．茶产业的品牌营销策略分析——以杭州西湖龙井茶为例［J］．东方企业文化，2012（19）：40-41．

［16］陈立彬，张倩，江林．国货化妆品品牌现状及其衰落成因研究［J］．中国商贸，2012（34）：118-120．

［17］陈丽园．基于品牌关系理论的全媒体品牌资产评估模型探析［J］．东南传播，2012（8）：18-21．

［18］陈柳．文化认同、跨国文化竞争与中国品牌国际化［J］．学习与实践，2012（3）：12-17．

［19］陈柳．自主品牌的驱动研究：基于产业层面的分析框架［J］．中央财经大学学报，2012（7）：55-60．

［20］陈慕侨．小肥羊品牌营销现状及建议［J］．经济研究导刊，2012（8）：154-156．

［21］陈颇．中国知名体育用品品牌形象的结构模型［J］．武汉体育学院学报，2012（10）：39－46.

［22］陈水映．南阳城市旅游品牌体系的构建与实施［J］．南阳师范学院学报，2012（6）：70－73.

［23］陈桃红．品牌建设视野下本土护肤品牌的发展策略研究［J］．江苏商论，2012（4）：85－87.

［24］陈曦，周靖凯．山寨企业转型自主创新品牌——基于山寨手机产业发展研究的演进跃迁路径模型构建［J］．华东经济管理，2012（11）：68－75.

［25］陈晓芳．旅游景区品牌建设探讨——以泰宁大金湖风景名胜区为例［J］．科技和产业，2012（6）：43－46.

［26］陈晓峰．品牌感知、消费忠诚度与企业社会责任预判：由牛乳制品行业生发［J］．改革，2012（2）：106－112.

［27］陈瑶．基于顾客满意理论的品牌延伸策略研究［J］．哈尔滨商业大学学报（社会科学版），2012（1）：38－41.

［28］陈奕，周园芳．论城市形象宣传片的品牌传播策略［J］．新闻知识，2012（5）：70－71＋20.

［29］陈焘，吴传清．区域产业集群品牌的地理标志管理模式选择［J］．武汉大学学报（哲学社会科学版），2012（3）：105－111.

［30］陈茁．宜家家居品牌战略的探析［J］．中国商贸，2012（10）：107－108.

［31］仇飞云，宋昱，李小平，李蕴．体育品牌关系质量视角下的消费者行为探究［J］．体育与科学，2012（6）：57－62.

［32］戴程．品牌社群的建设机制研究［J］．莆田学院学报，2012（1）：51－55＋64.

［33］戴淑娇，蒋智威．基于消费者感知的服装品牌LOGO设计评估研究［J］．丝绸，2012（7）：39－43.

［34］邓念武，段宁．东莞民营企业品牌发展的特点与历程［J］．东莞理工学院学报，2012（6）：10－13＋19.

［35］狄俊锋，吴俊霞．基于品牌绩效评价的企业品牌营销策略研究［J］．中国商贸，2012（30）：25－26.

［36］丁海猛．社会化媒体时代城市品牌传播的探讨［J］．中国广告，2012（5）：110－112.

［37］丁伟．服装品牌文化与品牌服装设计定位研究［J］．中国商贸，2012（11）：25－26.

［38］董平，苏欣．基于消费者的农产品区域品牌资产模型构建及实证研究［J］．商业时代，2012（23）：29－31.

［39］董平．企业社会责任、消费者响应与品牌资产提升路径研究［J］．特区经济，2012（8）：215－217.

[40] 董秀春. 品牌价值和品牌资产的差异与评估分析[J]. 内蒙古财经学院学报, 2012 (6): 67-70.

[41] 董彦. 基于文化创意的动漫形象品牌管理研究[J]. 黑河学院学报, 2012 (6): 48-51.

[42] 董征. 品牌延伸的问题与对策[J]. 企业研究, 2012 (22): 24-25.

[43] 段桂敏, 余伟萍. 副品牌伤害危机对主品牌评价影响研究——消费者负面情感的中介作用[J]. 华东经济管理, 2012 (4): 115-119.

[44] 段桂敏, 余伟萍. 过失型、蓄意型产品伤害危机对品牌组合购买意愿影响研究——消费者负面情感的中介作用[J]. 管理现代化, 2012 (2): 29-31.

[45] 范公广. 农产品品牌保护策略探析[J]. 江苏商论, 2012 (11): 3-5+10.

[46] 范小军, 黄沛. 自有品牌成功的先决因素和影响效应研究[J]. 管理科学学报, 2012 (12): 25-39.

[47] 范秀成, 张辉. 服务品牌形象提升策略研究——基于酒店业的实证研究[J]. 当代财经, 2012 (3): 63-71.

[48] 冯林, 叶立润. 区域品牌与城市品牌内涵及其关系探究[J]. 商业时代, 2012 (4): 24-26.

[49] 付海南. 中外经济型酒店品牌管理比较研究——以"如家酒店"和"速8酒店"为例[J]. 乐山师范学院学报, 2012 (12): 53-58.

[50] 傅晶. 黑龙江林区夏季旅游品牌形象建设问题研究[J]. 森林工程, 2012 (6): 99-102+115.

[51] 高静. 旅游目的地品牌化成功的影响因素: 基于文献回顾的研究[J]. 旅游论坛, 2012 (5): 7-12.

[52] 高俊翔. 试论企业品牌营销策略[J]. 科技信息, 2012 (6): 76.

[53] 高丽华. 企业社会责任视角下的出版品牌价值[J]. 出版发行研究, 2012 (3): 13-17.

[54] 高翔, 吕庆华. 城市品牌依恋影响机理研究——基于上海、泉州、兰州、岳阳的实证分析[J]. 中国流通经济, 2012 (7): 83-88.

[55] 耿敏, 周典, 胡晓, 李娇龙. 新医改形势下医院品牌建设探讨[J]. 安徽医学, 2012 (3): 346-348.

[56] 龚绪萍. 基于消费者视角的品牌竞争力衡量研究——以手机行业为例[J]. 商场现代化, 2012 (12): 11-14.

[57] 顾春梅, 张伟. 品牌代言人可信度对品牌忠诚的影响研究——以品牌信任为中介[J]. 江苏商论, 2012 (10): 61-64.

[58] 顾海兵, 陈芳芳, 孙挺. 基于品牌视角的国家经济安全研究[J]. 学术研究, 2012 (9): 66-72+160.

[59] 顾海勇. 职业体育俱乐部市场化运作的品牌战略——以法国4大足球俱乐部为

例[J].体育学刊，2012（5）：37－40.

［60］顾立汉，王兴元.品牌分布形态与区域经济发展关系实证研究[J].软科学，2012（8）：73－77.

［61］顾伟.Interbrand 品牌资产评估模型述评[J].商业经济，2012（12）：26－27＋43.

［62］关纯兴.区域农产品品牌协同管理研究[J].学术研究，2012（6）：74－79.

［63］广明群，王庆，高秀存，孙虹.城市商业银行品牌建设分析与对策[J].河北金融，2012（2）：26－28.

［64］桂渝芳，熊周文，苏百荣.城市品牌建设与传播战略研究——以湖北荆门市打造中国农谷品牌为例[J].社科纵横，2012（12）：46－48.

［65］郭国庆，牛海鹏，刘婷婷，姚亚男.品牌体验对品牌忠诚驱动效应的实证研究——以不同产品卷入度品牌为例[J].经济与管理评论，2012（2）：58－66.

［66］郭洪，薛大东，杜青龙，连震，郭炤君.我国品牌资产价值证券化分析[J].中国软科学，2012（6）：113－119.

［67］郭锐，陶岚，汪涛，周南.民族品牌跨国并购后的品牌战略研究——弱势品牌视角[J].南开管理评论，2012（3）：42－50.

［68］郭锐，陶岚.中国本土品牌跨国并购后的品牌战略跨文化研究——动态视角[J].中国管理科学，2012（S2）：627－634.

［69］郭守亭，李佛关.中国品牌的价值演化与价值分布研究[J].中南财经政法大学学报，2012（2）：56－60.

［70］郭小强.品牌推广过程中的广告创意与媒介应用研究[J].包装工程，2012（18）：15－18＋22.

［71］郭晓丽.动漫品牌内涵的界定研究[J].山东理工大学学报（社会科学版），2012（5）：63－67.

［72］郭晓凌.社会认同对全球品牌态度影响机制研究[J].财经问题研究，2012（10）：109－114.

［73］郭鑫.基于精准营销的提升品牌竞争力的实现途径[J].山西财经大学学报，2012（S1）：112－113.

［74］哈丹·卡宾，霍国庆，张晓东.新疆区域农业品牌价值最大化及其评价指标与模型[J].数学的实践与认识，2012（22）：121－130.

［75］哈丹·卡宾，霍国庆.新疆农产品品牌建设及组合策略研究[J].新疆财经，2012（5）：46－49.

［76］何佳讯，秦翕嫣，才源源.中国文化背景下消费行为的反向代际影响：一种新的品牌资产来源及结构[J].南开管理评论，2012（4）：129－140.

［77］何晶娇，王海燕，吕艳丹.海南本土品牌定位中的问题与对策研究[J].特区经济，2012（10）：189－191.

［78］贺和平，苏海云．"本地货"意识、品牌特性与消费者本地品牌偏好研究［J］．深圳大学学报（人文社会科学版），2012（6）：100－105＋68.

［79］贺华丽，刘斯敖．浙江外向型民营企业品牌国际化研究［J］．中共浙江省委党校学报，2012（3）：13－17.

［80］侯瑾．城市品牌形象建设营销策略研究［J］．中国市场，2012（5）：30－34.

［81］侯瑾．基于4R'角度的绿色食品企业品牌营销策略研究［J］．安徽农业科学，2012（8）：4973－4975.

［82］侯立松．文化驱动的本土品牌国际化研究［J］．开发研究，2012（6）：146－149.

［83］胡锋，赵红，王焱，赵宇彤．品牌重叠测度理论模型及实证研究［J］．中国管理科学，2012（3）：167－174.

［84］胡觉亮，李程，韩曙光．服装品牌形象影响因素分析及其权重确定［J］．纺织学报，2012（7）：141－145.

［85］胡俊男，董大海，刘瑞明．品牌整合战略及品牌整合本质的探索性研究［J］．科技与管理，2012（4）：29－34.

［86］胡穗华，吴贞选．体育彩票品牌个性感知对购买体育彩票意愿的影响研究——以广东省为例［J］．体育科学，2012（6）：25－32.

［87］胡效芳，焦兵，张文彬．中国体育品牌产业竞争力比较研究［J］．统计与信息论坛，2012（4）：67－71.

［88］胡彦蓉，刘洪久，吴冲，张瑾．基于生态理论的品牌竞争策略研究［J］．生态经济，2012（7）：121－124.

［89］花立明．基于顾客忠诚度的星级酒店品牌资产提升研究［J］．中国商贸，2012（10）：103－104.

［90］皇甫刚，刘鹏，司君鹏，赵路，石正宇，黄秀瑜．雇主品牌的模型构建与测量［J］．北京航空航天大学学报（社会科学版），2012（1）：85－92.

［91］黄静，童泽林，张友恒，张晓娟．负面情绪和说服策略对品牌关系再续意愿的影响［J］．心理学报，2012（8）：1114－1123.

［92］黄璐．政治传播批判视角：青奥会的品牌优势与媒体形象［J］．新闻界，2012（1）：47－49.

［93］黄明，薛云建．基于品牌价值提升的品牌文化战略创新（三）——品牌文化战略的建设层次［J］．企业研究，2012（11）：58－60.

［94］黄鸣奋．品牌：我国的新媒体与动漫产业［J］．南京邮电大学学报（社会科学版），2012（1）：8－15.

［95］黄宁夏．区域文化品牌战略研究——世界文化遗产项目"福建土楼"案例分析［J］．长春师范学院学报，2012（6）：56－59.

［96］黄升民，邵华冬，庞全，安琪，闫芬，陈高杰，胡重，李悦，马轶红．葵花向

阳．招商银行 25 年品牌成长的奥秘[J]．市场观察，2012（4）：28-37．

［97］黄悦，范以锦．提升纸媒品牌，应对多媒体挑战[J]．学术评论，2012（1）：105-108．

［98］江若尘，徐冬莉．虚拟品牌社区公民行为概念界定与量表开发[J]．软科学，2012（10）：121-125．

［99］姜宝山，寇立军，吕涛．企业品牌危机起因分析及启示[J]．会计之友，2012（9）：51-55．

［100］姜保雨．中原经济区产业集群品牌建设探析[J]．企业经济，2012（11）：136-138．

［101］姜军．零售连锁企业自有品牌开发问题研究[J]．郑州轻工业学院学报（社会科学版），2012（3）：72-75．

［102］姜仁仁，白丽萍．社区卫生服务品牌建设的 SWOT 分析和对策研究[J]．中国全科医学，2012（22）：2509-2511．

［103］姜嫄，赵红．基于模糊识别模型的品牌生命周期测评方法研究[J]．管理评论，2012（1）：90-98．

［104］蒋健民．终身教育理念下打造社区教育品牌的理论研究[J]．职教论坛，2012（22）：27-30．

［105］蒋廉雄，陈广汉．珠三角、长三角地区自主品牌发展的比较研究[J]．现代经济探讨，2012（3）：17-21．

［106］蒋廉雄，冯睿，朱辉煌，周懿瑾．利用产品塑造品牌：品牌的产品意义及其理论发展[J]．管理世界，2012（5）：88-108+188．

［107］蒋廉雄，周懿瑾．自主品牌研究的问题与发展探讨——一个营销学的视角[J]．中国地质大学学报（社会科学版），2012（2）：84-94+140．

［108］蒋永华．香水品牌形象建构中包装设计策略研究[J]．包装工程，2012（22）：64-67+72．

［109］焦伟伟，董谦，梁俊龙．河北省县域特色品牌农产品对接京津市场的策略[J]．江苏农业科学，2012（4）：412-414．

［110］金栋昌，王琨．整合品牌传播：文化产业园区品牌传播的机制创新[J]．河北经贸大学学报（综合版），2012（3）：9-12．

［111］金明．消费者品牌钟爱与品牌忠诚：以品牌敏感为中介[J]．商业经济与管理，2012（8）：45-53．

［112］康晓光．企业品牌个性化营销研究[J]．经济纵横，2012（6）：122-124．

［113］孔清溪，李若曦，丁俊杰．中国电视节目品牌化策略研究[J]．现代传播（中国传媒大学学报），2012（2）：92-95．

［114］孔颖．品牌构建中新媒体的功能及应用路径探析[J]．河南师范大学学报（哲学社会科学版），2012（3）：98-100．

[115] 孔昭林, 王丹谊. 新媒体视野下北京老字号品牌推广的创新表现[J]. 北京联合大学学报（人文社会科学版）, 2012 (4): 50 - 54.

[116] 兰文巧. 民办高校品牌资产问题刍议[J]. 内蒙古师范大学学报（教育科学版）, 2012 (7): 9 - 12.

[117] 蓝燕玲, 黄合水. 品牌个性的测量、塑造及作用[J]. 广告大观（理论版）, 2012 (2): 93 - 97.

[118] 雷佳哲, 雷选沛. "李娜"效应与品牌运营研究[J]. 湖北社会科学, 2012 (5): 50 - 53.

[119] 雷鸣. 品牌形象广告创意的特征与途径[J]. 包装工程, 2012 (16): 28 - 31.

[120] 李超. 我国企业品牌营销中存在的问题和对策[J]. 中国商贸, 2012 (16): 117 - 118.

[121] 李大成. 品牌定位和营销策略的统一——"哈根达斯"的启示[J]. 电子世界, 2012 (13): 159 - 160.

[122] 李飞星, 王美媛. 中国南珠产业产品品牌与区域整体品牌个性维度构建[J]. 农业经济问题, 2012 (7): 103 - 109.

[123] 李佛关, 郭守亭. 世界品牌的分布与国家经济实力关联研究——基于2000 ~ 2009 年美日德法英五国的面板数据[J]. 经济与管理研究, 2012 (6): 13 - 20.

[124] 李佛关, 谢佩洪. 我国品牌的分布与流通产业区域竞争力关联研究[J]. 华东经济管理, 2012 (9): 92 - 94.

[125] 李佛关. 经济发展对品牌化进程的推进[J]. 西安财经学院学报, 2012 (5): 5 - 9.

[126] 李佛关. 我国品牌的地区分布与区域经济实力关联研究[J]. 经济问题探索, 2012 (4): 58 - 63.

[127] 李桂华, 张云飞, 刘铁. 品牌危机情境下微博网络口碑的探索性研究——归因、情境、策略与口碑的"树根模型"[J]. 经济与管理研究, 2012 (9): 89 - 99.

[128] 李海鹏. 中国自主企业品牌竞争力指数模型研究: 量表开发的视角[J]. 华东经济管理, 2012 (6): 140 - 147.

[129] 李华. 品牌定位与品牌管理[J]. 中国质量技术监督, 2012 (4): 64 - 65.

[130] 李华富. 区域品牌竞争力测定模型构建[J]. 商业经济, 2012 (3): 74 - 76.

[131] 李慧星, 涂永式. 浅论中国文化创意产业品牌战略[J]. 特区经济, 2012 (5): 222 - 224.

[132] 李静, 王其荣, 陈朝晖. 品牌理论研究综述[J]. 企业改革与管理, 2012 (11): 12 - 13.

[133] 李攀, 宋永高. 品牌个性、品牌认知与品牌关系的关系探讨[J]. 经济论坛, 2012 (10): 165 - 167 + 161.

[134] 李启庚, 余明阳, 薛可, 黄晶. 调节聚焦匹配性对品牌体验和重购意向的影

响研究［J］．上海交通大学学报（哲学社会科学版），2012（1）：86－93.

［135］李启庚，余明阳．品牌组合战略对子品牌/品类间溢出效应的影响研究［J］．软科学，2012（10）：71－75.

［136］李庆春．创新扩散理论与品牌传播的契合性［J］．经营与管理，2012（3）：13－14.

［137］李荣．微博作为企业品牌传播媒介探究［J］．东南传播，2012（1）：88－90.

［138］李珊，罗娅娴，李蔚，吴家灿．汽车行业跨国收购事件对品牌形象的影响研究［J］．四川大学学报（哲学社会科学版），2012（4）：119－127.

［139］李世宏，王岗，邱丕相．少林武术文化品牌的培育与推广［J］．成都体育学院学报，2012（5）：57－59.

［140］李淑燕．福建安溪茶业品牌发展策略［J］．市场论坛，2012（2）：73－75.

［141］李玮琦．服装品牌视觉识别系统设计研究［J］．美与时代（上），2012（10）：101－104.

［142］李文红，魏秀芳．微博经济时代品牌营销研究［J］．中国集体经济，2012（9）：69－70.

［143］李晓亮．湖南工程机械企业品牌国际化公关策略研究［J］．特区经济，2012（11）：145－148.

［144］李晓霞．福建会展品牌传播探析［J］．东南传播，2012（6）：126－128.

［145］李兴江，张玉洁．品牌价值建设与区域经济增长差异的实证研究［J］．审计与经济研究，2012（1）：99－105.

［146］李雪山，徐戈．旅游文化产业品牌设计探讨［J］．商业时代，2012（12）：121－122.

［147］李雪欣，李海鹏．中国品牌定位理论研究综述［J］．辽宁大学学报（哲学社会科学版），2012（3）：100－106.

［148］李亚林．基于区域品牌视角下的产业集群升级路径及对策研究［J］．经济与管理，2012（12）：79－83.

［149］李亚林．区域品牌的形成创建机理研究——以农产品区域品牌为例［J］．科技创业月刊，2012（11）：32－35.

［150］李龑．顾客体验对社区网站品牌忠诚影响的实证研究——以"豆瓣网"为例［J］．科学技术与工程，2012（2）：390－394.

［151］李艳华．零售企业自有品牌竞争力评价研究［J］．北京工商大学学报（社会科学版），2012（6）：7－12.

［152］李元勋，刘文．零售商自有品牌与消费者购买意愿因素研究——以山东省零售企业为例［J］．统计与信息论坛，2012（9）：100－105.

［153］梁建飞．品牌传播中图像的符号过程与语义分析［J］．包装工程，2012（20）：25－28.

［154］梁健爱．顾客体验与零售商品牌竞争力关系研究［J］．企业经济，2012（11）：13－15.

［155］梁瑞仙．我国中小企业品牌战略实施研究［J］．中国市场，2012（18）：11－13.

［156］梁文光，李鹏志．基于消费者价值的品牌社群营销思路与对策［J］．特区经济，2012（9）：296－298.

［157］林德荣，滕淑珍．农产品区域公用品牌成长路径及影响因素研究——以"烟台苹果"为例［J］．青岛农业大学学报（社会科学版），2012（2）：23－26.

［158］林枫．白酒企业如何进行高效的品牌管理——白酒品牌资产管理模式探寻［J］．中国酒，2012（3）：46－54.

［159］林盛，滑彦莉，白寅，康键．品牌资产与顾客满意关系的实证研究［J］．西安电子科技大学学报（社会科学版），2012（6）：37－44.

［160］林伟豪，廖宇，翁晓玲．政务微博的政府品牌形象塑造策略——以"@上海发布"新浪政务微博为例［J］．东南传播，2012（9）：41－43.

［161］林雅军，刘家凤．饮料类休眠品牌激活的影响因素实证研究［J］．西南民族大学学报（人文社会科学版），2012（3）：119－125.

［162］林雅军，朱敏．休眠品牌与企业品牌融合机制研究［J］．理论探讨，2012（3）：101－104.

［163］刘斌，赵红．基于灰色评价方法的高新区品牌竞争力实证研究——以重庆高新区为例［J］．数学的实践与认识，2012（8）：36－43.

［164］刘超．媒体品牌个性研究述评——测量方法、维度解析与研究展望［J］．国际新闻界，2012（7）：97－101.

［165］刘凤军，李敬强，李辉．企业社会责任与品牌影响力关系的实证研究［J］．中国软科学，2012（1）：116－132.

［166］刘岗．中国男子篮球职业联赛品牌定位研究［J］．中国体育科技，2012（1）：48－53.

［167］刘高福，徐玖平，聂磊．基于健身服务质量的顾客品牌忠诚影响因素实证研究［J］．上海体育学院学报，2012（5）：31－35.

［168］刘革．中小企业的要素品牌战略［J］．销售与市场（管理版），2012（8）：33－35.

［169］刘桂花．服装品牌定位与经营战略［J］．中国经贸导刊，2012（29）：54－57.

［170］刘红霞．中小企业品牌质押融资估值模型构建研究［J］．中央财经大学学报，2012（1）：82－85.

［171］刘华军，鲍振，杨骞．中国品牌经济发展的空间非均衡与极化研究——基于2004～2011年中国品牌500强数据的经验分析［J］．财经研究，2012（8）：84－95.

［172］刘华军，赵浩，杨骞．中国品牌经济发展的地区差距与影响因素——基于Dagum 基尼系数分解方法与中国品牌 500 强数据的实证研究［J］.经济评论，2012（3）：57－65.

［173］刘建堤.品牌定义与品牌资产理论研究文献综述［J］.经济研究导刊，2012（31）：195－199.

［174］刘建梅.城市品牌成长机理与培育路径研究——以"科技北京"品牌建设为例［J］.城市发展研究，2012（9）：129－131.

［175］刘建梅.社会沟通对青年人品牌忠诚影响的实证研究——品牌联想和品牌形象认知的中介效应［J］.经济与管理研究，2012（6）：104－110.

［176］刘巨钦，田雯霞.老字号企业品牌文化创新研究［J］.商业研究，2012（5）：64－68.

［177］刘开娥，滕志朋.文化产业发展中民族文化品牌的开发利用——以广西民族文化品牌"刘三姐"为例［J］.法制与经济（上旬），2012（3）：74－76＋84.

［178］刘丽娟，李天元.国外旅游目的地品牌化研究现状与分析［J］.人文地理，2012（2）：26－31.

［179］刘丽君.中国会展品牌战略研究［J］.经济研究导刊，2012（34）：203－209.

［180］刘丽娴，王靖文.杭州女装的多品牌战略与传播模式创新［J］.丝绸，2012（4）：70－72.

［181］刘柳，陈启宁.微博营销效果研究：基于品牌关系的视角［J］.科学技术与工程，2012（6）：1448－1452.

［182］刘枚莲，邹奕，吴立杰，李慧兰.网络消费者品牌偏好与品牌选择的关系研究［J］.商业时代，2012（24）：32－34.

［183］刘明广，张艳.品牌会展活动对"阿里巴巴"公司品牌形象影响研究［J］.特区经济，2012（7）：296－298.

［184］刘倩倩，邵华，黄冉阳，胡庆剑.农产品区域品牌提升策略浅析——以浙江奉化水蜜桃品牌提升为例［J］.商场现代化，2012（6）：43－44.

［185］刘松涛."王老吉"PK"加多宝"（连载一）——一场以品牌为基本作战单位的消费者心智认知争夺战［J］.企业研究，2012（13）：38－41.

［186］刘向红，于瑞卿.城市品牌建设中的品牌定位问题分析［J］.商业时代，2012（20）：22－23.

［187］刘新，杨伟文.虚拟品牌社群认同对品牌忠诚的影响［J］.管理评论，2012（8）：96－106.

［188］柳思维.努力将贴牌大国打造成自主品牌强国的思考［J］.北京工商大学学报（社会科学版），2012（4）：1－7.

［189］卢长宝.消费特权引致的嫉妒效应及对品牌关系的影响［J］.广东商学院学报，2012（4）：38－48.

［190］卢冠屹.浅谈现代企业的品牌营销策略与执行［J］.商业经济，2012（8）：

69 – 70.

[191] 卢晓. 国际奢侈品牌中国高端消费市场进入模式分析[J]. 财贸经济, 2012 (8)：105 – 112.

[192] 卢秀龙, 吴声怡, 施生旭. 我国茶叶区域品牌资产评估模型及实证研究——以安溪铁观音为例[J]. 湖北社会科学, 2012 (9)：75 – 77 + 89.

[193] 陆吉星, 方延厚. 对群众文化活动品牌建设的思考[J]. 电影评介, 2012 (13)：105 – 107 + 110.

[194] 陆立军, 赵永刚. 网络拓展、品牌嵌入与专业市场适应性——基于义乌"中国小商品城"的实证分析[J]. 中国软科学, 2012 (7)：115 – 125.

[195] 陆兴忍. 2011 年度中国服装品牌研究综述（二）[J]. 服饰导刊, 2012 (2)：58 – 61.

[196] 陆兴忍. 2011 年度中国服装品牌研究综述（一）[J]. 服饰导刊, 2012 (1)：30 – 35.

[197] 陆瑶, 徐利新. 专业市场品牌网络及其绩效测定——基于义乌"中国小商品城"的研究[J]. 商业经济与管理, 2012 (2)：14 – 21.

[198] 吕承超, 孙曰瑶. 连锁品牌选址的耦合机制模型及经济分析[J]. 北京工商大学学报（社会科学版）, 2012 (6)：1 – 6.

[199] 吕承超, 王爱熙. 特许经营商业模式品牌策略的经济分析[J]. 北京交通大学学报（社会科学版）, 2012 (2)：59 – 65.

[200] 吕承超, 徐情. 品牌信用度持久性及品牌策略研究[J]. 福建师范大学学报（哲学社会科学版）, 2012 (1)：41 – 45.

[201] 吕承超. 文化产业发展的品牌机制及战略研究[J]. 四川师范大学学报（社会科学版）, 2012 (4)：71 – 78.

[202] 吕寒, 胡慧源. 论文化遗产区域品牌的形成机制与培育模式[J]. 现代经济探讨, 2012 (7)：50 – 53.

[203] 吕苏榆. 日本农业区域品牌发展探析[J]. 现代日本经济, 2012 (2)：73 – 79.

[204] 吕艳玲, 王兴元. 品牌竞争力形成的动态机理模型及其提升对策[J]. 经济问题探索, 2012 (8)：81 – 85.

[205] 罗坤瑾. 从传播人类学视角看民族文化品牌的塑造——以贵州为例[J]. 广西民族研究, 2012 (2)：48 – 53.

[206] 马玲, 刘蕊. 新媒体故事营销——互联网时代的品牌传播之道[J]. 东南传播, 2012 (2)：106 – 108.

[207] Mahendra Prasad Khatri. 央视广告宣传对企业品牌传播效果的影响机制研究——以"美的"为例[J]. 对外经贸, 2012 (5)：99 – 101.

[208] 宁昌会, 李祖兰, 王新刚. 品牌命名文献回顾及未来研究方向[J]. 软科学,

2012（9）：142－144.

［209］庞井君，王雷. 媒介融合背景下广播电视品牌建设的问题与对策［J］. 电视研究，2012（8）：22－26.

［210］彭博，晁钢令. 中国传统老字号品牌激活研究［J］. 现代管理科学，2012（3）：90－92.

［211］彭新沙，田大伦. 西方品牌生态理论研究动态评述［J］. 广东商学院学报，2012（2）：39－47.

［212］祁明德，许晓音. 县域旅游品牌的发展策略与路径——以增城市为例［J］. 城市问题，2012（3）：43－48.

［213］钱洁，潘洪涛. 用户生成内容使用与满足对品牌态度的影响研究——以音视频类用户生成内容为例［J］. 财贸研究，2012（3）：105－115.

［214］钱颖. 商业银行品牌营销的特征与实施方案［J］. 金融教育研究，2012（1）：70－75.

［215］秦涛，万莉，曲梦茜. 七星农场农产品品牌推广策略与营销模式研究［J］. 广东农业科学，2012（24）：233－236.

［216］邱玲，杨长留. 基于技术交集的品牌联合与品牌延伸效应比较［J］. 科技进步与对策，2012（8）：87－90.

［217］邱玮，白长虹. 国外员工品牌化行为研究进展评介［J］. 外国经济与管理，2012（6）：49－56.

［218］邱玮，白长虹. 基于员工视角的服务品牌内化过程及其实证研究［J］. 南开管理评论，2012（6）：93－103.

［219］邱玮，白长虹. 基于扎根理论的旅游品牌内化研究——以一家五星级酒店为例［J］. 旅游学刊，2012（10）：46－52.

［220］曲颖，李天元. 旅游目的地非功用性定位研究——以目的地品牌个性为分析指标［J］. 旅游学刊，2012（9）：17－25.

［221］任春红，丛玉飞. 集群产业优势对区域品牌形成的作用机理研究——以温州典型产业集群为例［J］. 地域研究与开发，2012（1）：14－19.

［222］任强. 品牌依赖的概念架构及其理论发展［J］. 农村经济与科技，2012（8）：65－66＋49.

［223］任强. 物流企业品牌可持续成长的理论分析［J］. 物流技术，2012（15）：217－220.

［224］任荣. 关于我国农业品牌战略体系架构的思考［J］. 北京农业职业学院学报，2012（3）：13－16.

［225］任晓峰. 基于识别度与传播能力的品牌竞争力评价［J］. 南京财经大学学报，2012（2）：77－87.

［226］任志宏.“老字号”传统品牌营销策略探析［J］. 商业时代，2012（6）：

42 – 43.

[227] 桑辉，郭晓薇．消费者产品涉入与品牌转换：顾客满意的中介效应[J]．浙江工商大学学报，2012（6）：56 – 63.

[228] 沈海风．地理标志产品品牌提升问题研究——以绍兴黄酒为例[J]．牡丹江大学学报，2012（4）：109 – 111.

[229] 沈虹．分享性与差异性——协同创意中的品牌利益与品牌个性[J]．广告大观（理论版），2012（6）：71 – 75.

[230] 沈雷，史雅杰，唐颖，吴小艺．基于新经济时代的中国服装品牌转型升级研究[J]．贵州社会科学，2012（11）：87 – 89.

[231] 沈雷．中国男装品牌溢价影响因素研究[J]．预测，2012（6）：49 – 55.

[232] 沈鹏熠．高校品牌形象对品牌满意和品牌忠诚的影响机制[J]．华东交通大学学报，2012（1）：95 – 101 + 126.

[233] 沈鹏熠．基于模糊综合评价法的农产品区域品牌竞争力测评[J]．统计与决策，2012（1）：80 – 82.

[234] 沈鹏熠．基于企业社会责任的零售公司品牌权益驱动模型研究[J]．大连理工大学学报（社会科学版），2012（1）：65 – 71.

[235] 施小明，袁媛，尚娅．基层党建品牌建设科学化研究[J]．上海党史与党建，2012（6）：36 – 38.

[236] 石可法，曹华．基于社会网络理论的品牌传播初探[J]．广义虚拟经济研究，2012（3）：15 – 20.

[237] 史蕾琦，王燕茹．文化创意产业与城市品牌营销的研究——以无锡市为例[J]．现代城市研究，2012（8）：95 – 99.

[238] 史征．我国影视基地品牌建构与保障机制研究——基于传媒业集群品牌理论[J]．浙江传媒学院学报，2012（6）：56 – 60.

[239] 宋昱，仇飞云．上海市体育赛事品牌关系质量的实证研究——基于消费者（观众）的视角[J]．中国体育科技，2012（3）：122 – 128.

[240] 孙春霞，赵思婕．基金会公信力与品牌形象构建[J]．重庆社会科学，2012（8）：39 – 43.

[241] 孙国辉，杨一翁．中国品牌差距研究综述与分析[J]．新疆财经大学学报，2012（2）：5 – 12.

[242] 孙虹，郭建南．消费价值观度量下的服装品牌竞争优势研究[J]．纺织学报，2012（2）：137 – 142.

[243] 孙瑾，张红霞．品牌名称暗示性对消费者决策选择的影响：认知需要和专业化水平的调节作用[J]．心理学报，2012（5）：698 – 710.

[244] 孙立．品牌形象模型理论研究[J]．合作经济与科技，2012（3）：38 – 39.

[245] 孙涛，吴志明．中国服装品牌战略转型路径研究[J]．丝绸，2012（12）：

76－80.

[246] 孙晓楠. 中外运动品牌比较研究——以"耐克"、"李宁"为研究例子[J]. 轻纺工业与技术，2012（6）：56－58＋60.

[247] 孙忆华. 开拓创新　努力打造图书馆文化品牌[J]. 图书馆工作与研究，2012（3）：26－28.

[248] 索红. 区域品牌经济的战略竞争机制探析[J]. 学术探索，2012（1）：82－84.

[249] 谭佳音，李波. 品牌竞争与渠道竞争共存时销售渠道选择策略[J]. 管理评论，2012（6）：74－82.

[250] 谭新政，褚俊. 企业品牌评价与企业文化建设研究报告[J]. 商品与质量，2012（28）：7－30.

[251] 谭征宇，董濡悦，赵江洪，邢少伟. 基于造型特征的自主品牌 SUV 设计研究[J]. 包装工程，2012（24）：32－36.

[252] 汤向东. 宝洁公司品牌管理的演变浅析[J]. 经济师，2012（2）：266＋269.

[253] 唐友明. 我国企业品牌延伸的问题及对策分析[J]. 企业导报，2012（18）：125－126.

[254] 陶骏，李善文. "中华老字号"品牌复兴：品牌延伸及反馈[J]. 经济管理，2012（2）：97－106.

[255] 陶骏，李善文. 基于品牌延伸的品牌复兴研究——对中华老字号的探讨[J]. 企业经济，2012（9）：13－17.

[256] 陶应虎. 农产品品牌建设的国际经验及启示[J]. 安徽农业科学，2012（32）：15955－15957.

[257] 田金梅，齐文娥，左两军. 品牌猪肉竞争分析及品牌资产培育策略——以中国肉业前三强和广东省典型品牌为例[J]. 中国畜牧杂志，2012（18）：57－61.

[258] 田金梅. 畜产品品牌资产管理研究——以"壹号土猪"品牌为例[J]. 中国畜牧杂志，2012（22）：59－62.

[259] 田晓菁，冉贺元. 从"王老吉"品牌之争看加多宝之失误[J]. 甘肃科技纵横，2012（6）：73－74.

[260] 图登克珠，张文敏. 基于 Web of Science 的旅游目的地品牌研究综述——兼谈对西藏建设重要的世界旅游目的地的启示[J]. 中国藏学，2012（3）：154－164.

[261] 涂传清，王爱虎. 农产品区域公用品牌的经济学解析：一个基于声誉的信号传递模型[J]. 商业经济与管理，2012（11）：15－23＋32.

[262] 万雪芹，杨赖. 基于 IMC 的品牌形象推广模式分析——以会展品牌形象推广为例[J]. 中国青年政治学院学报，2012（1）：105－108.

[263] 汪彬. 区域农产品品牌：文献综述[J]. 商场现代化，2012（4）：34－35.

[264] 汪涛，崔楠，夏鸿儒. 跨国并购情境下东道国消费者对目标企业品牌态度研

究——基于消费者民族中心主义视角[J].中国地质大学学报（社会科学版），2012（4）：66－74＋140.

［265］汪兴隆.我国商业银行中小企业金融服务品牌差异与满意度因素分析——基于调查问卷的比较研究[J].上海金融，2012（2）：94－97＋119.

［266］王保华，阎志刚，耿益群.品牌课程建设的价值取向及实践——基于中国传媒大学的实践分析[J].大学（学术版），2012（10）：33－41＋22.

［267］王春梅，金维兴，王非.基于柯布－道格拉斯生产函数视角的中小房地产品牌价值模型研究[J].西安建筑科技大学学报（自然科学版），2012（3）：426－430.

［268］王丹.绿色消费下认证农产品区域品牌构建探讨[J].特区经济，2012（10）：287－289.

［269］王德章，李乐.绿色食品区域优势品牌发展对策研究——以黑龙江省为例[J].哈尔滨商业大学学报（社会科学版），2012（1）：3－8.

［270］王栋梁，李万莲，胡旺盛.基于体验视角的旅游目的地品牌塑造研究[J].广西财经学院学报，2012（2）：119－124.

［271］王栋梁，李万莲，胡旺盛.政府介入旅游目的地品牌塑造研究——以游客体验为视角[J].贵州商业高等专科学校学报，2012（1）：48－52.

［272］王分棉，周煊，林汉川.消费品类国际品牌成长驱动因素研究[J].中央财经大学学报，2012（12）：81－84.

［273］王海涛，王凯，王勇.猪肉品牌连锁店顾客忠诚度评价及其影响因素实证研究——基于南京市消费者的问卷调查[J].中国农业科学，2012（3）：598－606.

［274］王海忠，秦深，刘笛.奢侈品品牌标识显著度决策：张扬还是低调——自用和送礼情形下品牌标识显著度对购买意愿的影响机制比较[J].中国工业经济，2012（11）：148－160.

［275］王海忠，王骏旸，罗捷彬.要素品牌策略与产品独特性评价：自我建构和产品性质的调节作用[J].南开管理评论，2012（4）：111－117.

［276］王海忠，王子.欧洲品牌演进研究——兼论对中国品牌的启示[J].中山大学学报（社会科学版），2012（6）：186－196.

［277］王皓，马翠花.中国轿车行业的品牌价值及其动态变化趋势——基于特征价格模型的实证研究[J].当代财经，2012（2）：78－86.

［278］王红君，刘进平.基于利益相关者价值承诺的企业品牌管理模式创新[J].企业经济，2012（5）：11－14.

［279］王红君，张锐，张燚.品牌生态领域高频作者与研究热点前沿的可视化分析[J].企业经济，2012（7）：11－15.

［280］王华东，周娜.农业会展节庆视角下农产品区域公用品牌提升的研究[J].中国农学通报，2012（14）：172－176.

［281］王瑾昭，张燕.论名主持的个人品牌塑造——以电视节目为例[J].现代视

听，2012（3）：66-71.

[282] 王京传，李天元. 旅游目的地品牌标识评价研究——以中国优秀旅游城市为例[J]. 旅游学刊，2012（2）：43-51.

[283] 王静一，王海忠. 虚拟品牌社群娱乐价值对品牌忠诚的作用机制研究[J]. 经济经纬，2012（3）：121-125.

[284] 王军雷，康凯. 我国自主品牌乘用车竞争力现状分析和展望[J]. 汽车工业研究，2012（10）：10-16.

[285] 王俊峰，程天云. 技术创新对品牌价值影响的实证研究[J]. 软科学，2012（9）：10-14.

[286] 王磊，孙守增. 国外学术期刊成功的品牌建设经验和盈利模式对我国学术期刊的启示[J]. 中国科技期刊研究，2012（4）：639-641.

[287] 王磊，赵文义. 学术期刊的品牌与盈利模式分析[J]. 编辑之友，2012（2）：60-62.

[288] 王琳. 探究包装设计中品牌形象的传承[J]. 包装工程，2012（18）：100-103.

[289] 王鹏，刘国永，苏明理. 体育品牌原产地困惑对品牌特性和品牌偏好的影响[J]. 西安体育学院学报，2012（1）：50-56.

[290] 王启万，王兴元. 产业集群品牌环境生态化对品牌关系质量驱动机制研究[J]. 华东经济管理，2012（8）：91-95.

[291] 王瑞辉. 海尔家电品牌的可持续发展研究[J]. 大众科技，2012（4）：179-182.

[292] 王淑清. 职业足球俱乐部品牌体验研究[J]. 体育与科学，2012（3）：57-60.

[293] 王婷婷，李颖川. 大型体育品牌赛事形成要素研究[J]. 哈尔滨体育学院学报，2012（4）：51-54.

[294] 王卫红，张超. 珠三角企业品牌国际化路径模式及其启示[J]. 战略决策研究，2012（1）：66-71.

[295] 王文丽. 企业品牌形象塑造研究[J]. 市场论坛，2012（10）：39-42.

[296] 王熹. 品牌价值评估体系及其方法选择[J]. 价格理论与实践，2012（3）：85-86.

[297] 王霞，邹德强，赵平. 广告诉求与品牌个性感知差异对消费者购买意愿的影响研究[J]. 管理学报，2012（4）：555-561.

[298] 王小燕，周建波. 城市品牌经济与市场环境的耦合状态评价——以广东城市为例的灰色关联分析[J]. 管理学报，2012（1）：151-156.

[299] 王晓阳，张玲潇，成翔宇. 基于核心竞争力的河北文化产业品牌的构建[J]. 河北联合大学学报（社会科学版），2012（3）：38-40.

［300］王晓玉．产品危机对危机品牌竞争对手的溢出效应研究述评与展望［J］．外国经济与管理，2012（2）：58－64．

［301］王新新，万文海．消费领域共创价值的机理及对品牌忠诚的作用研究［J］．管理科学，2012（5）：52－65．

［302］王兴元，张鹏．公共品牌创建与治理研究：意义、现状及趋势［J］．山东社会科学，2012（11）：146－149．

［303］王燕妮．我国地方性传统节庆文化品牌建设探析——以"恩施土家女儿会"为例［J］．社会主义研究，2012（1）：52－55．

［304］王奕文，莫梅峰．基于C2C模式下的女装品牌推广探析［J］．中南林业科技大学学报（社会科学版），2012（5）：76－79＋152．

［305］王颖．海尔品牌讨论及海尔品牌中长期展望［J］．山东商业职业技术学院学报，2012（5）：59－62．

［306］王勇．城市品牌研究述评［J］．商业研究，2012（4）：74－81．

［307］王铮．体育强国建设视角下体育品牌创建研究［J］．成都体育学院学报，2012（6）：26－29．

［308］王中．高端特色品牌农业及其发展机制研究［J］．山东大学学报（哲学社会科学版），2012（3）：48－51．

［309］王忠林．休闲观光农业园区品牌形象对游客忠诚的影响研究［J］．浙江学刊，2012（2）：180－185．

［310］望海军．调节定向在品牌忠诚动态形成过程中的作用［J］．商业经济与管理，2012（10）：52－60．

［311］望海军．品牌信任和品牌情感：究竟谁导致了品牌忠诚？——一个动态研究［J］．心理学报，2012（6）：830－840．

［312］卫海英，骆紫薇．社会互动中的品牌至爱生成机制——基于释义学的研究［J］．中国工业经济，2012（11）：135－147．

［313］卫海英，杨国亮．企业互动导向下的品牌危机预防模式研究［J］．商业经济与管理，2012（12）：42－51．

［314］卫中旗．从内圣到外王：中国企业品牌建设之道［J］．经济与管理，2012（1）：76－79．

［315］魏胜，吴小丁．信任在品牌体验对品牌忠诚影响中的作用［J］．社会科学战线，2012（10）：238－240．

［316］温炎，许正良，古安伟．多重困境下中国本土品牌可持续发展对策研究［J］．社会科学战线，2012（7）：236－238．

［317］温炎，许正良，马欣欣．企业履行社会责任对品牌提升的影响作用探析［J］．现代管理科学，2012（3）：32－34．

［318］吴川，张黎，郑毓煌，杜晓梦．调节聚焦对品牌延伸的影响：母品牌类型、

母品牌与延伸产品匹配类型的调节作用[J].南开管理评论，2012（6）：51 - 61.

［319］吴春林，汪波，殷红春.建筑承包商品牌竞争力评价模型——基于网络层次分析法[J].北京理工大学学报（社会科学版），2012（3）：32 - 38.

［320］吴建勋.危机应对主体和方式组合对企业品牌资产的影响——基于2003～2010年我国企业产品伤害危机的案例研究[J].企业经济，2012（1）：55 - 59.

［321］吴解生，杨慧珍.委托商容忍代工商自创品牌的影响因素分析[J].企业经济，2012（3）：60 - 62.

［322］吴晶晶.基于消费心理的品牌延伸决策探析[J].市场周刊（理论研究），2012（12）：33 - 34.

［323］吴佩勋.感知质量和感知风险对自有品牌购买意向的影响[J].中国流通经济，2012（2）：83 - 89.

［324］吴珊.品牌共生体系理论研究初探——以"苹果公司"为例[J].宁夏社会科学，2012（1）：45 - 48.

［325］吴少华.我国中小企业自主品牌建设研究[J].经济纵横，2012（5）：110 - 112 + 124.

［326］吴水龙，胡左浩，于春玲，钟亮.品牌全球化形象对消费者选择的影响：调节因素的分析[J].商业经济与管理，2012（12）：52 - 60.

［327］吴喜雁.基于旅游城市品牌认知的居民行为研究[J].商业研究，2012（1）：152 - 157.

［328］吴相利，韩宁.基于地方政府旅游门户网站的目的地品牌形象塑造评价研究——以我国33个省、市、区旅游官方门户资讯网站为例[J].旅游论坛，2012（1）：92 - 97.

［329］吴志功，郭炜煜.大学经营中的品牌战略[J].国家教育行政学院学报，2012（10）：57 - 60.

［330］夏娟.品牌价值评估方法的比较分析[J].对外经贸，2012（5）：102 - 103.

［331］夏岚，袁进东.中国家具企业强势品牌构建策略[J].企业经济，2012（5）：15 - 17.

［332］向立强，杨斌."无品牌"的品牌——浅谈"无印良品"的品牌视觉识别与设计艺术[J].艺海，2012（2）：83 - 84.

［333］肖劲蓉.服装品牌中情感因素的解析与构建[J].纺织学报，2012（10）：117 - 121.

［334］肖胜.品牌健康度测评模型及其应用[J].通信企业管理，2012（8）：64 - 65.

［335］肖兴政，刘文钦.李白诗酒文化与白酒品牌塑造——以"诗仙太白酒业集团"为例[J].四川理工学院学报（社会科学版），2012（1）：61 - 64.

［336］谢加封，沈文星.消费者民族中心主义与本土品牌偏好：基于实证调查的研

究[J].江淮论坛，2012（2）：57-62.

［337］谢孟颐.从设计表现到设计战略——我国品牌形象设计战略的研究意义及其思考[J].设计艺术研究，2012（5）：14-19+24.

［338］谢弦.福建区域品牌的建设[J].三明学院学报，2012（3）：22-27.

［339］谢向英，陈小玲，余忠.福建茶业品牌生态系统的指标构建与评价[J].中国农学通报，2012（8）：124-131.

［340］谢新丽，吕群超，谢新，郑立文.基于旅游品牌塑造的区域旅游产业结构优化研究——以宁德市为例[J].温州大学学报（自然科学版），2012（3）：37-43.

［341］谢毅，彭泗清.品牌个性对品牌态度和购买意向的影响研究：中外品牌的跨行业比较[J].管理评论，2012（12）：84-92.

［342］辛杰.论企业社会责任对品牌资产的影响——基于消费者 CSR 感知的视角[J].深圳大学学报（人文社会科学版），2012（6）：93-99.

［343］辛杰.企业社会责任对品牌资产的影响：消费者期望与动机的作用[J].当代财经，2012（10）：70-79.

［344］徐彪，张骁，杨忠.产业升级中的代工企业品牌经营模式研究——宏观经济视角向微观管理视角的理论延伸[J].软科学，2012（2）：98-104.

［345］徐彪，张骁，张珣.品牌来源国对顾客忠诚和感知质量的影响机制[J].管理学报，2012（8）：1183-1189.

［346］徐浩然，王子龙.企业品牌延伸的经济学分析[J].现代管理科学，2012（5）：67-70.

［347］徐和清.品牌企业食品安全事故的原因及治理机制研究[J].现代经济探讨，2012（5）：59-62+67.

［348］徐红，马艳.长江三峡旅游区的品牌传播[J].三峡论坛（三峡文学.理论版），2012（3）：6-11+147.

［349］徐进.国家品牌指数与中国国家形象分析[J].国际关系学院学报，2012（1）：19-26.

［350］徐利新，陆瑶.专业市场品牌影响企业嵌入品牌的机制与路径——基于义乌"中国小商品城"问卷的分析[J].当代财经，2012（8）：61-71.

［351］徐利新，王胜杰，张文锁.产业集群品牌影响嵌入品牌的机理——基于协同演化的视角[J].华东经济管理，2012（12）：79-83.

［352］徐小龙，苏勇.产品伤害危机下消费者-品牌关系断裂研究[J].中南财经政法大学学报，2012（2）：43-49+143.

［353］徐小龙，苏勇.消费者与品牌关系演变研究[J].现代经济探讨，2012（3）：22-26.

［354］徐颖，殷娟娟，李远远.基于利益相关者视角的品牌资产概念及评价模型[J].吉林大学社会科学学报，2012（2）：137-142.

［355］许峰，张明伟．体育元素在城市品牌系统构建过程中的作用机制［J］．体育学刊，2012（2）：31-34.

［356］许华．当代俄罗斯：国家品牌与国际形象排行［J］．国外社会科学，2012（5）：113-120.

［357］许敏玉，王小蕊．中华老字号品牌发展瓶颈及对策［J］．企业经济，2012（1）：60-62.

［358］许正良，古安伟，马欣欣．基于消费者价值的品牌关系形成机理［J］．吉林大学社会科学学报，2012（2）：130-136+160.

［359］薛桂芝．地方政府在创建农产品区域品牌中的重要作用［J］．安徽农业科学，2012（23）：11876-11878+11881.

［360］薛海波．品牌社群作用机理理论研究和模型构建［J］．外国经济与管理，2012（2）：50-57.

［361］薛永基，杨志坚，李健．慈善捐赠行为对企业品牌资产的影响——企业声誉与风险感知的中介效应［J］．北京理工大学学报（社会科学版），2012（4）：58-66.

［362］薛云建，周开拓．基于品牌价值提升的品牌文化战略创新（一）［J］．企业研究，2012（7）：42-45.

［363］严宗光，平冲，周鹏程．旅游目的地品牌竞争力模型及指标体系构建研究［J］．中国市场，2012（9）：46-48.

［364］杨德锋，李清，卫海英，赵平．商店忠诚、自有品牌态度及其购买意向的关系研究——消费者交易倾向和产品社会可见性的调节作用［J］．商业经济与管理，2012（10）：61-70.

［365］杨德锋，李清，赵平，卫海英．商店情感、面子意识与零售商自有品牌购买意愿的关系研究［J］．财贸经济，2012（8）：97-104.

［366］杨德锋，李清，赵平．品牌特性对品牌至爱的影响：品牌借用倾向和物质主义价值观的调节作用［J］．北京工商大学学报（社会科学版），2012（5）：12-19.

［367］杨帆．结合 ZARA、美特斯邦威对建立快速时尚品牌的思考［J］．商业文化（上半月），2012（4）：152-153.

［368］杨海君．医院品牌建设研究——以昆明医科大学第三附属医院为例［J］．科技信息，2012（34）：720-722.

［369］杨俊丽．论竞争情报在企业品牌定位中的作用［J］．情报科学，2012（5）：653-656.

［370］杨庆国，陈敬良，程海燕．动漫衍生品品牌延伸战略研究——基于《喜羊羊与灰太狼》的案例分析［J］．中国流通经济，2012（2）：90-93.

［371］杨雪莲，胡正明．区域品牌形成和成长二阶段理论模型与实证［J］．统计与决策，2012（7）：48-51.

［372］杨雪梅．构建我国民办高校品牌自我评价体系的思考与前瞻［J］．中国高教研

究，2012（9）：76-81.

［373］杨越．奥运赞助品牌：三星的故事［J］．装饰，2012（7）：23-27.

［374］杨重庆．大型品牌旅行社网络化经营的模式分析与路径选择［J］．北京工商大学学报（社会科学版），2012（2）：19-24.

［375］姚建丽．河南省乡村旅游品牌化路径选择［J］．金融经济，2012（14）：27-28.

［376］姚蕾，宁俊．面对国际品牌进驻本土服装品牌的应对策略分析［J］．江苏商论，2012（1）：15-17.

［377］叶敏．农产品品牌定位策略思考［J］．科技创业月刊，2012（11）：36-37.

［378］游春，左成学．我国中小商业银行品牌建设存在问题及对策研究［J］．金融管理与研究，2012（8）：30-33.

［379］于春玲，李飞，薛镭，陈浩．中国情境下成功品牌延伸影响因素的案例研究［J］．管理世界，2012（6）：147-162.

［380］于海龙，李秉龙．中国城市居民婴幼儿奶粉品牌选购行为研究——以北京市为例［J］．统计与信息论坛，2012（1）：101-106.

［381］于君英，杨以雄，杜芹平．中观视角服装品牌价值评价及其比较研究［J］．纺织学报，2012（8）：134-139.

［382］于世宏．大型节事活动提升城市品牌的长效机制研究［J］．沈阳师范大学学报（社会科学版），2012（4）：47-50.

［383］于洋，李和平．营销3.0视角下的品牌传播［J］．新闻爱好者，2012（14）：11-12.

［384］余可发．消费者品牌广告共鸣的内容、结构及其影响研究［J］．上海管理科学，2012（3）：67-71.

［385］俞春英．我国医药业品牌延伸影响因素研究——以"云南白药"为例［J］．中国管理信息化，2012（22）：47-49.

［386］袁登华，杨双，肖玫．品牌不安全感的危害机制与化解策略［J］．心理科学进展，2012（9）：1337-1346.

［387］袁登华，杨双．品牌印象研究述评［J］．心理科学，2012（4）：957-961.

［388］袁胜军，符国群．原产地形象对中国品牌国际化的启示［J］．软科学，2012（2）：41-45.

［389］袁胜军，符国群．中国企业品牌战略选择——基于生物进化论的思考［J］．同济大学学报（社会科学版），2012（5）：117-124.

［390］袁文华，孙曰瑶．品牌授权的经济分析——基于"米老鼠"的授权案例分析［J］．南京财经大学学报，2012（2）：71-76.

［391］曾郭铃，黎小林．基于网络品牌社群的营销战略——以"北京小米科技有限责任公司"为例［J］．企业活力，2012（12）：27-30.

［392］曾莉，郭建南，刘丽娴．国内服装设计师品牌的分类与文化定位分析［J］．艺术研究，2012（2）：38－39.

［393］翟静．企业品牌保护存在的问题及措施探讨［J］．中国商贸，2012（8）：44－45.

［394］张佰英．金融危机后中国企业国际品牌建设的战略思考［J］．辽宁师范大学学报（社会科学版），2012（2）：175－179.

［395］张炳凯．品牌国际化进程中的跨文化冲突对策探讨［J］．中国市场，2012（14）：77－78＋82.

［396］张梵晞，苏慧．网络游戏品牌营销传播策略——以"腾讯游戏"为例［J］．商场现代化，2012（11）：35－38.

［397］张根海．中国品牌建设现状分析及对策［J］．河北工业科技，2012（4）：255－259.

［398］张光辉，许晖．广东水果品牌塑造模式探析［J］．南方农村，2012（8）：65－70.

［399］张海英，徐妍．农村居民品牌消费行为研究——以广东地区家电消费为例［J］．仲恺农业工程学院学报，2012（4）：61－65.

［400］张姮．日本"品牌农业"的农产品品牌建设研究［J］．现代商业，2012（7）：98－99.

［401］张洪吉，高磊，张红红．品牌社群融入度对品牌忠诚影响的实证研究［J］．商业时代，2012（15）：34－35.

［402］张辉，白长虹，牛振邦．服务企业内部品牌化研究述评［J］．外国经济与管理，2012（7）：42－52.

［403］张辉，白长虹，牛振邦．品牌心理所有权、品牌承诺与品牌公民行为关系研究［J］．管理科学，2012（4）：79－90.

［404］张健．从淘宝商城更名析电子商务网站品牌推广策略［J］．宁波广播电视大学学报，2012（2）：5－7.

［405］张杰．跨国品牌联合评价中的来源国和民族中心主义［J］．华东经济管理，2012（5）：114－119.

［406］张昆，余庆，董淑芳．基于产品体验的品牌设计特征分析［J］．包装工程，2012（24）：54－56＋65.

［407］张立胜，陆娟．质量标志与农产品品牌信任研究［J］．商业研究，2012（2）：42－49.

［408］张丽华．企业品牌营销管理研究［J］．辽宁行政学院学报，2012（1）：77＋79.

［409］张萌，苏义，易学明．新时期公立医院品牌营销策略的优化分析［J］．医学研究生学报，2012（7）：758－761.

[410] 张明立，唐塞丽，王伟. 独特性需要对顾客感知虚拟价值的影响：品牌差异的调节作用[J]. 广义虚拟经济研究，2012（3）：5-14.

[411] 张明林，刘克春. 我国农业龙头企业绿色品牌"局部化"战略的现状、动机、问题与对策[J]. 宏观经济研究，2012（8）：97-103.

[412] 张鹏，王兴元. 基于 BP 神经网络的品牌延伸决策模型[J]. 软科学，2012（3）：124-128.

[413] 张淑燕，赵晓娟. 消费认同语境下品牌建构"小资身份"之批评[J]. 广告大观（理论版），2012（2）：37-42.

[414] 张司飞. 我国中部地区发展产业集群品牌的可行性与对策[J]. 科技进步与对策，2012（14）：33-37.

[415] 张松林，武鹏. 全球价值链的"空间逻辑"及其区域政策含义——基于制造组装环节与品牌营销环节空间分离的视角[J]. 中国工业经济，2012（7）：109-121.

[416] 张薇. 中国体育品牌营销策略探讨[J]. 中国商贸，2012（9）：25-26.

[417] 张伟华，陈志辉，李兵. 消费者视角下构建我国体育用品国际品牌的思考[J]. 体育与科学，2012（4）：58-61.

[418] 张伟强. 基于新媒体环境下的微电影创新性品牌塑造与传播方式[J]. 大众文艺，2012（20）：171+184.

[419] 张耀武. 宁夏清真产业品牌发展战略研究[J]. 宁夏大学学报（人文社会科学版），2012（1）：118-123.

[420] 张义，孙明贵. 消费者怀旧情感对品牌忠诚的影响[J]. 商业研究，2012（2）：32-36.

[421] 张玉荣. 品牌社群网络结构在参与状态与品牌忠诚之间的中介作用研究[J]. 经济论坛，2012（8）：153-157.

[422] 张月莉. 农业产业集群区域品牌资产形成机理研究[J]. 安徽农业科学，2012（22）：11465-11467.

[423] 章艳. 基于 Sino-brand 评价模型的酒店集团品牌价值评估[J]. 现代商业，2012（8）：56-59.

[424] 赵红，赵宇彤，王焱. 品牌资产与品牌价值关联模型的实证研究[J]. 数学的实践与认识，2012（13）：68-78.

[425] 赵晶，郭斌，郭海. 产业集群品牌与企业品牌的交互作用[J]. 中国软科学，2012（3）：149-161.

[426] 赵仕红. 江苏省农产品品牌化经营的现状及对策研究[J]. 金陵科技学院学报（社会科学版），2012（2）：9-13.

[427] 赵亚翔，高素英. 品牌形象结构维度与品牌选择心理机制——主要基于京津冀经济圈的调查数据[J]. 技术经济与管理研究，2012（8）：47-51.

[428] 赵亚翔，高素英. 品牌形象嬗变机理及效能质性研究[J]. 商业研究，2012

（4）：13－19.

　　［429］赵亿，王勇．品牌定位过程中的影响因素分析——基于"三星电子"品牌定位策略的个案研究［J］．湖北师范学院学报（哲学社会科学版），2012（3）：107－109.

　　［430］赵永祥．打造特色文化品牌　推动文化名省建设［J］．青海社会科学，2012（1）：121－124.

　　［431］浙江大学 CARD 中国农业品牌研究中心中国茶叶品牌价值评估课题组．2012中国茶叶企业产品品牌价值评估报告［J］．中国茶叶，2012（5）：12－17.

　　［432］浙江大学 CARD 中国农业品牌研究中心中国茶叶品牌价值评估课题组．2012中国茶叶区域公用品牌价值评估报告［J］．中国茶叶，2012（5）：4－11.

　　［433］甄贞．企业文化与保险公司品牌建设关系研究［J］．保险职业学院学报，2012（3）：50－54.

　　［434］郑秀恋，王培东，温卫娟．民营快递企业品牌建设问题研究［J］．中国商贸，2012（4）：180－181.

　　［435］郑亚琴，郭琪．基于微博的关系行为对企业品牌价值影响研究述评［J］．重庆科技学院学报（社会科学版），2012（10）：93－96＋107.

　　［436］钟帅，唐小飞．基于关系互动视角的品牌资产研究［J］．预测，2012（5）：9－13＋20.

　　［437］钟新，黄超．国际体育盛会与国家品牌战略——2012伦敦奥运会开幕式分析［J］．成都体育学院学报，2012（12）：1－6＋12.

　　［438］钟羽．城市品牌传播策略分析［J］．新闻界，2012（9）：19－21＋29.

　　［439］周玲．我国外贸出口品牌问题及实施策略探讨［J］．现代商贸工业，2012（11）：67－68.

　　［440］周晓虹．高校校园文化品牌建设的特点、功能和策略［J］．湖州师范学院学报，2012（3）：134－137.

　　［441］周燕．零售企业自有品牌研究述评［J］．北京工商大学学报（社会科学版），2012（6）：13－18.

　　［442］周振兴．农业技术品牌化与集成推广模块化——农业技术品牌创新与集成推广模块化实践［J］．农业科技管理，2012（5）：67－70.

　　［443］朱丹君．现代营销中品牌忠诚度培养的价值与意义［J］．商业文化（下半月），2012（9）：317－318.

　　［444］朱东红，常亚平．老化品牌产品创新对消费者购买意愿的影响研究［J］．软科学，2012（1）：142－144.

　　［445］朱鸿，张新艳．品牌至爱的前因变量与后果变量研究［J］．税务与经济，2012（6）：29－35.

　　［446］朱洁，薛云建．基于品牌信任角度的消费者——品牌关系研究［J］．企业研究，2012（19）：45－50.

［447］朱瑾，王兴元．品牌社群对顾客价值感知和创新的影响研究［J］．商业经济与管理，2012（6）：52－61．

［448］朱七光，李安周．中国企业情景下品牌依恋形成机理研究——基于消费者与品牌个性匹配的视角［J］．统计与信息论坛，2012（2）：99－103．

［449］诸葛达维．品牌官方微博的接触点研究——以新浪微博为例［J］．媒体时代，2012（7）：11－15．

［450］祝佳，唐松，汪前元．区域产业品牌的金融外部性约束与突破——以广东专业镇为例［J］．北京工商大学学报（社会科学版），2012（4）：123－128．

［451］邹立清．基于虚拟社区的品牌传播机理与策略研究［J］．理论界，2012（4）：49－51．

［452］邹昭晞．"进口替代型"引资战略背景的本土品牌出路：剖析汽车制造业与制药业［J］．改革，2012（5）：101－109．

2013 年

［1］Alastair Morrison，李菲菲．中国旅游目的地定位与品牌化仍很滞后［J］．旅游学刊，2013（2）：6－9．

［2］安圣慧．我国服务业品牌创建路径研究［J］．国际商务（对外经济贸易大学学报），2013（1）：113－118．

［3］白凯，胡宪洋．旅游目的地品牌个性：理论来源与关系辨识［J］．旅游学刊，2013（4）：35－47．

［4］蔡文欢，陈于书．品牌家具企业O2O电子商务模式应用状况探析［J］．家具与室内装饰，2013（2）：22－23．

［5］蔡玉秋，王刚毅，郑哲盟．鲜活农产品供应链品牌体系创建与运营分析［J］．商业研究，2013（6）：176－180．

［6］曹长省．国外农产品区域品牌的发展启示与中国创新［J］．世界农业，2013（5）：18－22＋153－154．

［7］曹辉．大学品牌的文化内涵及网络传播［J］．江西社会科学，2013（11）：221－224．

［8］曹祎遐．品牌战略创新：从感官营销到情感营销［J］．湖北经济学院学报，2013（3）：88－92．

［9］常河山．知觉负性、卷入程度与品牌意识对消费者品牌决策的影响［J］．上海交通大学学报（哲学社会科学版），2013（3）：83－88．

［10］陈洁，陈玉红．丝绸文化在丝绸品牌建设中的传承与创新［J］．丝绸，2013（9）：70－74．

［11］陈立彬，江林，张永．品牌生态行为对消费者选择的影响研究［J］．生态经济，

2013（8）：172－175＋178.

［12］陈立彬. 品牌适宜性对品牌忠诚的影响机制研究［J］. 广东商学院学报，2013（3）：13－18＋60.

［13］陈丽英，何勋，辜应康. 国际酒店集团并购历程中的再品牌策略研究——以雅高和希尔顿集团为例［J］. 旅游学刊，2013（10）：52－63.

［14］陈璐. 国产老字号的品牌重塑——以品牌生命周期理论为视角［J］. 新闻世界，2013（6）：226－228.

［15］陈沁丛. 以设计为引导的品牌合作　品牌延伸的新工具［J］. 设计，2013（2）：204－207.

［16］陈全保. 中国本土酒店的发展与品牌培育思考［J］. 商，2013（8）：55－58.

［17］陈亚荣，孙晶路. 中华老字号品牌价值评估模型［J］. 北京服装学院学报（自然科学版），2013（1）：58－67.

［18］陈煜. 基于网络营销的中小企业品牌建设问题探讨［J］. 商业时代，2013（19）：28－29.

［19］陈智，徐泓. 审计师行业专长、品牌声誉与审计费用［J］. 山西财经大学学报，2013（7）：114－124.

［20］谌飞龙，程月明，周泽宇. 产业集群条件下区域品牌的发展演变——以混沌理论为视角［J］. 江西社会科学，2013（10）：223－227.

［21］程立茹，王分棉. 对外开放度、经济增长、市场规模与中国品牌成长——基于省际面板数据的门槛回归分析［J］. 国际贸易问题，2013（12）：15－23.

［22］程龙生，陈明慧，洪妹. 企业品牌价值分析与测评模型架构设计［J］. 现代管理科学，2013（11）：24－27.

［23］程术希，孔利水. 杭州市农产品区域公用品牌建设的对策建议［J］. 中国农学通报，2013（26）：51－53.

［24］迟红刚. 基于顾客价值的农产品区域品牌建设研究［J］. 商业时代，2013（20）：27－29.

［25］从佳琦. 河北旅游文化品牌打造及营销策略研究［J］. 中国市场，2013（29）：7－9.

［26］戴程，杨建州. 中国农产品品牌结构模型及实证研究——以中粮集团为例［J］. 三峡大学学报（人文社会科学版），2013（3）：58－62.

［27］单敏，桑兰兰. 打造山东文化产业品牌对策研究［J］. 中国行政管理，2013（10）：124－125.

［28］邓梅. 森林公园品牌认知、品牌形象对游客重游意愿影响机理研究［J］. 资源开发与市场，2013（11）：1228－1232.

［29］丁华. 我国零售企业自有品牌发展刍议——以大商集团为例［J］. 郑州大学学报（哲学社会科学版），2013（2）：75－77.

［30］丁华．中小食品企业做大品牌和产品销量的营销方法［J］．苏盐科技，2013（1）：26－34.

［31］丁一，吕学静．雇主品牌构建与战略人力资源优化——以可口可乐雇主品牌构建为例［J］．中国流通经济，2013（10）：95－100.

［32］丁宇，徐艳梅，彭熠．基于吸收能力的农业科技企业市场导向与品牌营销策略关系实证分析［J］．石河子大学学报（哲学社会科学版），2013（3）：73－79.

［33］董皓．旅游目的地品牌推广口号的语言学构成分析——以省域及重点旅游城市为例［J］．人文地理，2013（2）：148－153.

［34］董谦，刘宾．环首都经济圈县域特色农产品品牌的发展［J］．贵州农业科学，2013（2）：204－207.

［35］董兆祥．中国城市发展要走品牌化道路［J］．求是，2013（20）：33－34.

［36］董志文，王德红．近二十年国外旅游目的地品牌化研究述评［J］．科学决策，2013（8）：79－94.

［37］杜剑，窦康．基于品牌价值的企业社会责任传导机制研究［J］．会计之友，2013（29）：35－39.

［38］杜明．用品牌建设促进"一村一品"发展的对策建议——以山西省大同市为例［J］．山西农业科学，2013（2）：188－190.

［39］杜宇玮，陈柳．代工企业自创品牌的困境与突破路径——理论、案例及对长三角制造业的启示［J］．南京财经大学学报，2013（2）：11－20.

［40］凡菲．中外体育用品品牌广告传播策略比较——以李宁与耐克在南非世界杯期间的央视广告为例［J］．科技信息，2013（23）：162＋199.

［41］樊敏．天津农产品品牌化建设现状与对策研究［J］．商业经济，2013（16）：19－21＋51.

［42］范二平．品牌价值提升策略探讨［J］．企业经济，2013（1）：21－24.

［43］方正，杨洋，李蔚，蔡静．产品伤害危机溢出效应的发生条件和应对策略研究——预判和应对其他品牌引发的产品伤害危机［J］．南开管理评论，2013（6）：19－27＋58.

［44］冯晓青．企业品牌战略及其实施策略研究［J］．武陵学刊，2013（5）：75－82.

［45］付春江，袁登华，罗嗣明．品牌来源国刻板印象的双重表现及其改变［J］．心理科学，2013（3）：606－611.

［46］付春江，袁登华，罗嗣明．品牌印象结构及其测量研究［J］．心理学探新，2013（1）：87－95.

［47］付森会．国际品牌营销战略之反思：返璞归真，重拾信任［J］．战略决策研究，2013（1）：53－62.

［48］盖宏伟．产业集群品牌生态系统功能体系研究［J］．企业经济，2013（7）：15－18.

［49］甘瑁琴，邓德胜. 工程机械企业国际知名品牌价值评价研究——以湖南省为例
［J］. 技术经济与管理研究，2013（2）：12－15.

［50］刚什元，李宝强. 基于 Interbrand 模型的青岛啤酒公司品牌价值评估［J］. 经营
与管理，2013（9）：113－116.

［51］高海霞. 基于中外品牌比较的中国本土品牌培育策略［J］. 经济与管理评论，
2013（1）：48－53.

［52］高红岩. 品牌生态与中国电影的战略选择［J］. 当代电影，2013（5）：16－22.

［53］顾理浩，刘常健. 我国化妆品品牌信息传播策略优化分析［J］. 经济研究导刊，
2013（14）：134－137.

［54］郭本海，刘思峰. 基于品牌价值体验的自主创新演化博弈模型［J］. 广义虚拟
经济研究，2013（4）：61－70.

［55］郭国庆，周健明，姚亚男. 网站体验营销对网站品牌形象和用户体验价值的影
响研究［J］. 经济与管理评论，2013（6）：58－65.

［56］郭静. 企业实施品牌战略的策略研究［J］. 商业经济，2013（4）：69－71.

［57］郭锐，陶岚. "蛇吞象"式民族品牌跨国并购后的品牌战略研究——跨文化视
角［J］. 中国软科学，2013（9）：112－123.

［58］郭锐，陶岚. 民族品牌跨国并购后的动态品牌战略［J］. 经济管理，2013（1）：
89－98.

［59］郭锐. 跨文化背景下民族品牌如何长期应对"弱并强"后的"消化不良"
［J］. 中国地质大学学报（社会科学版），2013（6）：96－103＋134－135.

［60］郭晓凌，王永贵. 消费者的全球消费导向与全球品牌态度——主效应、调节效
应及中美差异［J］. 南开管理评论，2013（6）：4－18.

［61］郭英之. 基于文化软实力的旅游目的地品牌文化营销［J］. 旅游学刊，2013
（1）：18－20.

［62］郭永锐，陶犁. 基于旅游者的旅游目的地品牌资产模型研究［J］. 旅游研究，
2013（3）：1－7.

［63］郭宇. 以交易为目的的品牌价值评估探讨［J］. 中国资产评估，2013（2）：
37－41.

［64］韩刚，綦珊. 高校校园文化品牌的构建与管理研究——以研究生群体为例
［J］. 黑龙江高教研究，2013（4）：50－52.

［65］郝瑞闽，王佩国. 基于设计师主体性的服装品牌文化建设对策研究［J］. 丝绸，
2013（10）：71－74.

［66］郝孝华. 标志设计符号的灵感创意与品牌文化［J］. 包装工程，2013（6）：
109－112.

［67］何佳讯. 中国品牌全球化：融合"中国元素"的品牌战略——"李宁"案例研
究［J］. 华东师范大学学报（哲学社会科学版），2013（4）：124－129＋155－156.

[68] 何奎，张传庆．品牌竞争力评价指标体系的构建——以手机品牌为例[J]．人民论坛，2013（11）：84-85.

[69] 何奎．企业自主品牌竞争力存在的问题及提升路径[J]．人民论坛，2013（20）：83-85.

[70] 何浏．B2B2C 环境下快递服务品牌的消费者满意研究——感知服务质量的中介效应[J]．中国软科学，2013（12）：114-127.

[71] 贺京周，郭义军，严春辉．CBA 与 NBA 体育赛事品牌营销策略比较研究[J]．体育文化导刊，2013（4）：114-118+127.

[72] 洪江涛，陈榴寅，黄沛．第三方点评网站对餐饮企业品牌形象与消费者行为的影响研究——以大众点评网为例[J]．财贸经济，2013（10）：108-117.

[73] 侯旻翡，谭钊．高校校园文化活动品牌培育探究——以广东省高校校园文化活动优秀品牌为例[J]．广西青年干部学院学报，2013（3）：57-61.

[74] 胡锋，赵红，王焱．基于顾客细分的中国手机市场品牌重叠测度[J]．系统工程理论与实践，2013（12）：3190-3197.

[75] 胡建东．论企业品牌营销战略的现状问题及其改善对策[J]．企业家天地，2013（1）：25-26.

[76] 胡凯，马士华．具有众多小型供应商的品牌供应链中的食品安全问题研究[J]．系统科学与数学，2013（8）：892-904.

[77] 胡礼文，罗洁．银行顾客品牌信任向品牌忠诚转化的路径研究——以中国工商银行为例[J]．金融教育研究，2013（6）：17-21.

[78] 胡晓云，余耀锋．"品牌新农村"的评价及其决定要素[J]．浙江大学学报（人文社会科学版），2013（4）：28-38.

[79] 胡彦蓉，刘洪久，吴冲．大学生运动服装品牌忠诚度影响因素的灰色关联度分析[J]．中国管理科学，2013（S1）：31-37.

[80] 胡彦泽．中小企业品牌建设策略分析[J]．电子制作，2013（13）：280+269.

[81] 胡振华，刘国宜，王敏轶．品牌价值来源的经济学研究[J]．统计与决策，2013（4）：180-182.

[82] 扈珺，刘白玉．从整合营销传播视角看"中华老字号"品牌的翻译策略[J]．上海翻译，2013（4）：44-46.

[83] 黄金鑫，李萍，杜斌，徐金洋．中国奢侈品消费外溢现象分析及打造中国本土品牌设想[J]．金融经济，2013（2）：15-17.

[84] 黄晶，何君，牛燕雨，孙彤．基于消费者的旅游目的地品牌资产研究外文文献综述[J]．北京第二外国语学院学报，2013（11）：72-78.

[85] 黄琳娜．基于顾客价值创新的品牌战略初探[J]．商业时代，2013（3）：45-46.

[86] 黄万林．江西品牌企业发展对策研究[J]．企业经济，2013（3）：17-21.

［87］黄晓治，曹鑫．消费者情绪对品牌信任的影响［J］．商业研究，2013（10）：67－71．

［88］黄永春，任志成，余菲菲，杨以文．环境与资源双约束下中小企业创建自主品牌的战略路径——以战略匹配为视角［J］．经济体制改革，2013（1）：156－160．

［89］黄优强．特色体育赛事对西部城市品牌提升的凸显效应——以兰州国际马拉松赛为例［J］．四川体育科学，2013（3）：18－22．

［90］黄宇芳，刘宸宇．运营商品牌发展及策略剖析［J］．中国电信业，2013（1）：50－53．

［91］黄雨水．奢侈品品牌叙事结构与功能要素符号［J］．当代传播，2013（1）：99－101．

［92］霍亚军，杨辉，彭勇，姜茹嫣．自主品牌汽车发展战略分析［J］．汽车工程学报，2013（5）：380－384．

［93］姬志恒，王兴元．"中国地理标志"品牌治理模式的多案例研究［J］．现代经济探讨，2013（12）：87－90．

［94］戢芳，周庭锐，尹训国．负面网络口碑特征对消费者品牌态度变化的影响——信息易获得性与诊断力理论视角［J］．财经论丛，2013（5）：95－99．

［95］纪良纲，张帅衔．论农产品品牌塑造——基于农民专业合作组织的视角［J］．河北经贸大学学报，2013（6）：61－63．

［96］贾娟娟．品牌认知度在英语培训产业中的重要性［J］．中国市场，2013（1）：6－7．

［97］贾其容．商业银行履行社会责任与顾客对品牌的忠诚［J］．金融论坛，2013（3）：55－59．

［98］江红艳，王海忠，陈增祥．心理加工模式对品牌原产国刻板印象逆转的影响——如何看待新兴国家的"新线索"［J］．中山大学学报（社会科学版），2013（4）：189－200．

［99］江军民，晏敬东．基于能力不对称的本土代工企业自创品牌博弈分析［J］．企业经济，2013（1）：37－40．

［100］金昕．美国公民教育的品牌效应、培育路径及启示［J］．东北师大学报（哲学社会科学版），2013（2）：185－189．

［101］井淼，周颖．产品伤害危机中危机反应策略对品牌资产的影响——基于企业社会责任的视角［J］．工业工程与管理，2013（2）：122－130．

［102］景奉杰，赵建彬，余樱．顾客间互动－情绪－购后满意关系分析——基于在线品牌社群视角［J］．中国流通经济，2013（9）：86－93．

［103］雷鸣，庞少杰．品牌形象广告创意的特征及策略［J］．东北电力大学学报，2013（3）：96－99．

［104］冷玥．客户关系管理与品牌忠诚度的建设［J］．当代经济，2013（11）：

52－53.

[105] 李佰帆，谢合明．旅游目的地品牌建设中景区口号及其与其他要素的一致性研究——基于四川省4A级旅游景区官方网站的内容分析[J]．西部经济管理论坛，2014（1）：39－44.

[106] 李宝亚，杨超．陶瓷品牌与陶瓷品牌形象建设研究[J]．中国陶瓷，2013（6）：30－32.

[107] 李德辉，梁鹏．转型期自主汽车品牌发展战略——吉利汽车案例分析[J]．中国商贸，2013（1）：183－185.

[108] 李德立，宋丽影．农产品区域品牌竞争力影响因素分析[J]．世界农业，2013（5）：85－90＋155.

[109] 李东进，李研，吴波．脱销诱因与品牌概念对产品感知与购买的影响[J]．管理科学，2013（5）：63－72.

[110] 李佛关．农产品区域品牌对农业区域经济发展的推进——基于国家三部委地理标志截面数据的实证研究[J]．广东农业科学，2013（24）：209－213.

[111] 李桂华，黄磊，卢宏亮．代工专用性投资、竞争优先权与自有品牌战略[J]．南开管理评论，2013（6）：28－37.

[112] 李华敏，李茸．顾客体验、品牌认同与品牌忠诚的关系研究——以苹果手机的青年顾客体验为例[J]．经济与管理，2013（8）：65－71.

[113] 李怀苍，李昌．口碑品牌的故事化设计与技巧[J]．昆明理工大学学报（社会科学版），2013（2）：95－102.

[114] 李建福，李晓红．品牌翻译的美学价值体现[J]．河北联合大学学报（社会科学版），2013（1）：109－112.

[115] 李杰，张毅．品牌社群对品牌延伸评价的影响[J]．上海管理科学，2013（6）：16－19.

[116] 李玲，陶厚永．山寨模式形成动力机制及其对国产品牌的启示[J]．科研管理，2013（2）：112－119.

[117] 李明宇．基于体验营销的酒店品牌建设研究[J]．企业经济，2013（4）：100－103.

[118] 李瑞．我国外贸出口品牌战略实施现状与建议[J]．对外经贸，2013（5）：28－29＋41.

[119] 李施玥，施娟．消费者品牌偏好对文化产品需求的影响[J]．企业经济，2013（3）：10－12.

[120] 李天元，沈雪瑞．基于顾客的旅游目的地品牌资产：国外研究述评与展望[J]．东南大学学报（哲学社会科学版），2013（6）：56－61＋135.

[121] 李婷婷，李艳军．基于品牌社群的营销管理研究述评[J]．管理现代化，2013（5）：59－61.

［122］李巍，黄磊．企业整合品牌管理的制度驱动机制研究——基于快速消费品行业企业的探索性分析［J］．华东经济管理，2013（5）：93-98.

［123］李向辉，周刺天．基于品牌认知的顾客选择决策模型［J］．统计与决策，2013（8）：49-52.

［124］李欣．企业品牌形象的塑造与管理研究［J］．科技与管理，2013（5）：86-89.

［125］李新剑．基于品牌社群视角的体育营销模型研究［J］．宁夏大学学报（人文社会科学版），2013（1）：144-148.

［126］李雪岩．战略品牌管理视角下广西来华留学生教育服务贸易品牌路径探索——以越南来华留学生生源市场为例［J］．广西师范大学学报（哲学社会科学版），2013（5）：139-144.

［127］李艳娥．科技会展品牌资产的提升途径与对策研究［J］．科技管理研究，2013（22）：131-135+141.

［128］李燕．北部湾经济区海产品发展现状和品牌营销策略［J］．农业现代化研究，2013（5）：577-581+590.

［129］李耀．品牌体验对品牌延伸的影响：品牌忠诚的中介作用——来自电影产业的实证［J］．未来与发展，2013（7）：52-56.

［130］李耀东．山西土特农产品品牌资产价值评估［J］．山西农业科学，2013（9）：991-994.

［131］李颖灏，张茁．消费认同对品牌购买意愿的影响［J］．商业研究，2013（11）：74-79.

［132］李兆丰．市场、品牌与卫视的"主流化"生存——卫视品牌价值观分析［J］．现代传播（中国传媒大学学报），2013（3）：11-15.

［133］李志翔．提升品牌传播效果的广告策略［J］．新闻世界，2013（2）：72-73.

［134］李智．从国外企业品牌管理看我国企业品牌管理［J］．产业与科技论坛，2013（7）：25-26.

［135］连漪，姜营．区域旅游品牌发展及品牌价值提升策略——基于桂林旅游地品牌建设的思考［J］．企业经济，2013（2）：122-126.

［136］梁海红．农产品区域品牌形象构成实证研究——以茶叶市场为例［J］．开发研究，2013（1）：119-122.

［137］梁静．微电影营销对品牌形象的提升作用分析［J］．管理现代化，2013（2）：74-76.

［138］梁瑞雄，毕会东．创建民办高校党建工作品牌的理论研究与实践——以广东科技学院为例［J］．世纪桥，2013（8）：84-86.

［139］梁小莉．商业健身俱乐部品牌化发展研究的思考［J］．沈阳体育学院学报，2013（3）：46-48.

[140] 林春桃，苏宝财，管曦，余建辉．基于转换成本调节作用的乌龙茶品牌忠诚研究——以福州消费者为例[J]．茶叶科学，2013（2）：155 – 163．

[141] 林德荣．基于微观视角的现代品牌农业成长动力学模型[J]．中国农学通报，2013（17）：105 – 109．

[142] 林德荣．现代品牌农业成长的系统动力学模型构建及其制度和政策的创新[J]．农业现代化研究，2013（1）：68 – 71．

[143] 林琳，章家清．中国餐饮业品牌发展的策略研究[J]．全国商情（理论研究），2013（5）：34 – 37．

[144] 林荣清．国内外品牌农业研究综述[J]．江西农业学报，2013（7）：143 – 146．

[145] 刘宝成，郑颖．VI 设计在城市品牌形象建设中的应用[J]．包装工程，2013（22）：6 – 8 + 19．

[146] 刘定禹，饶志华．高校教师党建品牌的意义、内涵及特征[J]．上海党史与党建，2013（3）：39 – 41．

[147] 刘国永，王鹏，黄谦．体育品牌原产地困惑对品牌形象感知的影响：知名度的调节作用[J]．中国体育科技，2013（3）：140 – 145．

[148] 刘红，颜麒，杨韫．名人代言对旅游目的地品牌价值影响分析——以某华东古镇旅游景区为例[J]．经济问题探索，2013（7）：87 – 92．

[149] 刘桓．基于消费者忠诚度的网络品牌成功要素分析[J]．商业经济，2013（22）：74 – 75 + 111．

[150] 刘家凤，林雅军．品牌价值观——概念与测量[J]．西南民族大学学报（人文社会科学版），2013（7）：118 – 123．

[151] 刘家凤．公司品牌价值观研究的社会道德化取向及其影响[J]．经济与管理，2013（1）：64 – 68．

[152] 刘家凤．品牌价值观在企业内外部的吸引力匹配及其作用——基于银行业的实证分析[J]．财经科学，2013（10）：71 – 78．

[153] 刘嘉毅．国内文化旅游品牌研究：回望与启示[J]．北京第二外国语学院学报，2013（5）：71 – 77．

[154] 刘君，白敬艳，赖秋劲．民族风格服装品牌的现状与发展探析[J]．丝绸，2013（10）：61 – 65．

[155] 刘雷．屈臣氏自有品牌战略分析[J]．中国商贸，2013（25）：84 – 85．

[156] 刘丽娴．定制服装的品牌模式研究[J]．丝绸，2013（3）：71 – 74．

[157] 刘琳琳，杨力．房地产企业强势品牌建设研究[J]．蚌埠学院学报，2013（1）：52 – 55 + 60．

[158] 刘楠，王丽，向梦．知识产权壁垒的产生原因和应对策略——从我国企业建设国际贸易品牌的角度分析[J]．中国市场，2013（9）：32 – 34．

［159］刘琪．基于企业文化的品牌营销研究［J］．产业与科技论坛，2013（2）：23－24．

［160］刘强．乡村生态旅游品牌形象塑造探究——以辽宁省凤城市大梨树生态旅游区为例［J］．农业经济，2013（10）：21－23．

［161］刘清早，张林，朱洪军．全运会品牌识别系统建构研究［J］．中国体育科技，2013（2）：3－8＋15．

［162］刘丝雨，李显君，徐可．我国自主品牌汽车企业技术创新能力的国际比较［J］．汽车工业研究，2013（7）：4－14．

［163］刘文慧．旅游企业品牌建设研究综述［J］．市场周刊（理论研究），2013（6）：61－64＋100．

［164］刘晓芬，崔登峰，王润．特色农产品品牌营销策略研究［J］．农业经济，2013（12）：121－122．

［165］刘晔．市场营销新趋势：品牌内容营销及成功要素［J］．现代营销（学苑版），2012（10）：72－73．

［166］刘泳，王长军，陈荣耀．基于QFD的品牌导向的定量化实现［J］．预测，2013（1）：77－80．

［167］刘泳，周建亨．品牌导向、价值链整合对企业绩效的影响机制［J］．东华大学学报（自然科学版），2013（5）：675－681．

［168］刘媛．中国企业品牌战略与决策［J］．现代营销（学苑版），2012（12）：122－124．

［169］柳思维，熊曦，方晓萍．科技投入、自主知识产权与工业品牌成长——来自湖南省的实证调查［J］．科技进步与对策，2013（3）：72－77．

［170］龙成志．基于综合视角的品牌形象维度结构研究［J］．广东商学院学报，2013（3）：4－12．

［171］娄锋．农民专业合作社产品品牌建设及其影响因素分析［J］．经济问题，2013（3）：107－113．

［172］卢宏亮，李桂华．B2B品牌资产的来源路径：真情VS人情［J］．山西财经大学学报，2013（2）：83－94．

［173］卢宏亮，王艳芝．基于顾客视角的B2B品牌资产影响因素研究［J］．天津商业大学学报，2013（3）：52－59．

［174］陆程盛，卢恩峰，龙筱刚．宁波市区域品牌战略发展对策［J］．企业经济，2013（8）：151－154．

［175］陆建珍，徐翔，袁新华．城市居民淡水产品品牌支付意愿实证研究——以青虾为例［J］．消费经济，2013（3）：56－59．

［176］陆林，朱申莲，刘曼曼．杭州城市旅游品牌的演化机理及优化［J］．地理研究，2013（3）：556－569．

[177] 陆瑶, 徐利新. 个体嵌入品牌与产业集群品牌协同演化研究[J]. 科技进步与对策, 2013 (7): 72 - 77.

[178] 吕振奎, 范贤灿. 泉州城市品牌建设策略研究——基于城市品牌与企业品牌互动视角的探讨[J]. 泉州师范学院学报, 2013 (3): 108 - 113.

[179] 罗选荣, 韩顺平. 基于顾客体验的服务品牌接触点管理[J]. 技术经济与管理研究, 2013 (8): 69 - 73.

[180] 马彬彬. 中外品牌形象理论研究综述[J]. 赤峰学院学报 (自然科学版), 2013 (10): 41 - 43.

[181] 马向阳, 辛荣. 政府视角下以区域联想为核心的区域品牌伞构建研究[J]. 科技进步与对策, 2013 (15): 46 - 51.

[182] 马轶男. 品牌竞争力的评价指标体系的构建[J]. 经济问题探索, 2013 (3): 153 - 157.

[183] 明宇, 司虎克. 我国体育品牌生产企业与耐克公司运动鞋专利研发的对比研究[J]. 武汉体育学院学报, 2013 (9): 35 - 40.

[184] 母泽亮, 李露苗. 基于旅游者感知的旅游目的地品牌个性研究——以重庆旅游品牌为例[J]. 重庆师范大学学报 (自然科学版), 2013 (2): 123 - 127.

[185] 牛永革, 曾文君. 旅游网站品牌化现状研究: 以中国 5A 级景区为例[J]. 旅游学刊, 2013 (11): 84 - 92.

[186] 潘广锋, 王兴元. 互联网品牌生态位竞争博弈研究[J]. 企业经济, 2013 (7): 11 - 14.

[187] 潘广锋, 王兴元. 互联网品牌网站特征要素分析及优化策略[J]. 山东社会科学, 2013 (5): 140 - 144.

[188] 潘俊. 城市品牌的内涵及生成机理与成长路径研究[J]. 科教导刊 (中旬刊), 2013 (2): 153 - 155.

[189] 潘丽英, 杨涛. 体育文化品牌定位评价指标体系研究[J]. 武汉体育学院学报, 2013 (5): 41 - 45.

[190] 盘剑. 创意与国产动画电影的品牌创建[J]. 当代电影, 2013 (9): 15 - 19.

[191] 彭庆环. 我国大型零售业发展自有品牌营销策略研究[J]. 湖北经济学院学报, 2013 (4): 80 - 85.

[192] 祁明德. 城市发展成就与城市品牌感知实证研究——来自广东省 21 个城市的实证经验[J]. 系统工程, 2013 (6): 22 - 29.

[193] 钱大胜. 柳州市城市营销中的品牌定位[J]. 企业经济, 2013 (7): 137 - 140.

[194] 乔海曙, 王惟希, 莫莎. 基于社会责任视角的商业银行品牌竞争研究[J]. 金融论坛, 2013 (1): 20 - 28.

[195] 乔均, 彭纪生. 品牌核心竞争力影响因子及评估模型研究——基于本土制造

业的实证分析[J].中国工业经济，2013（12）：130-142.

[196] 乔均.国产家用汽车品牌感知质量实证研究[J].南京社会科学，2013（8）：38-45.

[197] 秦晓楠，卢小丽，武春友.基于生态位理论城市品牌竞争结构分析——以城市旅游品牌为例[J].当代经济管理，2013（10）：12-18.

[198] 青平，朱信凯，李万君，程娉婷.产品伤害危机对竞争品牌的外溢效应分析——以农产品为例[J].中国农村经济，2013（2）：12-22.

[199] 邱海莲，李明龙，张剑侠.基于消费者的经济型酒店品牌延伸绩效评价及策略选择——以汉庭连锁酒店为例[J].对外经贸，2013（4）：121-123.

[200] 邱宏亮，吴雪飞，翁栋.品牌体验对品牌忠诚的影响研究[J].沈阳大学学报（社会科学版），2013（1）：22-25.

[201] 饶志华.创建高校教师基层党建品牌的方法路径探讨[J].江西教育学院学报，2013（5）：71-75.

[202] 任枫.品牌社群形成机理研究——基于品牌社群融入的视角[J].河北经贸大学学报，2013（6）：104-109.

[203] 荣伟成，高茜.中国自主品牌汽车国际化优劣势分析与发展对策[J].华东经济管理，2013（1）：55-59.

[204] 沙振权，何美贤，蒋雨薇.顾客参与影响品牌关系质量研究[J].商业研究，2013（10）：60-66+103.

[205] 邵丹，孙妙迪.网购服装品牌的个性研究[J].纺织学报，2013（5）：127-132.

[206] 邵丹，朱莉思.基于眼动实验的服装品牌风格意象认知探析——E品牌上装风格案例研究[J].东华大学学报（自然科学版），2013（2）：240-246.

[207] 申帅芝，张吉琳.微电影广告对网络消费者品牌态度影响的实证研究[J].新闻知识，2013（9）：43-45.

[208] 沈鹏熠.品牌基础理论研究：多维视角的述评[J].石家庄学院学报，2013（2）：40-45.

[209] 沈周锋.品牌文化与视觉形象设计的关系[J].新美术，2013（9）：123-124.

[210] 施光荣.负面信息对消费者品牌态度的影响研究[J].消费经济，2013（2）：51-55.

[211] 施娟，陈涛.品牌市场表现对品牌-顾客关系质量的影响[J].经济与管理评论，2013（2）：53-57.

[212] 施科豪.基于品牌忠诚度的品牌资产价值评估[J].中国商贸，2013（24）：49-50.

[213] 施曼.市场营销视角下跨国公司品牌战略的演进及其启示[J].商业时代，

2013 (33): 61 – 62.

[214] 石梦菊. 品牌延伸理论研究综述[J]. 经济研究导刊, 2013 (14): 132 – 133.

[215] 束玉洁, 章锦河. 国外品牌体验研究进展与启示[J]. 资源开发与市场, 2013 (7): 726 – 730 + 757.

[216] 司晓甜, 郭建南, 朱伟明. 基于马斯洛需求层次理论的服饰时尚跨界合作研究——以品牌 H&M 与 VERSACE 跨界合作为例[J]. 浙江理工大学学报, 2013 (2): 288 – 292.

[217] 宋明元, 肖洪钧, 齐丽云. 品牌体验的维度构建与量表开发研究[J]. 科技与管理, 2013 (6): 53 – 58.

[218] 宋昱. 我国本土体育用品品牌营销的问题与策略[J]. 体育文化导刊, 2013 (11): 85 – 88.

[219] 苏日娜. 我国旅游企业品牌建设相关问题探析[J]. 兰州商学院学报, 2013 (2): 102 – 105.

[220] 苏淞, 黄劲松. 品牌延伸还是子品牌?——基于品牌态度、广告说服和购买意愿的比较[J]. 管理评论, 2013 (2): 98 – 107 + 125.

[221] 苏杨. 品牌故事营销模式与构成要素[J]. 重庆科技学院学报 (社会科学版), 2013 (4): 119 – 121.

[222] 苏悦娟. 地理标志区域品牌化策略研究[J]. 广西社会科学, 2013 (6): 55 – 57.

[223] 孙凤芝, 于涛, 张明伟, 朱珂. 基于系统视角的区域品牌传播模式探究[J]. 山东大学学报 (哲学社会科学版), 2013 (5): 125 – 131.

[224] 孙梅红, 韩星焕, 邵喜武, 杨子刚. 我国品牌猪肉企业发展面临的机遇、挑战及营销对策研究[J]. 中国畜牧杂志, 2013 (14): 55 – 58.

[225] 孙明贵, 孙雨晴, 邓绪文. 怀旧情感体验对老字号品牌购买意愿的影响[J]. 广义虚拟经济研究, 2013 (3): 55 – 61.

[226] 谭春兰, 张涵. 苏州阳澄湖大闸蟹水产品品牌发展策略研究[J]. 中国渔业经济, 2013 (4): 131 – 137.

[227] 谭巍, 耿冬梅, 荣雪, 李孜, 刘伟, 杨莉, 徐思群, 揭小倩. 我国中药上市公司品牌资产主要影响因素初探[J]. 中国中药杂志, 2013 (9): 1442 – 1446.

[228] 谭征宇, 王贞. 汽车品牌的造型特征标定与识别模式构建[J]. 装饰, 2013 (4): 119 – 120.

[229] 汤跃, 孙智. 基于知识产权产业化背景下的贵州农产品地理标志品牌研究[J]. 贵州师范大学学报 (社会科学版), 2013 (6): 59 – 67.

[230] 唐建生, 翟海英, 许倩. 品牌联想冲突对于评价品牌延伸的影响——基于完美主义的视角[J]. 北京工商大学学报 (社会科学版), 2013 (1): 55 – 63.

[231] 唐玉生, 曲立中, 刘雪冰. 品牌价值网络结构模型及网络化传递研究[J]. 工

业技术经济，2013（4）：9－15.

［232］唐玉生，曲立中，孙安龙．品牌价值构成因素的实证研究［J］．商业研究，2013（9）：110－116.

［233］田虹，袁海霞．产品伤害危机对消费者品牌态度的影响机制研究［J］．中国地质大学学报（社会科学版），2013（4）：112－116.

［234］田虹，袁海霞．产品伤害危机响应策略对品牌态度的影响研究——企业社会责任匹配性的调节作用［J］．学习与探索，2013（11）：96－100.

［235］田虹，袁海霞．企业社会责任匹配性何时对消费者品牌态度更重要——影响消费者归因的边界条件研究［J］．南开管理评论，2013（3）：101－108.

［236］田金梅，张秀娟，麦健鹏，丘瑞芸．品牌知名度和安全认证对猪肉消费行为的影响［J］．华南农业大学学报（社会科学版），2013（3）：104－111.

［237］田云章．农产品区域品牌的属性研判与决策［J］．江苏农业科学，2013（2）：414－416.

［238］田云章．农产品区域品牌研究综述［J］．农机化研究，2013（8）：232－235＋252.

［239］涂传清，郑蕉．我国农产品品牌建设中"一品多牌"现象的成因和治理策略［J］．农业现代化研究，2013（2）：176－180.

［240］万卫，贺译云．我国民族化妆品品牌现状及策略分析［J］．现代经济信息，2013（14）：359＋365.

［241］汪海粟，吴祺．关于品牌价值评估基本问题的几点思考［J］．中国资产评估，2013（4）：19－25＋1.

［242］汪澜．我国本土连锁超市自有品牌产品开发策略分析［J］．现代商贸工业，2013（21）：3－4.

［243］汪蓉，李辉．消费者国货意识对国外品牌产品购买意向的影响机制——兼论消费者－品牌情感的调节效应［J］．经济与管理研究，2013（3）：102－110.

［244］汪树全．企业品牌及核心竞争力与企业文化建设［J］．北京邮电大学学报（社会科学版），2013（3）：88－91.

［245］汪涛，牟宇鹏，周玲．犯错品牌的合理化策略研究［J］．软科学，2013（9）：33－37.

［246］汪兴东，郭锦墉，陈胜东．农产品区域品牌负面信息溢出效应研究［J］．商业研究，2013（7）：134－142.

［247］汪兴东．产品伤害危机中修复策略适配性对品牌形象评价的影响——时间距离与企业声誉的调节作用［J］．经济管理，2013（11）：93－105.

［248］王保林．我国自主品牌乘用车的差距与困境［J］．管理世界，2013（3）：180－181.

［249］王斌华，简汀滢．中国品牌英译的调研报告［J］．外语教学，2013（5）：97－

100 + 105.

[250] 王财玉，何安明，惠秋平．时间距离与大学生自我 - 品牌联结的价值偏好——解释水平的视角[J]．心理科学，2013（4）：956 - 959.

[251] 王财玉．消费者自我 - 品牌联结的内涵、形成机制及影响效应[J]．心理科学进展，2013（5）：922 - 933.

[252] 王朝辉，陈洁光，黄霆，程瑜．企业创建自主品牌关键影响因素动态演化的实地研究——基于广州 12 家企业个案现场访谈数据的质性分析[J]．管理世界，2013（6）：111 - 127.

[253] 王成．"老字号"品牌创新模式探究[J]．商业时代，2013（6）：46 - 47.

[254] 王春兰．地方特产品牌塑造策略研究[J]．物流工程与管理，2013（11）：107 - 109.

[255] 王德胜，王建金．负面网络口碑对消费者品牌转换行为的影响机制研究——基于虚拟社区涉入的视角[J]．中国软科学，2013（11）：112 - 122.

[256] 王杜春，王畔畔，刘雪华．大米区域品牌竞争力的实证分析[J]．广东农业科学，2013（20）：227 - 230.

[257] 王分棉，刘勇．中国品牌成长的区域性差异及其影响因素研究——基于《中国 500 最具价值品牌》的实证分析[J]．中央财经大学学报，2013（6）：80 - 85 + 90.

[258] 王分棉，张鸿，李云霞．消费者收入与认知水平对品牌成长影响的研究——基于省际面板数据的实证分析[J]．经济问题探索，2013（8）：91 - 95.

[259] 王分棉，张鸿，孙禹晴．国际品牌成长特征及对我国国际品牌战略定位的启示[J]．当代经济管理，2013（7）：18 - 21.

[260] 王国红．中小企业品牌营销的路径选择[J]．商场现代化，2013（14）：54 - 55.

[261] 王国华．日本水产品区域品牌建设及经验借鉴[J]．河北渔业，2013（6）：63 - 66.

[262] 王国平．高校品牌价值内涵及其提升路径[J]．高等建筑教育，2013（2）：13 - 16.

[263] 王寒，郑春东，张璐．品牌延伸产品该如何做广告？——不同广告类型对契合度及延伸评价的影响[J]．财经论丛，2013（5）：100 - 105.

[264] 王红宝，白翠玲．旅游体验质量与城市旅游品牌提升[J]．河北学刊，2013（5）：135 - 137.

[265] 王建文，谢冬兴．基于品牌要素的绿道体育旅游品牌打造——以广东省绿道为例[J]．武汉体育学院学报，2013（8）：43 - 47.

[266] 王晋伟，薛永基．负面网络口碑对品牌忠诚影响因素的实证研究[J]．中国市场，2013（9）：4 - 6.

[267] 王立磊，张剑渝，钟帅．消费者在线评论感知对网站品牌忠诚的影响研究

［J］．消费经济，2013（6）：40－45.

［268］王墨兰．企业文化视角下川酒品牌视觉形象延展性探析［J］．企业经济，2013（7）：19－23.

［269］王启万，王兴元．产业集群核心企业品牌生态位关键要素研究［J］．统计与决策，2013（5）：185－188.

［270］王启万，王兴元．战略性新兴产业集群品牌生态系统研究［J］．科研管理，2013（10）：153－160.

［271］王启业．我国企业品牌战略管理的几点思考［J］．经济师，2013（7）：254－255.

［272］王溶花，朱倩．中国出口农产品品牌发展中存在的主要问题分析［J］．农业科技管理，2013（1）：86－88.

［273］王淑翠．论服务业的品牌发展趋势：公司品牌化［J］．财贸经济，2013（11）：128－137.

［274］王淑芹，张嘉凌．五粮液品牌策略研究［J］．经济研究导刊，2013（10）：198－199.

［275］王松柏．品牌设计中的感性定位策略应用研究［J］．经济与管理研究，2013（9）：121－123.

［276］王卫军，王靖云．基于非物质文化遗产旅游产品品牌形象的色彩设计研究［J］．生态经济，2013（10）：111－114.

［277］王霞，牛海鹏．企业微博营销中品牌曝光度对网络口碑的影响研究［J］．管理评论，2013（5）：116－122＋135.

［278］王昕兵．中小企业的品牌建设之路探微［J］．中国商贸，2013（14）：53－54.

［279］王鑫．家庭农场经营中的农产品品牌塑造问题探析［J］．中国经贸导刊，2013（17）：9－10.

［280］王旭．个体特征对青少年体育用品品牌购买意愿的影响研究［J］．成都体育学院学报，2013（5）：66－69.

［281］王雪艳．探析河南旅游文化融入地方品牌包装设计的途径［J］．包装工程，2013（24）：111－114.

［282］王雅姝，陈卓威．新媒体时代川酒品牌的微博营销［J］．四川理工学院学报（社会科学版），2013（4）：70－73.

［283］王彦亮，林左鸣．广义虚拟经济价值理论视角的品牌价值研究［J］．广义虚拟经济研究，2013（1）：37－48.

［284］王彦勇，徐向艺．国外品牌治理研究述评与展望［J］．外国经济与管理，2013（1）：29－36.

［285］王焱，赵红，赵宇彤．品牌重叠概念与机理研究［J］．管理评论，2013（11）：156－162＋176.

［286］王永贵，马双．虚拟品牌社区顾客互动的驱动因素及对顾客满意影响的实证研究［J］．管理学报，2013（9）：1375－1383.

［287］王勇．农民专业合作社品牌建设的经验、问题与应对策略［J］．农机化研究，2013（11）：9－12.

［288］王玉伟．我国企业品牌维护问题及对策［J］．中外企业家，2013（31）：33－34.

［289］王再越．品牌联合与中国动漫产业的发展策略［J］．辽宁科技大学学报，2013（1）：70－75.

［290］王之风，东志国，刘宗巍，赵福全．中国汽车品牌价值分析［J］．汽车工业研究，2013（1）：17－20.

［291］危华，宋晓兵，原永丹．感知匹配性和卷入度对品牌延伸评价的影响机制研究［J］．浙江理工大学学报，2013（5）：796－800.

［292］危华，原永丹．代言人吸引力、感知匹配性对品牌延伸的影响［J］．中国流通经济，2013（1）：99－105.

［293］韦宏．品牌价值的评价与导向管理［J］．商业时代，2013（8）：39－40.

［294］温汉华．从符号学视角论品牌传播的目标与原则［J］．新闻知识，2013（2）：83－85.

［295］温汉华．品牌符号传播与整合营销传播的内在联系［J］．新闻知识，2013（11）：22－23＋18.

［296］翁飚，张小娟，鞠庆东．体育赛事品牌塑造与城市品牌提升的关系——以厦门国际马拉松赛为例［J］．体育科学研究，2013（1）：1－5.

［297］巫月娥．网络品牌视角下网络消费者重复购买的营销策略［J］．企业经济，2013（1）：105－108.

［298］吴波，李东进．基于刻板印象内容模型的品牌感知研究评介［J］．外国经济与管理，2013（3）：57－63＋72.

［299］吴红梅．"歌仙"刘三姐旅游品牌形象构建思考［J］．广西民族大学学报（哲学社会科学版），2013（6）：112－116.

［300］吴家灿，李蔚．论基于产业集群的区域品牌培育路径［J］．求索，2013（2）：24－26.

［301］吴见平，曹佳佳．大众休闲服装品牌忠诚影响因素的实证研究［J］．企业经济，2013（3）：13－16.

［302］吴敬静．品牌汽车专营店服务营销策略研究与实践［J］．中南林业科技大学学报（社会科学版），2013（1）：54－57.

［303］吴黎正，张雨，宋瑞卿．利率市场化下城市商业银行品牌定位研究［J］．海南金融，2013（4）：50－54＋60.

［304］吴清津，梁于青，邹锐．服务企业员工的品牌建设行为及其培养机制［J］．中

国人力资源开发，2013（11）：26－30.

［305］吴小天．"旅游目的地品牌化"的内涵辨析与定义修订——基于国外文献及治理视角［J］.地理与地理信息科学，2013（2）：95－99.

［306］吴璇欧，魏红磊．产业融合视角下文化旅游品牌建设研究——以张家口为例［J］.河北北方学院学报（社会科学版），2013（4）：81－83＋92.

［307］武淑平．我国工业品品牌建设中存在的问题及对策探讨［J］.中国商贸，2013（15）：190－192.

［308］向明生，普雁翔，宋丽华．云南高原特色农业品牌战略探析［J］.农业网络信息，2013（6）：119－122.

［309］肖鹏，孙玉红，曹元莉，陈景，白琳．品牌信任对消费者——品牌关系强度的影响［J］.统计与决策，2013（18）：180－182.

［310］肖文金．城镇品牌发展模式与我国新型城镇化建设［J］.湖南商学院学报，2013（2）：91－96.

［311］偰娜．服装品牌虚拟体验营销策略研究［J］.纺织导报，2013（8）：91－93.

［312］谢向英，杨江帆，杨朝英，管曦．地理标志品牌成长下的福建茶叶企业行为特征研究［J］.林业经济问题，2013（1）：74－79.

［313］谢向英，杨江帆．福建茶叶地理标志品牌成长探析［J］.武夷学院学报，2013（1）：1－6.

［314］辛杰．企业社会责任与品牌资产：消费者 CSR 体验与儒家价值观的作用［J］.南方经济，2013（1）：71－82.

［315］熊曦，柳思维，蒋凌峰．区域产业品牌培育与形成内在机理的实证分析——以湖南工程机械产业为例［J］.江汉学术，2013（4）：31－36.

［316］熊曦，柳思维．工业企业品牌成长的风险矩阵研究［J］.湖湘论坛，2013（1）：71－74.

［317］胥朝阳，张婷，周超．品牌并购绩效及其影响因素研究［J］.经济与管理，2013（2）：57－62.

［318］徐和清．食品安全事故中的品牌企业形象维护研究——基于消费者视角的调查分析［J］.华东经济管理，2013（2）：97－102.

［319］徐乐蔚．探究我国酒店品牌核心竞争力的培养［J］.中国商贸，2013（4）：177－179.

［320］徐乃真，祝平．跨界营销在品牌传播中的运用［J］.中国市场，2013（25）：11－14.

［321］徐伟，王新新，薛海波．老字号品牌个性、认同与忠诚——个性量表开发与评价［J］.财经论丛，2013（4）：95－100.

［322］徐小龙．产品伤害危机下消费者－品牌关系断裂影响因素及作用机制［J］.经济问题探索，2013（5）：162－166.

[323] 徐燕，段婷瑜．经济型连锁酒店品牌认知研究——以长沙市为例[J]．消费经济，2013（1）：48 – 50 + 74.

[324] 许春晓，莫莉萍．国外旅游目的地品牌资产及其管理研究述评[J]．旅游研究，2013（2）：1 – 7.

[325] 许峰，秦晓楠，张明伟，漆睿，李静．生态位理论视角下区域城市旅游品牌系统构建研究——以山东省会都市圈为例[J]．旅游学刊，2013（9）：43 – 52.

[326] 许衍凤，赵晓康．"老字号"品牌竞争力评价及提升对策研究[J]．价格理论与实践，2013（5）：85 – 86.

[327] 许衍凤，赵晓康．基于内容分析法的品牌延伸中外文献对比[J]．山东工商学院学报，2013（3）：84 – 89.

[328] 许月恒，张明立，任淑霞．物流服务业服务品牌对客户关系感知的影响研究[J]．管理学报，2013（5）：730 – 739.

[329] 薛健平，余伟萍，牛永革．电子商务企业微博品牌传播效果研究——以易迅网微博为例[J]．软科学，2013（12）：67 – 71.

[330] 严曙光，刘宣春．关于农村文化产业品牌发展的若干思考——兼谈益阳农村文化产业发展[J]．中南林业科技大学学报（社会科学版），2013（4）：68 – 70 + 84.

[331] 杨保军，黄志斌．基于"品牌基因"视角的回族老字号品牌构成研究[J]．兰州商学院学报，2013（6）：1 – 6.

[332] 杨保军．甘宁青回族老字号品牌生态位特点与发展战略分析[J]．改革与战略，2013（9）：38 – 41 + 58.

[333] 杨璨，张皋鹏．以产品和服务为核心的服装品牌战略[J]．北京服装学院学报（自然科学版），2013（1）：68 – 80.

[334] 杨晨，王海忠，钟科．"示弱"品牌传记在"蛇吞象"跨国并购中的正面效应[J]．中国工业经济，2013（2）：143 – 155.

[335] 杨海龙，唐小飞，邓琪．特色农产品企业品牌选择的影响因素分析[J]．江西社会科学，2013（3）：205 – 210.

[336] 杨霖华．网络原创品牌的品牌忠诚驱动因素分析——基于女装品牌裂帛的案例研究[J]．企业经济，2013（5）：18 – 21.

[337] 杨霖华．中小企业虚拟品牌社区用户行为分析及营销策略[J]．商业时代，2013（13）：36 – 37.

[338] 杨玲雅．品牌营销策略探析[J]．市场论坛，2013（3）：70 – 71.

[339] 杨玲雅．我国企业品牌营销的问题与对策[J]．现代营销（学苑版），2013（2）：45.

[340] 杨柳．国产续集电影的问题与品牌化策略分析[J]．当代电影，2013（5）：23 – 27.

[341] 杨明刚，田志标，杨莉莉．新媒体传播特征及对高校品牌形象塑造的影响与

作用[J].中国广告，2013（3）：137-140.

[342] 杨明强，鲁德银.基于产业价值链的农产品品牌塑造模式与策略研究[J].农业经济，2013（2）：127-128.

[343] 杨楠楠，郭燕."快时尚"服装品牌对消费者购买行为的影响及启示[J].商业时代，2013（5）：28-30.

[344] 杨学成，葛婷婷，兰冰.品牌微博可信度影响因素研究[J].山西财经大学学报，2013（10）：68-80.

[345] 杨一翁，孙国辉.国家、公司和产品品牌形象对消费者态度与购买倾向的作用机制——基于运动品牌的数据[J].经济管理，2013（1）：99-109.

[346] 杨一翁，孙国辉.战略视角下的公司品牌研究：一个量表的开发[J].中国管理科学，2013（S2）：535-541.

[347] 杨于峰，余伟萍，田盼.基于SOM神经网络的品牌丑闻微博传播分类预测研究[J].情报杂志，2013（10）：23-28+12.

[348] 杨志坚，薛永基.慈善捐赠行为对企业品牌资产影响的实验研究[J].商业研究，2013（9）：70-78.

[349] 姚春玲.农业产业集群与农产品区域品牌竞争力提升策略[J].农业现代化研究，2013（3）：318-321+327.

[350] 姚杰，程红.品牌敏感因素对消费者品牌忠诚影响研究——基于本土护肤品市场的实证检验[J].南京社会科学，2013（12）：36-41.

[351] 叶敏.农产品品牌建设中的问题及对策[J].中国经贸导刊，2013（3）：42-43.

[352] 衣凤鹏.企业社会责任与品牌价值关系——基于利益相关者理论的研究[J].理论界，2013（9）：186-189.

[353] 尹良润.文化产业品牌的基本特征与传播策略[J].新闻爱好者，2013（7）：13-15.

[354] 尹卫华，朱瑞庭.基于自有品牌的工商关系研究[J].江西财经大学学报，2013（2）：25-34.

[355] 尤振来，倪颖.区域品牌与企业品牌互动模式研究——以轮轴型产业集群为背景[J].科技管理研究，2013（10）：79-83.

[356] 于冬，张树庭，王文杰.电影品牌内涵·资源整合·国际化[J].当代电影，2013（5）：27-31.

[357] 于君英，沈蕾.品牌价值构成因素的边际效用研究[J].预测，2013（3）：60-64+69.

[358] 余得生，孙新.赣南脐橙农产品区域品牌提升策略[J].江苏商论，2013（2）：16-19.

[359] 余可发.组织品牌内化及员工品牌内化的整体概念模型研究[J].当代财经，

2013 （4）：85 - 93.

[360] 余明阳，李启庚. 品牌战略对企业价值的影响路径分析[J]. 上海管理科学，2013 （5）：1 - 5.

[361] 余庆泽，卢赛妍，邬燕娟. 移动互联网环境下服务品牌互动营销研究[J]. 科技管理研究，2013 （14）：184 - 187.

[362] 余伟萍，杨于峰. 微博上的品牌丑闻溢出监测指标体系研究[J]. 现代图书情报技术，2013 （2）：63 - 69.

[363] 余伟萍，庄爱玲. 品牌负面曝光事件分类及溢出效应差异研究[J]. 商业研究，2013 （2）：21 - 27.

[364] 余伟萍，庄爱玲. 品牌负面曝光事件下焦点品牌和竞争品牌动态响应行为研究[J]. 管理学报，2013 （9）：1393 - 1398.

[365] 俞满娇. 西方品牌口号研究回顾与评析[J]. 外国经济与管理，2013 （3）：47 - 56.

[366] 俞明轩，王子龙. 房地产企业品牌价值构成要素及评估[J]. 中国资产评估，2013 （8）：17 - 20.

[367] 袁安府，黄丹，邵艳梅. 品牌价值提升影响因素研究[J]. 商业研究，2013 （6）：133 - 143.

[368] 袁海霞，田虹. 企业社会责任匹配性对消费者品牌的影响研究——基于消费者价值观的调节作用[J]. 经济与管理研究，2013 （7）：114 - 121.

[369] 袁胜军，宋亮. 消费者敌意对品牌来源国选择的影响[J]. 商业研究，2013 （8）：83 - 90 + 134.

[370] 袁文华，孙曰瑶. 流域生态补偿的品牌授权机制研究[J]. 江淮论坛，2013 （2）：44 - 50.

[371] 袁文华，孙曰瑶. 品牌授权的机制分析——基于授权方的品牌信用度研究[J]. 经济经纬，2013 （3）：91 - 95.

[372] 袁文华，孙曰瑶. 实现生态文明的品牌溢价路径研究[J]. 中国人口·资源与环境，2013 （9）：172 - 176.

[373] 曾晨，陈东生. 品牌服装设计管理——提升企业核心竞争力的法宝[J]. 山东纺织经济，2013 （5）：24 - 26.

[374] 曾海，熊姿，唐建平. 数字化、标准化、专业化、品牌化——广州数字化学习港发展的模式选择[J]. 中国远程教育，2013 （4）：11 - 15 + 95.

[375] 曾小平. 我国服装品牌的营销策略分析[J]. 现代商业，2013 （34）：126 - 127.

[376] 詹刘满. 价值共创品牌化演进与营销学演进逻辑对比[J]. 商业研究，2013 （8）：91 - 98.

[377] 詹佩娜，劳陈峰. 基于品牌社群社会资本和消费体验的品牌忠诚培育研究

［J］.市场研究，2013（8）：29－32.

［378］张斌，孙朝玲.加多宝：6个月完成超级品牌的"回向"［J］.销售与市场（评论版），2013（1）：94－96.

［379］张初兵，侯如靖.自我概念一致性对网商品牌忠诚影响的实证研究——品牌认同及承诺的中介作用［J］.软科学，2013（4）：136－140.

［380］张宏梅，张文静，王进，梁倩.基于旅游者视角的目的地品牌权益测量模型：以皖南国际旅游区为例［J］.旅游科学，2013（1）：52－63.

［381］张坚.20世纪90年代前刘三姐文化品牌海外传播过程及其国际化策略研究［J］.贺州学院学报，2013（1）：19－27＋51.

［382］张景云，王勇，冯利敏.雇主品牌评估模型及运用——联想度的纳入及综合评估模型的修正［J］.北京工商大学学报（社会科学版），2013（1）：64－69.

［383］张婧，邓卉.品牌价值共创的关键维度及其对顾客认知与品牌绩效的影响：产业服务情境的实证研究［J］.南开管理评论，2013（2）：104－115＋160.

［384］张丽.网络团购价格促销策略影响品牌资产的实证研究［J］.价格月刊，2013（8）：73－78.

［385］张丽娟，孙梦阳.基于消费者视角的老字号餐饮企业品牌资产价值实证研究——以北京仿膳饭庄为例［J］.旅游论坛，2013（5）：79－82＋97.

［386］张萌.基于亲疏景度的韩国客源市场旅游节庆品牌打造——以洛阳牡丹文化节为例［J］.经济问题，2013（4）：122－125.

［387］张蒙萌，李艳军，刘学.零售店情境下的品牌连动效应：不同促销手段的调节作用——基于湖北省379位农户的调查［J］.华中农业大学学报（社会科学版），2013（6）：80－88.

［388］张蒙萌，李艳军，王海军.农资品牌连动力及成因探索［J］.管理学报，2013（7）：1024－1033.

［389］张宁.社会化媒体时代的品牌资产建构模式——基于品牌接触点视角的分析与整合［J］.新闻界，2013（15）：3－9.

［390］张千帆，曹翠翠.高校MBA教育品牌战略实施研究［J］.高等教育研究，2013（5）：62－65.

［391］张琴，汪涛，龚艳萍.价格和品牌能否削弱来源国效应——产品属性赋权对来源国效应的影响［J］.心理学报，2013（12）：1381－1392.

［392］张冉.国外非营利组织品牌研究述评与展望［J］.外国经济与管理，2013（11）：60－69.

［393］张冉.品牌导向在我国非营利组织中的价值及构建［J］.社会科学辑刊，2013（4）：36－41.

［394］张瑞华.品牌战略选择的结构要素分析［J］.赤峰学院学报（自然科学版），2013（16）：79－81.

［395］张淑萍．消费者对乳品品牌信任的影响因素研究——以北京市为例［J］．中国畜牧杂志，2013（10）：33－36．

［396］张晓静．体育营销与我国体育用品的品牌策略研究［J］．商业时代，2013（2）：35－36．

［397］张晓娟．农产品品牌传播方式对消费者购买意愿的影响研究——基于农产品品牌生态定位视角［J］．中国地质大学学报（社会科学版），2013（5）：56－63＋139．

［398］张艳．怀旧倾向对老龄消费者品牌偏好的影响——以中华老字号品牌为例［J］．财经问题研究，2013（10）：123－128．

［399］张毅．企业实施品牌战略价值研究［J］．商业时代，2013（1）：44－45．

［400］张燚，刘进平，张锐，侯立松．企业文化、价值承诺与品牌成长的路径和机制研究［J］．管理学报，2013（4）：502－509＋527．

［401］张月花，薛平智．农产品地理标志品牌化发展研究——以陕西为例［J］．生产力研究，2013（6）：27－29＋201．

［402］张月莉，郝放．农业集群品牌营销成功的关键影响因素分析——以黑龙江"寒地黑土"品牌为例［J］．农业经济问题，2013（6）：7－13＋110．

［403］张月莉．基于 MEC 的"安吉白茶"区域品牌消费认知结构研究［J］．茶叶科学，2013（5）：449－456．

［404］张玥，朱庆华．基于网络口碑的品牌评价体系研究——以国产奶粉品牌为例［J］．图书情报工作，2013（16）：86－93．

［405］张之乐．旅游企业品牌个性对消费者重购意愿的影响研究——以稻草人旅行社、携程旅行网以及春秋国旅为例［J］．旅游论坛，2013（6）：21－27．

［406］张中炎．品牌营销中微博的角色和作用［J］．技术与创新管理，2013（1）：75－78．

［407］赵存丽．政府主导产业集群区域品牌构建研究［J］．税收经济研究，2013（2）：92－95．

［408］赵风波．中外合作大学的品牌建设：为何，何为与何作为［J］．高校教育管理，2013（5）：30－35．

［409］赵怀娟，夏伟．社区志愿服务品牌建设：经验、问题与对策——以 W 市"一米阳光"为例［J］．理论导刊，2013（7）：25－28．

［410］赵健．品牌战略对国内企业的借鉴意义——以宝洁公司品牌战略为例［J］．统计与管理，2013（4）：112－114．

［411］赵萌．我国服装品牌忠诚度的实证研究［J］．统计与决策，2013（23）：100－102．

［412］赵仕红．品牌农产品消费意愿及消费行为特征分析——基于南京市的调查［J］．企业经济，2013（6）：84－87．

［413］赵卫宏，王东．虚拟品牌社区信任及其对品牌忠诚的影响［J］．经济管理，

2013（9）：89－100.

［414］赵文．品牌形象数字化设计探析［J］．包装工程，2013（4）：94－96.

［415］赵宜萱．全球化条件下的品牌管理与员工职业生涯策应［J］．改革，2013（12）：122－129.

［416］赵永军．体育品牌奥运营销战略研究——以伦敦奥运会中国体育品牌为例［J］．体育研究与教育，2013（6）：14－17.

［417］郑策，全颖，张旭，凌立莹，苒群红，刘彦，王守山．吉林省人参产业品牌战略研究［J］．特产研究，2013（1）：73－76.

［418］郑春东，亓海鑫，王寒．商业银行混业经营的消费者评价研究——基于服务品牌延伸的视角［J］．中央财经大学学报，2013（2）：42－47.

［419］郑春东，唐梅，马珂．品牌信任对品牌延伸评价的影响——基于不同品牌概念类型的视角［J］．财经问题研究，2013（11）：134－139.

［420］郑琼娥，林峰．民营企业品牌建设的策略研究——基于泉州的经验［J］．科技管理研究，2013（16）：4－8.

［421］郑文坚．品牌定位三层面论［J］．经济导刊，2013（Z3）：80－81.

［422］中国茶叶品牌价值评估课题组，胡晓云，程定军，刘进．中国茶叶企业产品品牌价值评估报告（2011～2013）［J］．中国茶叶，2013（5）：13－17＋19.

［423］中国茶叶品牌价值评估课题组．中国茶叶区域公用品牌价值评估报告（2009～2013）［J］．中国茶叶，2013（5）：4－12.

［424］钟武．我国体育品牌侵权行为的法律规制［J］．西安体育学院学报，2014（2）：161－164.

［425］周光明．西部羊绒业自主品牌竞争力研究［J］．中国流通经济，2013（12）：76－80.

［426］周松，井淼．品牌依恋影响因素的实证研究［J］．西南民族大学学报（自然科学版），2013（2）：275－279.

［427］周晓贞．国内旅游目的地品牌研究综述［J］．思想战线，2013（S1）：52－55.

［428］周懿瑾．品牌关系维度、自我构念对品牌延伸反馈效应的影响［J］．中国地质大学学报（社会科学版），2013（4）：117－123.

［429］周玉波．培训教育需要品牌［J］．湖南师范大学教育科学学报，2013（1）：36－41.

［430］周志民，吴群华．在线品牌社群凝聚力的前因与后效研究［J］．管理学报，2013（1）：117－124.

［431］周志民，郑雅琴，张蕾．在线品牌社群成员关系如何促进品牌忠诚——基于强弱连带整合的视角［J］．商业经济与管理，2013（4）：14－24＋35.

［432］朱伯伦．网络环境下的企业品牌价值提升分析［J］．商场现代化，2013（23）：62－64.

［433］朱佳宁．黑龙江省绿色食品专营市场和品牌建设的探索与实践［J］．农产品质量与安全，2013（3）：27 - 30．

［434］朱丽叶，袁登华．品牌象征价值如何影响消费者溢价支付意愿——性别和产品可见性的调节作用［J］．当代财经，2013（6）：66 - 76．

［435］朱凌，高丽，潘煜．高介入度产品品牌原产地识别准确度研究——以中国市场电视机品牌为例［J］．系统管理学报，2013（2）：239 - 250．

［436］朱蕊，杨磊．基于 SNS 平台的汽车品牌网络营销策略研究［J］．重庆工商大学学报（社会科学版），2013（1）：53 - 58．

［437］朱翊敏，周延风．品牌熟悉度和赞助方式对消费者响应的影响［J］．商业经济与管理，2013（1）：43 - 51．

［438］朱至文，张黎．自我建构对消费者品牌延伸评价的影响［J］．软科学，2013（3）：125 - 128．

［439］宗刚，赵晓东．基于 K - 核分析的中国啤酒品牌二分网络结构研究［J］．北京工业大学学报，2013（6）：936 - 940．

［440］邹超，徐承建，邹伟．中国职业篮球联赛赛事品牌发展研究［J］．武汉体育学院学报，2013（11）：36 - 39．

［441］祖明，李仲轶，周晔．我国自主品牌汽车企业海外目标市场选择研究［J］．经济理论与经济管理，2013（1）：51 - 59．

第二节 英文期刊索引

2011 年

［1］Alamro A，Rowley J. Brand Strategies of Jordanian Telecommunications Service Providers［J］. Journal of Brand Management，2011，18（4）：329 - 348（20）.

［2］Allaway A W，Ellinger A E，Whipple J，et al. Customer - based Brand Equity，Equity Drivers，and Customer Loyalty in the Super Market Industry［J］. Journal of Product & Brand Management，2011，20（3）：190 - 204.

［3］Anholt S. Beyond the Nation Brand：The Role of Image and Identity in International Relations［J］. Metrologia，2011，48（Suppl）：9001 - 09001.

［4］Anholt S. Brand New Justice：How Branding Places and Products Can Help the Developing World［M］. Routledge，2011.

［5］Apaolaza - Ibáñez V，Hartmann P，Diehl S，et al. Women Satisfaction with Cosmetic

Brands: The Role of Dissatisfaction and Hedonic Brand Benefits [J]. African Journal of Business Management, 2011, 5 (3): 792 – 802.

[6] Backhaus K, Steiner M, Kai L. To Invest, or Not to Invest, in Brands? Drivers of Brand Relevance in B2B Markets [J]. Industrial Marketing Management, 2011, 40 (7): 1082 – 1092.

[7] Baek T H, King K W. Exploring the Consequences of Brand Credibility in Services [J]. Journal of Services Marketing, 2011, 25 (25): 260 – 272.

[8] Balabanis G, Diamantopoulos A. Gains and Losses From the Misperception of Brand Origin: The Role of Brand Strength and Country – of – Origin Image [J]. Journal of International Marketing, 2011, 19 (2): 95 – 116.

[9] Balakrishnan M S, Nekhili R, Lewis C. Destination Brand Components [J]. International Journal of Culture Tourism & Hospitality Research, 2011, 5 (5): 4 – 25.

[10] Baumgarth C, Binckebanck L. Sales Force Impact on B – to – B Brand Equity: Conceptual Framework nd Empirical Test [J]. Journal of Product & Brand Management, 2011, 20 (6): 487 – 498.

[11] Benoitmoreau F, Parguel B. Building Brand Equity with Environmental Communication: An Empirical Investigation in France [J]. Euromed Journal of Business, 2011, 6 (6): 100 – 116.

[12] Beristain J J, Zorrilla P. The Relationship between Store Image and Store Brand Equity: A Conceptual Framework and Evidence From Hypermarkets [J]. Journal of Retailing & Consumer Services, 2011, 18 (6): 562 – 574.

[13] Bianchi C, Pike S. Antecedents of Destination Brand Loyalty for a Long – haul Market: Australia's Destination Loyalty among Chilean Travelers [J]. Journal of Travel & Tourism Marketing, 2011, 28 (7): 736 – 750.

[14] Bob Heere, Matthew Walker, Masayuki Yoshida, et al. Brand Community Development Through Associated Communities: Grounding Community Measurement within Social Identity Theory [J]. Journal of Marketing Theory & Practice, 2011, 19 (4): 407 – 422.

[15] Botha A, Bussin M, Swardt L D. An Employer Brand Predictive Model for Talent Attraction and Retention [J]. Journal of Human Resource Management, 2011, 9 (1).

[16] Botha, Annelize, Bussin, et al. An Employer Brand Predictive Model for Talent Attraction and Retention: Original Research [J]. Journal of Human Resource Management, 2011, 9 (1).

[17] Bouhlel O, Mzoughi N, Hadiji D, et al. Brand Personality's Influence on the Purchase Intention: A Mobile Marketing Case [J]. International Journal of Business & Management, 2011, 6 (9).

[18] Branaghan R J, Hildebrand E A. Brand Personality, Self – congruity, and Prefer-

ence：A Knowledge Structures Approach［J］. Journal of Consumer Behaviour，2011，10（5）：304 – 312.

［19］Braun E，Kavaratzis M，Zenker S. My City – My Brand：The Role of Residents in Place Branding［C］//2011.

［20］Braun E，Kavaratzis M，Zenker S. My City – My Brand：The Role of Residents in Place Branding［J］. Journal of Place Management & Development，2011，6（1）：18 – 28.

［21］Braun E，Zenker S. Towards an Integrated Approach for Place Brand Management［C］//ERSA Conference Papers. European Regional Science Association，2011.

［22］Brown B，Sichtmann C，Musante M. A Model of Product-to-Service Brand Extension Success Factors in B2B Buying Contexts［J］. Journal of Business & Industrial Marketing，2011，26（3）：202 – 210.

［23］Carter R E，Curry D J. Perceptions Versus Performance When Managing Extensions：New Evidence About the Role of Fit Between a Parent Brand and an Extension［J］. Journal of the Academy of Marketing Science，2011，41（2）：1 – 17.

［24］Chen Y M，Su Y F，Lin F J. Country – of – origin Effects and Antecedents of Industrial Brand Equity［J］. Journal of Business Research，2011，64（11）：1234 – 1238.

［25］Chien P M，Cornwell T B，Pappu R. Sponsorship Portfolio as a Brand – image Creation Strategy［J］. Journal of Business Research，2011，64（2）：142 – 149.

［26］Chong J K，Ho T H，Tang C S. Product Structure，Brand Width and Brand Share［M］//Product Variety Management. Springer US，2011：39 – 64.

［27］Cian L，Cervai S. The Multi-Sensory Sort（MuSeS）：A New Projective Technique to Investigate and Improve the Brand Image［J］. Qualitative Market Research，2011，14（2）：138 – 159.

［28］Cian L. How to Measure Brand Image：A Reasoned Review［J］. Marketing Review，2011，11（2）：165 – 187.

［29］Coleman D，Chernatony L D，Christodoulides G. B2B Service Brand Identity：Scale Development and Validation［J］. Industrial Marketing Management，2011，40（7）：1063 – 1071.

［30］Diamantopoulos A. The Relationship between Country-of-origin Image and Brand Image as Drivers of Purchase Intentions［J］. International Marketing Review，2011，28（5）：508 – 524.

［31］Doss S. The Transference of Brand Attitude：The Effect on the Celebrity Endorser［J］. Journal of Management & Marketing Research，2011.

［32］Drengner J，Zanger C. Measuring Event – Brand Congruence［J］. Event Management，2011，15（1）：25 – 36.

［33］Dutta S，Pullig C. Effectiveness of Corporate Responses to Brand Crises：The Role of

Crisis Type and Response Strategies [J] . Journal of Business Research, 2011, 64 (12): 1281 – 1287.

[34] Finola Kerrigan, Douglas Brownlie, Paul Hewer, et al. "Spinning" Warhol: Celebrity Brand Theoretics and the Logic of the Celebrity Brand [J] . Journal of Marketing Management, 2011, 27 (13): 1504 – 1524.

[35] Fiona Wheeler, Warwick Frost, Betty Weiler. Destination Brand Identity, Values, and Community: A Case Study From Rural Victoria, Australia [J] . Journal of Travel & Tourism Marketing, 2011, 28 (1): 13 – 26.

[36] Fournier S, Avery J. The Uninvited Brand [J] . Business Horizons, 2011, 54 (3): 193 – 207.

[37] Frank Huber, Andreas Herrmann. Achieving Brand and Dealer Loyalty: The Case of the Automotive Industry [J] . International Review of Retail Distribution & Consumer Research, 2011, 11 (2): 97 – 122.

[38] Freling T H, Crosno J L, Henard D H. Brand Personality Appeal: Conceptualization and Empirical Validation [J] . Journal of the Academy of Marketing Science, 2011, 39 (3): 392 – 406.

[39] Gartner W C, Ruzzier M K. Tourism Destination Brand Equity Dimensions: Renewal Versus Repeat Market [J] . Journal of Travel Research, 2011, 50 (5): 471 – 481.

[40] Gin Y, Seon S, Hyun, et al. Evaluating Relationships among Brand Experience, Brand Personality, Brand Prestige, Brand Relationship Quality, and Brand Loyalty: An Empirical Study of Coffeehouse Brands [J] . Unknown, 2011.

[41] Goldsmith R E, Flynn L R, Clark R A. Materialism and Brand Engagement as Shopping Motivations [J] . Journal of Retailing & Consumer Services, 2011, 18 (4): 278 – 284.

[42] Gromark J, Melin F. The Underlying Dimensions of Brand Orientation and Its Impact on Financial Performance [J] . Journal of Brand Management, 2011, 18 (6): 394 – 410.

[43] Hakala U. Operationalising Brand Heritage and Cultural Heritage [J] . Journal of Product & Brand Management, 2011, 20 (6): 447 – 456.

[44] Hamzaoui – Essoussi L, Merunka D, Bartikowski B. Brand Origin and Country of Manufacture Influences on Brand Equity and the Moderating Role of Brand Typicality [J] . Journal of Business Research, 2011, 64 (9): 973 – 978.

[45] Hanzaee K H, Khoshpanjeh M, Rahnama A. Evaluation of the Effects of Product Involvement Facets on Brand Loyalty [J] . African Journal of Business Management, 2011, 5 (16): 6964 – 6971.

[46] Heere B. New Sport Teams and the Development of Brand Community [J] . European Sport Management Quarterly, 2011, 11 (1): 35 – 54.

[47] Herbst U, Merz M A. The Industrial Brand Personality Scale: Building Strong Busi-

ness – to – Business Brands〔J〕. Industrial Marketing Management, 2011, 40（7）: 1072 –
1081.

〔48〕 Hongwei He, Yan Li. Key Service Drivers for High – tech Service Brand Equity: The
Mediating Role of Overall Service Quality and Perceived Value〔J〕. Journal of Marketing Man-
agement, 2011, 27（1）: 77 – 99.

〔49〕 Hsu K C. Constructing an Index for Brand Equity: A Hospital Example〔J〕. Service
Industries Journal, 2011, 31（2）: 311 – 322.

〔50〕 Huang M H. Re – examining the Effect of Service Recovery: the Moderating Role of
Brand Equity〔J〕. Journal of Services Marketing, 2011, 25（7）: 509 – 516.

〔51〕 Hung K P, Chen A H, Peng N, et al. Antecedents of Luxury Brand Purchase Inten-
tion〔J〕. Journal of Product & Brand Management, 2011, 20（6）: 457 – 467.

〔52〕 Hur W M, Ahn K H, Kim M. Building Brand Loyalty through Managing Brand Com-
munity Commitment〔J〕. Management Decision, 2011, 49（7）: 1194 – 1213.

〔53〕 Hwang J, Yoon Y S, Park N H. Structural Effects of Cognitive and Affective Repons-
es to Web Advertisements, Website and Brand Attitudes, and Purchase Intentions: The Case of
Casual – dining Restaurants〔J〕. International Journal of Hospitality Management, 2011, 30
（4）: 897 – 907.

〔54〕 Hyun SungHyup〔Hyun, S. H. S.〕, Wansoo K. Dimensions of Brand Equity in the
Chain Restaurant Industry〔J〕. Cornell Hospitality Quarterly, 2011, 52（4）: 429 – 437.

〔55〕 Hyungsuk Choo, Sun – Young Park, James F. Petrick. The Influence of the Resi-
dent's Identification with a Tourism Destination Brand on Their Behavior〔J〕. Journal of Hospi-
tality Marketing & Management, 2011, 20（2）: 198 – 216.

〔56〕 Iglesias O, Singh J J, Batista – Foguet J M. The Role of Brand Experience and Affec-
tive Commitment in Determining Brand Loyalty〔J〕. Journal of Brand Management, 2011, 18
（8）: 570 – 582.

〔57〕 Jaehee Jung, Dong Shen. Brand Equity of Luxury Fashion Brands Among Chinese and
U. S. Young Female Consumers〔J〕. Journal of East – West Business, 2011, 17
（1）: 48 – 69.

〔58〕 Jalilvand M R, Samiei N, Mahdavinia S H. The Effect of Brand Equity Components
on Purchase Intention: An Application of Aaker's Model in the Automobile Industry〔J〕. Inter-
national Business & Management, 2011, 2（2）.

〔59〕 Jean S. Brand Parody: A Communication Strategy to Attack a Competitor〔J〕. Jour-
nal of Consumer Marketing, 2011, 28（1）: 19 – 26.

〔60〕 Juntunen M, Juntunen J, Juga J. Corporate Brand Equity and Loyalty in B2B Mar-
kets: A Study among Logistics Service Purchasers〔J〕. Journal of Brand Management, 2011,
18（4 – 5）: 300 – 311.

［61］ Jurisic B, Azevedo A. Building Customer – brand Relationships in the Mobile Communications Market: The Role of Brand Tribalism and Brand Reputation ［J］. Journal of Brand Management, 2011, 18 (4 – 5): 349 – 366.

［62］ Järventie – Thesleff R, Moisander J, Laine P M. Organizational Dynamics and Complexities of Corporate Brand Building – A Practice Perspective ［J］. Scandinavian Journal of Management, 2011, 27 (2): 196 – 204.

［63］ Kabiraj S, Shanmugan J. Development of a Conceptual Framework for Brand Loyalty: A Euro – Mediterranean Perspective ［J］. Journal of Brand Management, 2011, 18 (4 – 5): 285 – 299.

［64］ Keller K L. How to Navigate The Future of Brand Management ［J］. Marketing Management, 2011.

［65］ Khraim H S. The Influence of Brand Loyalty on Cosmetics Buying Behavior of UAE Female Consumers ［J］. International Journal of Marketing Studies, 2011, 3 (2).

［66］ Kim D, Magnini V P, Singal M. The Effects of Customers' Perceptions of Brand Personality in Casual Theme Restaurants ［J］. International Journal of Hospitality Management, 2011, 30 (2): 448 – 458.

［67］ Kim J H, Yong J H. A Model to Investigate the Influence of Marketing – mix Efforts and Corporate Image on Brand Equity in the IT Software Sector ［J］. Industrial Marketing Management, 2011, 40 (3): 424 – 438.

［68］ Koh A C, Okoroafo S C, Gammoh B S. Consumer Culture Brand Positioning Strategies: An Experimental Investigation ［J］. Journal of Product & Brand Management, 2011, 20 (1): 48 – 57.

［69］ Kunerth B, Mosley R. Applying Employer Brand Management to Employee Engagement ［J］. Strategic Hr Review, 2011, 10 (3): 19 – 26.

［70］ Kuo Chien Chang, MuChen Chen. Applying the Kano Model and QFD to Explore Customers' Brand Contacts in the Hotel Business: A Study of a Hot Spring Hotel ［J］. Total Quality Management & Business Excellence, 2011, 22 (1): 1 – 27.

［71］ Kurt Matzler, Elisabeth Pichler, Johann Füller, et al. Personality, Person – brand Fit, and Brand Community: An Investigation of Individuals, Brands, and Brand Communities ［J］. Journal of Marketing Management, 2011, 27 (9): 1 – 17.

［72］ Lee H M, Lee C C, Wu C C. Brand Image Strategy Affects Brand Equity After M&A ［J］. European Journal of Marketing, 2011, 45 (7 – 8): 1091 – 1111.

［73］ Li X, Kaplanidou K. The Impact of the 2008 Beijing Olympic Games on China's Destination Brand: A U. S. – Based Examination ［J］. Journal of Hospitality & Tourism Research, 2011, 37 (2): 237 – 261.

［74］ Lin Y C, Pearson T E, Cai L A. Food as a Form of Destination Identity: A Tourism

Destination Brand Perspective [J]. Tourism & Hospitality Research, 2011, 11 (1): 30 – 48.

[75] Linda D. Hollebeek. Demystifying Customer Brand Engagement: Exploring the Loyalty Nexus [J]. Journal of Marketing Management, 2011, 27 (7 – 8): 785 – 807.

[76] Malär L, Nyffenegger B, Krohmer H, et al. Implementing an Intended Brand Personality: A Dyadic Perspective [J]. Journal of the Academy of Marketing Science, 2011, 40 (5): 728 – 744.

[77] Manzur E, Olavarrieta S, Hidalgo P, et al. Store Brand and National Brand Promotion Attitudes Antecedents [J]. Journal of Business Research, 2011, 64 (3): 286 – 291.

[78] Maria Teresa Heath, Caroline Tynan, Christine T. Ennew. Self – gift Giving: Understanding Consumers and Exploring Brand Messages [J]. Journal of Marketing Communications, 2011, 17 (2): 127 – 144.

[79] Martos – Partal M, Óscar González – Benito. Store Brand and Store Loyalty: The Moderating Role of Store Brand Positioning [J]. Marketing Letters, 2011, 22 (3): 297 – 313.

[80] Mazodier M, Merunka D. Achieving Brand Loyalty through Sponsorship: The Role of Fit and Self – congruity [J]. Journal of the Academy of Marketing Science, 2011, 40 (6): 807 – 820.

[81] Melo T, Galan J I. Effects of Corporate Social Responsibility on Brand Value [J]. Journal of Brand Management, 2011, 18 (6): 423 – 437.

[82] Micelotta E R, Raynard M. Concealing or Revealing the Family?: Corporate Brand Identity Strategies in Family Firms [J]. Family Business Review, 2011, 24 (3): 197 – 216.

[83] Miller F P, Vandome A F, Mcbrewster J. Country Brand Index [M]. Alphascript Publishing, 2011.

[84] Moradi H, Zarei A. The Impact of Brand Equity on Purchase Intention and Brand Preference – The Moderating Effects of Country of Origin Image [J]. Australian Journal of Basic & Applied Sciences, 2011, 5 (3): 539 – 545.

[85] Mourad M, Ennew C, Kortam W. Brand Equity in Higher Education [J]. Marketing Intelligence & Planning, 2011, 29 (4): 403 – 420.

[86] Muthaly S. The Effects of Advertising Spending on Brand Loyalty in Services [J]. European Journal of Marketing, 2011, 45 (4): 673 – 691.

[87] Nam J, Ekinci Y, Whyatt G. Brand Equity, Brand Loyalty and Consumer Satisfaction [J]. Annals of Tourism Research, 2011, 38 (3): 1009 – 1030.

[88] Nelson K. F. Tsang, Louisa Y. S. Lee, Frances X. H. Li. An Examination of the Relationship between Employee Perception and Hotel Brand Equity [J]. Journal of Travel & Tourism Marketing, 2011, 28 (5): 481 – 497.

[89] Nguyen T D, Barrett N J, Miller K E. Brand Loyalty in Emerging Markets [J].

Marketing Intelligence & Planning, 2011, 29 (3): 222 – 232.

［90］Nyadzayo M W, Matanda M J, Ewing M T. Brand Relationships and Brand Equity in Franchising［J］. Industrial Marketing Management, 2011, 40 (7): 1103 – 1115.

［91］Ok C, Choi Y G, Hyun S S. Roles of Brand Value Perception in the Development of Brand Credibility and Brand Prestige［J］. Unknown, 2011.

［92］Paharia N, Keinan A, Avery J, et al. The Underdog Effect: The Marketing of Disadvantage and DeterMination Through Brand Biography［J］. Journal of Consumer Research, 2011, 37 (5): 775 – 790.

［93］Palmeira M M, Thomas D. Two – Tier Store Brands: The Benefic Impact of a Value Brand on Perceptions of a Premium Brand［J］. Journal of Retailing, 2011, 87 (4): 540 – 548.

［94］Parmentier M A. When David Met Victoria: Forging a Strong Family Brand［J］. Family Business Review, 2011, 24 (23): 217 – 232.

［95］Patwardhan H, Balasubramanian S K. Brand Romance: A Complementary Approach to Explain Emotional Attachment Toward Brands［J］. Journal of Product & Brand Management, 2011, 20 (4): 297 – 308.

［96］Popoli P. Linking CSR Strategy and Brand Image: Different Approaches in Local and Global Markets［J］. Marketing Theory, 2011 (11): 419 – 433.

［97］Rahman K M, Haque M. Exploring Price Sensitivity of a Green Brand: A Consumers' Perspective［J］. World Review of Business Research, 2011, 1 (2): 84 – 97.

［98］Reyneke M, Pitt L, Berthon P R. Luxury Wine Brand Visibility in Social Media: An Exploratory Study［J］. International Journal of Wine Business Research, 2011, 23 (1): 21 – 35.

［99］Rodrigues C, Hulten, Brito C. Sensorial Brand Strategies for Value Co – creation［J］. Innovative Marketing, 2011.

［100］Sahin S, Baloglu S. Brand Personality and Destination Image of Istanbul［J］. Anatolia An International Journal of Tourism & Hospitality Research, 2011, 22 (1): 69 – 88.

［101］Sarkar A. Romancing with a Brand: A Conceptual Analysis of Romantic Consumer – brand Relationship［J］. Management & Marketing, 2011 (6).

［102］Shukla P. Impact of Interpersonal Influences, Brand Origin and Brand Image on Luxury Purchase Intentions: Measuring Interfunctional Interactions and a Cross – national Comparison［J］. Journal of World Business, 2011, 46 (2): 242 – 252.

［103］Sonya Hanna, Jennifer Rowley. Towards a Strategic Place Brand – management Model［J］. Journal of Marketing Management, 2011, 27 (5 – 6): 458 – 476.

［104］Spry A, Pappu R, Cornwell T B. Celebrity Endorsement, Brand Credibility and Brand Equity［J］. European Journal of Marketing, 2011, 45 (6): 882 – 909.

［105］Stephen R. O'Sullivan, Brendan Richardson, Alan Collins. How Brand Communities Emerge: The Beamish Conversion Experience ［J］. Journal of Marketing Management, 2011, 27 (9): 1 - 22.

［106］Stokburger - Sauer N E. The Relevance of Visitors' Nation Brand Embeddedness and Personality Congruence for Nation Brand Identification, Visit Intentions and Advocacy ［J］. Tourism Management, 2011, 32 (6): 1282 - 1289.

［107］Sumy. Sensorial Brand Strategies for Value Co - creation ［J］. Innovative Marketing, 2011, 7 (2).

［108］Taleghan M, Largani M S, Mousavian S J. The Investigation and Analysis Impact of Brand Dimensions on Services Quality and Customers Satisfaction in New Enterprises of Ira ［J］. Contemporary Marketing Review, 2011, 1 (6).

［109］Torres A, Tribó J A. Customer Satisfaction and Brand Equity ［J］. Journal of Business Research, 2011, 64 (10): 1089 - 1096.

［110］Tsai S P. Fostering International Brand Loyalty through Committed and Attached Relationships ［J］. International Business Review, 2011, 20 (5): 521 - 534.

［111］Usakli A, Baloglu S. Brand Personality of Tourist Destinations: An Application of Self-congruity Theory ［J］. Tourism Management, 2011, 32 (1): 114 - 127.

［112］Valette - Florence P, Guizani H, Merunka D. The Impact of Brand Personality and Sales Promotions on Brand Equity ［J］. Journal of Business Research, 2011, 64 (1): 24 - 28.

［113］Vallaster C, Lindgreen A. Corporate Brand Strategy Formation: Brand Actors and the Situational Context for a Business - to - Business Brand ［J］. Industrial Marketing Management, 2011, 40 (7): 1133 - 1143.

［114］Waterman B, Till B D, Baack D. Strategic Brand Association Maps: Developing Brand Insight ［J］. Journal of Product & Brand Management, 2011, 20 (2): 92 - 100.

［115］Westberg K, Stavros C, Wilson B. The Impact of Degenerative Episodes on the Sponsorship B2B Relationship: Implications for Brand Management ［J］. Industrial Marketing Management, 2011, 40 (4): 603 - 611.

［116］Wiedmann K P, Hennigs N, Schmidt S, et al. The Importance of Brand Heritage as a Key Performance Driver in Marketing Management ［J］. Journal of Brand Management, 2011, 19 (3): 182 - 194 (13).

［117］Wilson J A J. New - school Brand Creation and Creativity - Lessons From Hip Hop and the Global Branded Generation ［J］. Journal of Brand Management, 2011, 19 (2): 91 - 111 (21).

［118］Wincent J. Brand Equity in the Professional Service Context ［J］. Industrial Marketing Management, 2011, 40: 1093 - 1102.

［119］Wu P C S, Yeh Y Y, Hsiao C R. The Effect of Store Image and Service Quality on Brand Image and Purchase Intention for Private Label Brands［J］. Australasian Marketing Journal, 2011, 19（1）: 30 – 39.

［120］Yaseen N, Tahira M, Gulzar A, et al. Impact of Brand Awareness, Perceived Quality and Customer Loyalty on Brand Profitability and Purchase Intention: A Resellers' View［J］. Interdisciplinary Journal of Contemporary Research in Business, 2011.

［121］Yi – Hsin Yeh, Sejung Marina Choi. MINI – lovers, Maxi – mouths: An Investigation of Antecedents to eWOM Intention among Brand Community Members［J］. Journal of Marketing Communications, 2011, 17（3）: 145 – 162.

［122］Yongqiang Li, Xuehua Wang, Zhilin Yang. The Effects of Corporate – Brand Credibility, Perceived Corporate – Brand Origin, and Self – Image Congruence on Purchase Intention: Evidence From China's Auto Industry［J］. Journal of Global Marketing, 2011, 24（1）: 58 – 68.

［123］Zayer L T, Neier S. An Exploration of Men's Brand Relationships［J］. Qualitative Market Research, 2011, 14（1）: 83 – 104.

2012 年

［1］Aghdaie S F A, Dolatabadi H R, Aliabadi V S. An Analysis of Impact of Brand Credibility and Perceived Quality on Consumers' Evaluations of Brand Alliance［J］. International Journal of Marketing Studies, 2012, 4（2）.

［2］Allender W J, Richards T J. Brand Loyalty and Price Promotion Strategies: An Empirical Analysis［J］. Journal of Retailing, 2012, 88（3）: 323 – 342.

［3］Avis M, Aitken R, Ferguson S. Brand Relationship and Personality Theory: Metaphor or Consumer Perceptual Reality?［J］. Marketing Theory, 2012, 12（3）: 311 – 331.

［4］Azizi S, Ghytasivand F, Fakharmanesh S. Impact of Brand Orientation, Internal Marketing and Job Satisfaction on the Internal Brand Equity: The Case of Iranian's Food and Pharmaceutical Companies［J］. International Review of Management & Marketing, 2012, 2（2）: 122 – 129.

［5］Balmer J M T. Corporate Brand Management Imperatives: Custodianship, Credibility, and Calibration［J］. California Management Review, 2012, 54（3）: 6 – 33.

［6］Batra R, Ahuvia A, Bagozzi R P. Brand Love［J］. Journal of Marketing, 2012, 76（2）: 1 – 16.

［7］Bigné E, Currás-Pérez R, Aldás-Manzano J. Dual Nature of Cause – brand Fit: Influence on Corporate Social Responsibility Consumer Perception［J］. European Journal of Marketing, 2012, 46（3/4）: 575 – 594.

［8］ Bo H F, Walls A. Enduring Travel Involvement, Destination Brand Equity, and Travelers' Visit Intentions: A Structural Model Analysis［J］. Journal of Destination Marketing & Management, 2012, 1 (1 −2): 27 −35.

［9］ Boisvert J. The Reciprocal Impact of Vertical Service Line Extensions on Parent Brand Attitude: The Roles of Innovativeness, Quality and Involvement［J］. Journal of Service Theory & Practice, 2012, 22 (6): 546 −564.

［10］ Bruhn M, Schoenmüller V, Schäfer D, et al. Brand Authenticity: Towards a Deeper Understanding of Its Conceptualization and Measurement［J］. Advances in Consumer Research Association for Consumer Research, 2012, 40 (40).

［11］ Bruwer J, Lesschaeve I. Wine Tourists' Destination Region Brand Image Perception and Antecedents: Conceptualization of a Winescape Framework［J］. Journal of Travel & Tourism Marketing, 2012, 29 (29): 611 −628.

［12］ Cable D M, Yu T K Y. Recruitment and Competitive Advantage: A Brand Equity Perspective［J］. 2012.

［13］ Callarisa L, García J S, Cardiff J, et al. Harnessing Social Media Platforms to Measure Customer − based Hotel Brand Equity［J］. Tourism Management Perspectives, 2012 (4): 73 −79.

［14］ Chang K, Chen M, Hsu C. Identifying Critical Brand Contact Elements of a Tourist Destination: Applications of Kano's Model and the Importance − Satisfaction Model［J］. International Journal of Tourism Research, 2012, 14 (3): 205 −221.

［15］ Cheema K U R. The Impact of Innovation on Customer Satisfaction and Brand loyalty: A Study of the Students of Faisalabad［J］. Journal of Leadership & Organizational Studies, 2012, 2 (2).

［16］ Chevalier M, Mazzalovo G. Luxury Brand Management［M］. Wiley & Sons, 2008.

［17］ Chiu H C, Hsieh Y C, Kuo Y C. How to Align Your Brand Stories with Your Products［J］. Journal of Retailing, 2012, 88 (2): 262 −275.

［18］ Coyle J R, Platt G, Smith T. "I'm Here to Help": How Companies' Microblog Responses to Consumer Problems Influence Brand Perceptions［J］. Journal of Research in Interactive Marketing, 2012, 6 (1): 27 −41 (15).

［19］ Degeratu B A, Rangaswamy A, Wu J. Consumer Choice Behavior in Online and Traditional Supermarkets: The Effects of Brand Name［C］//and Other Search Attributes［J］. International Journal of Research in Marketing, 2012.

［20］ Delassus V P, Descotes R M. Brand Name Substitution and Brand Equity Transfer［J］. Journal of Product & Brand Management, 2012, 21 (2): 117 −125.

［21］ Delgado-Ballester E. Revitalising Brands through Communication Messages: The Role of Brand Familiarity［J］. European Journal of Marketing, 2012, 46 (1/2): 31 −51 (21).

［22］Diallo M F. Effects of Store Lmage and Store Brand Price – image on Store Brand Purchase Intention: Application to an Emerging Market［J］. Journal of Retailing & Consumer Services, 2012, 19 (3): 360 – 367.

［23］Doust H V. The Effect of Brand Extension Strategies on Brand Image: An Integrative Model and Research Propositions［J］. African Journal of Business Management, 2012, 6 (11).

［24］Dwivedi A, Merrilees B, Miller D, et al. Brand, Value and Relationship Equities and Loyalty – intentions in the Australian Supermarket Industry［J］. Journal of Retailing & Consumer Services, 2012, 19 (5): 526 – 536.

［25］Emari H, Jafari A, Mogaddam M, et al. The Mediatory Impact of Brand Loyalty and Brand Image on Brand Equity［J］. African Journal of Business Management, 2012.

［26］Enrique BignéAlcañiz, Rafael CurrásPérez, Carla RuizMafé, et al. Cause – related Marketing Influence on Consumer Responses: The Moderating Effect of Cause – brand Fit［J］. Journal of Marketing Communications, 2012, 18 (4): 265 – 283.

［27］Erdogmus I, Büdeyri – Turan I. The Role of Personality Congruence, Perceived Quality and Prestige on Ready – to – wear Brand Loyalty［J］. Journal of Fashion Marketing & Management, 2012, 16 (4): 399 – 417.

［28］Eva Kipnis, Krzysztof Kubacki, Amanda J. Broderick, et al. "They Don't Want us to Become Them": Brand Local Integration and Consumer Ethnocentrism［J］. Journal of Marketing Management, 2012, 28 (7): 836 – 864.

［29］Fournier S, Allen C, Miller F. Exploring Relationship Analogues in the Brand Space［M］//Consumer – Brand Relationships: Theory and Practice, 2012: 30 – 56.

［30］Franca V, Pahor M. The Strength of the Employer Brand: Influences and Implications for Recruiting［J］. Journal of Marketing & Management, 2012.

［31］Gerard A. Athaide, Richard R. Klink. Creating Global Brand Names: The Use of Sound Symbolism［J］. Journal of Global Marketing, 2012, 25 (4): 202 – 212.

［32］Golicic S L, Fugate B S, Davis D F. Examining Market Information and Brand Equity through Resource – Advantage Theory: A Carrier Perspective［J］. Journal of Business Logistics, 2012, 33 (1): 20 – 33.

［33］Graham Hankinson. The Measurement of Brand Orientation, Its Performance Impact, and the Role of Leadership in the Context of Destination Branding: An Exploratory Study［J］. Journal of Marketing Management, 2012, 28 (7): 1 – 26.

［34］Gummerus J, Liljander V, Weman E, et al. Customer Engagement in a Facebook Brand Community［J］. Management Research Review, 2012, 35 (9): 857 – 877.

［35］Halliburton C, Bach S. An Integrative Framework of Corporate Brand Equity［J］. Euromed Journal of Business, 2012, 7 (3): 243 – 255 (13).

［36］He H, Li Y, Harris L. Social Identity Perspective on Brand Loyalty［J］. Journal of

Business Research, 2012, 65 (5): 648 – 657.

［37］ He H, Li Y, Harris L. Social Identity Perspective on Brand Loyalty ［J］. Journal of Business Research, 2012, 65 (5): 648 – 657.

［38］ Hede A M, Kellett P, Crotts J, et al. Building Online Brand Communities: Exploring the Benefits, Challenges and Risks in the Australian Event Sector ［J］. Journal of Vacation Marketing, 2012, 18 (3): 239 – 250.

［39］ Heinz Werner Nienstedt, Frank Huber, Carolin Seelmann. The Influence of the Congruence between Brand and Consumer Personality on the Loyalty to Print and Online Issues of Magazine Brands ［J］. International Journal on Media Management, 2012, 14 (1): 3 – 26.

［40］ Horng J S, Liu C H, Chou H Y, et al. Understanding the Impact of Culinary Brand Equity and Destination Familiarity on Travel Intentions ［J］. Tourism Management, 2012, 33 (4): 815 – 824.

［41］ Hsu C H C, Haemoon O, Assaf A G. A Customer – based Brand Equity Model for Upscale Hotels ［J］. Journal of Travel Research, 2012, 51 (1): 81 – 93.

［42］ Huang R, Sarigöllü E. How Brand Awareness Relates to Market Outcome, Brand Equity, and the Marketing Mix ［J］. Journal of Business Research, 2012, 65 (1): 92 – 99.

［43］ Hwang J S. The Antecedents and Consequences of Brand Prestige in Luxury Restaurants ［J］. Asia Pacific Journal of Tourism Research, 2012, 17 (6): 656 – 683.

［44］ Hwang J, Kandampully J. The Role of Emotional Aspects in Younger Consumer-brand Relationships ［J］. Journal of Product & Brand Management, 2012, 21 (2): 98 – 108.

［45］ Iglesias O, Bonet E. Persuasive Brand Management: How Managers Can Influence Brand Meaning When They Are Losing Control Over It ［J］. Journal of Organizational Change Management, 2012, 25 (2): 251 – 264.

［46］ Im HyunJung ［Im, H. J. H.］, Kim SeongSeop ［Kim, S. S. S.］, Elliot S, et al. Conceptualizing Destination Brand Equity Dimensions From a Consumer – based Brand Equity Perspective ［J］. Journal of Travel & Tourism Marketing, 2012, 29 (4): 385 – 403.

［47］ Ismail A R, Spinelli G. Effects of Brand Love, Personality and Image on Word of Mouth: The Case of Fashion Brands Among Young Consumers ［J］. Journal of Fashion Marketing & Management, 2012, 16 (4): 386 – 398 (13).

［48］ Jahn B, Kunz W. How to Transform Consumers into Fans of Your Brand ［J］. Journal of Service Management, 2012, 23 (3): 344 – 361.

［49］ Jalilvand M R, Samiei N. The Effect of Electronic Word of Mouth on Brand Image and Purchase Intention: An Empirical Study in the Automobile Industry in Lran ［J］. Marketing Intelligence & Planning, 2012, 30 (4): 460 – 476.

［50］ Jara M, Cliquet G. Retail Brand Equity: Conceptualization and Measurement ［J］. Journal of Retailing & Consumer Services, 2012, 19 (1): 140 – 149.

［51］ Jeoushyan H, Liu C H, Hsinyu C, et al. The Role of International Tourist Perceptions of Brand Equity and Travel Intention in Culinary Tourism ［J］. American Journal of Applied Sciences, 2012, 11 (10): 1761 – 1765.

［52］ Jin N H, Lee S M, Huffman L. Impact of Restaurant Experience on Brand Image and Customer Loyalty: Moderating Role of Dining Motivation ［J］. Journal of Travel & Tourism Marketing, 2012, 29 (6): 532 – 551.

［53］ Jin S A. The Potential of Social Media for Luxury Brand Management ［J］. Marketing Intelligence & Planning, 2012, 30 (7): 687 – 699.

［54］ Jina Park, Eunju Ko, Sookhyun Kim. Consumer Behavior in Green Marketing for Luxury Brand: A Cross – Cultural Study of US, Japan and Korea ［J］. Journal of Global Academy of Marketing Science, 2012, 20 (4): 319 – 333.

［55］ Jung H, Lee, Soo M. The Effect of Brand Experience on Brand Relationship Quality ［J］. Academy of Marketing Studies Journal, 2012, 16 (1): 87 – 98.

［56］ Kalafatis S P, Remizova N, Riley D, et al. The Differential Impact of Brand Equity on B2B Co – branding ［J］. Journal of Business & Industrial Marketing, 2012, 27 (8): 623 – 634.

［57］ Kambiz H, Hanzaee L, Andervazh. The Influence of Brand Loyalty on Cosmetics Purchase Intention of Iranian Female Consumers ［J］. Unkown, 2012.

［58］ Kavita Srivastava, Narendra K. Sharma. Consumer Attitude Towards Brand – extension Incongruity: The Moderating Role of Need for Cognition and Need for Change ［J］. Journal of Marketing Management, 2012, 28 (5): 652 – 675.

［59］ Keller B K. Branding and Brand Equity ［J］. Handbook of Marketing, 2012.

［60］ Kemp E, Childers C Y, Williams K H. Place Branding: Creating Self-brand Connections and Brand Advocacy ［J］. Journal of Product & Brand Management, 2012, 21 (7): 508 – 515.

［61］ Khan I, Ghauri T A, Majeed S. Impact of Brand Related Attributes on Purchase Intention of Customers: A Study About The Customers of Punjab, Pakistan ［J］. Interdisciplinary Journal of Contemporary Research in Business, 2012, 4 (3).

［62］ Kim A J, Ko E. Do Social Media Marketing Activities Enhance Customer Equity? An Empirical Study of Luxury Fashion Brand ［J］. Journal of Business Research, 2012, 65 (10): 1480 – 1486.

［63］ King C, Grace D, Funk D C. Employee Brand Equity: Scale Development and Validation ［J］. Journal of Brand Management, 2012, 19 (4): 268 – 288.

［64］ Kiyani T M, Niazi M R U K, Rizvi R A, et al. The Relationship between Brand Trust, Customer Satisfaction and Customer Loyalty (Evidence From Automobile Sector of Pakistan) ［J］. Interdisciplinary Journal of Contemporary Research in Business, 2012, 4 (1):

489 – 502.

[65] Kladou S, Giannopoulos A A, Mavragani E P. Destination Brand Effectiveness: An Analysis of 10 Years of Research [J]. Unkown, 2012.

[66] Klink R R, Athaide G A. Creating Brand Personality with Brand Names [J]. Marketing Letters, 2012, 23 (1): 109 – 117.

[67] Kuikka A, Laukkanen T. Brand Loyalty and the Role of Hedonic Value [J]. Journal of Product & Brand Management, 2012, 21 (7): 529 – 537.

[68] Lam S K, Ahearne M, Schillewaert N. A Multinational Examination of the Symbolic – Instrumental Framework of Consumer – Brand Identification [J]. Journal of International Business Studies, 2012, 43 (3): 306 – 331.

[69] Larceneux F, Benoit – Moreau F, Renaudin V. Why Might Organic Labels Fail to Influence Consumer Choices? Marginal Labelling and Brand Equity Effects [J]. Journal of Consumer Policy, 2012, 35 (1): 85 – 104.

[70] Lazarevic V. Encouraging Brand Loyalty in Fickle Generation Y Consumers [J]. Young Consumers Insight & Ideas for Responsible Marketers, 2012, 13 (1): 45 – 61.

[71] Leek S, Christodoulides G. A Framework of Brand Value in B2B Markets: The Contributing Role of Functional and Emotional Components [J]. Industrial Marketing Management, 2012, 41 (1): 106 – 114.

[72] Levy S, Gendel-Guterman H. Does Advertising Matter to Store Brand Purchase Intention? A Conceptual Framework [J]. Journal of Product & Brand Management, 2012, 21 (2): 89 – 97.

[73] Liu F, Li J, Mizerski D, et al. Self – congruity, Brand Attitude, and Brand Loyalty: A Study on Luxury Brands [J]. European Journal of Marketing, 2012, 46 (7/8): 922 – 937.

[74] Long-Tolbert S J, Gammoh B S. In Good and Bad Times: The Interpersonal Nature of Brand Love in Service Relationships [J]. Journal of Services Marketing, 2012, 26 (6 – 7): 391 – 402.

[75] Loureiro S M C, Ruediger K H, Demetris V. Brand Emotional Connection and Loyalty [J]. Journal of Brand Management, 2012, 20 (1): 13 – 27.

[76] Lucarelli A. Unraveling the Complexity of "City Brand Equity": A Three – dimensional Framework [J]. Journal of Place Management & Development, 2012, 5 (3): 231 – 252.

[77] Magnoni F, Roux E. The Impact of Step – down Line Extension on Consumer – Brand Relationships: A Risky Strategy for Luxury Brands [J]. Journal of Brand Management, 2012, 19 (7): 595 – 608.

[78] Maroofi F, Nazaripour M, Maaznezhad S. Investigating the Service Brand, Custom-

ers Value and Its Perspective [J]. International Journal of Academic Research in Accounting Finance, 2012 (2): 102 –118.

[79] Matanda T, Ewing M T. The Process of Global Brand Strategy Development and Regional Implementation [J]. International Journal of Research in Marketing, 2012, 29 (1): 5 –12.

[80] Menictas C, Wang P Z, Louviere J J. Assessing the Validity of Brand Equity Constructs [J]. Australasian Marketing Journal, 2012, 20 (1): 3 –8.

[81] Meyvis T, Goldsmith K, Dhar R. The Importance of the Context in Brand Extension: How Pictures and Comparisons Shift Consumers' Focus from Fit to Quality [J]. Journal of Marketing Research, 2012, 49.

[82] Michaelis M, Woisetschläger D M. Sponsorship Congruence and Brand Image: A Pre-post Event Analysis [J]. European Journal of Marketing, 2012, 46 (3/4): 509 –523.

[83] Michel G, Rieunier S. Nonprofit Brand Image and Typicality Influences on Charitable Giving [J]. Journal of Business Research, 2012, 65 (5): 701 –707.

[84] Michel Phan, Ricarda Thomas, Klaus Heine. Social Media and Luxury Brand Management: The Case of Burberry [J]. Journal of Global Fashion Marketing, 2012, 2 (4): 213 –222.

[85] Miller K W, Mills M K. Contributing Clarity by Examining Brand Luxury in the Fashion Market [J]. Journal of Business Research, 2012, 65 (10): 1471 –1479.

[86] Miller K W, Mills M K. Probing Brand Luxury: A Multiple Lens Approach [J]. Journal of Brand Management, 2012, 20 (1): 41 –51 (11).

[87] Moradi H, Zarei A. Creating Consumer-based Brand Equity for Young Iranian Consumers via Country of Origin Sub-components Effects [J]. Asia Pacific Journal of Marketing & Logistics, 2012, 24 (3): 394 –413.

[88] Navarro – Bailón M Á. Strategic Consistent Messages in Cross – tool Campaigns: Effects on Brand Image and Brand Attitude [J]. Journal of Marketing Communications, 2012, 18 (3): 189 –202.

[89] Naveed T, Akhtar I, Cheema K U R. The Impact of Innovation on Customer Satisfaction and Brand loyalty: A Study of the Students of Faisalabad [C] //University Library of Munich, Germany, 2012.

[90] Nelson – Field K, Riebe E, Sharp B. What's not to "Like?" Can a Facebook Fan Base Give a Brand the Advertising Reach Its Needs? [J]. Journal of Advertising Research, 2012, 52 (2): 262 –269.

[91] Netemeyer R G, Heilman C M, Iii J G M. The Impact of a New Retail Brand In – Store Boutique and its Perceived Fit with the Parent Retail Brand on Store Performance and Customer Spending [J]. Journal of Retailing, 2012, 88 (4): 462 –475.

［92］ of Hotel Consumers ［J］. International Journal of Hospitality Management，2012，31（3）：735 – 744.

［93］ Parent M M，Eskerud L，Hanstad D V. Brand Creation in International Recurring Sports Events ［J］. Sport Management Review，2012，15（2）：145 – 159.

［94］ Pozzi A. Shopping Cost and Brand Exploration in Online Grocery ［J］. American Economic Journal Microeconomics，2012，4（3）：96 – 120.

［95］ Puligadda，Sanjay. Individual Differences in Brand Schematicity ［J］. Journal of Marketing Research，2012，49（1）：115 – 130.

［96］ Rentschler R，Evans K B J. Drivers，Impediments and Manifestations of Brand Orientation：An Exploratory Study of Museums ［J］. European Journal of Marketing，2012，46（46）：1457 – 1475.

［97］ Romaniuk J，Ehrenberg A. Do Brands Lack Personality？ ［J］. Marketing Theory，2012，12（3）：333 – 339.

［98］ Rossiter J R. A New C – OAR – SE – based Content – valid and Predictively Valid Measure That Distinguishes Brand Love from Brand Liking ［J］. Marketing Letters，2012，23（3）：905 – 916.

［99］ Round D J G，Roper S. Exploring Consumer Brand Name Equity：Gaining Insight through the Investigation of Response to Name Change ［J］. European Journal of Marketing，2012，46（7/8）：938 – 951.

［100］ Sadeghi T. The Effects of Brand Associations on Consumer Response ［J］. African Journal of Business Management，2012，6（11）.

［101］ Sarah Banet – Weiser. Authentic：The Politics of Ambivalence in a Brand Culture ［M］. NYU Press，2012.

［102］ Sarah Gee，Steve J. Jackson. Leisure Corporations，Beer Brand Culture，and the Crisis of Masculinity：The Speight's "Southern Man" Advertising Campaign ［J］. Leisure Studies，2012，31（1）：83 – 102.

［103］ Sjödin H. Financial Assessment of Brand Extensions ［J］. Journal of Brand Management，2012，14（3）：223 – 231.

［104］ Smutkupt P，Krairit D，Khang D B. Mobile Marketing and Consumer Perceptions of Brand Equity ［J］. Asia Pacific Journal of Marketing & Logistics，2012，24（4）：539 – 560.

［105］ Swoboda B，Pennemann K，Taube M. The Effects of Perceived Brand Globalness and Perceived Brand Localness in China：Empirical Evidence on Western，Asian，and Domestic Retailers ［J］. Journal of International Marketing，2012，20（4）：72 – 95.

［106］ S'Eric M，Gil – Saura I. ICT，IMC，and Brand Equity in High – Quality Hotels of Dalmatia：An Analysis From Guest Perceptions ［J］. Journal of Hospitality Marketing & Management，2012，21（8）：821 – 851.

［107］ Tan Teck Ming, Liew Tze Wei, William Soon Siong Lee, et al. Consumer – based Brand Equity in the Service Shop ［J］. International Journal of Marketing Studies, 2012, 4 (4).

［108］ Torelli C J, Kaikati A M. Doing Poorly by Doing Good: Corporate Social Responsibility and Brand Concepts ［J］. Journal of Consumer Research, 2012, 38 (5): 948 – 963.

［109］ Torres A, Bijmolt T H A, Tribó J A, et al. Generating Global Brand Equity through Corporate Social Responsibility to Key Stakeholders ［J］. International Journal of Research in Marketing, 2012, 29 (1): 13 – 24.

［110］ Vries L D, Gensler S, Leeflang P S H. Popularity of Brand Posts on Brand Fan Pages: An Investigation of the Effects of Social Media Marketing ［J］. Journal of Interactive Marketing, 2012, 26 (2): 83 – 91.

［111］ Wallace E, Buil I, Chernatony L D. Facebook "Friendship" and Brand Advocacy ［J］. Journal of Brand Management, 2012, 20 (2): 128 – 146.

［112］ Wallace E, Buil I, Chernatony L D. Facebook "Friendship" and Brand Advocacy ［J］. Journal of Brand Management, 2012, 20 (2): 128 – 146.

［113］ Walsh M F, Winterich K P, Mittal V. How Re-designing Angular Logos to be Rounded Shapes Brand Attitude: Consumer Brand Commitment and Self-construal ［J］. Journal of Consumer Marketing, 2012, 28 (6): 438 – 447.

［114］ Warell A. Multi-modal Visual Experience of Brand-specific Automobile Design ［J］. TQM Journal, 2012, 20 (4): 356 – 371.

［115］ Wiebach N, Hildebrandt L. Explaining Customers's Witching Patterns to Brand Delisting ［J］. Journal of Retailing & Consumer Services, 2012, 19 (1): 1 – 10.

［116］ Wymer W. Deconstructing the Brand Nomological Network ［J］. International Review on Public & Nonprofit Marketing, 2012, 10 (1): 1 – 12.

［117］ Xie D, Heung V C S. The Effects of Brand Relationship Quality on Responses to Service Failure Zdravkovic S, Till B D. Enhancing Brand Image via Sponsorship ［J］. International Journal of Advertising, 2012, 31 (1): 113 – 132.

［118］ Zhou Z, Zhang Q, Su C, et al. How Do Brand Communities Generate Brand Relationships? Intermediate Mechanisms ［J］. Journal of Business Research, 2012, 65 (7): 890 – 895.

［119］ Özsomer A, Chattopadhyay A, Batra R, et al. A Global Brand Management Roadmap ［J］. International Journal of Research in Marketing, 2012, 29 (1): 1 – 4.

［120］ Şahin A, Zehir C, Kitapçı H. The Effects of Brand Experience and Service Quality on Repurchase Intention: The Role of Brand Relationship Quality ［J］. African Journal of Business Management, 2012, 6 (45): 801 – 20.

2013 年

［1］ Ahluwalia R. How Far Can a Brand Stretch? Understanding the Role of Self – Construal ［J］. Journal of Marketing Research, 2013, 45 (3): 337 – 350.

［2］ Ailawadi K L, Lehmann D R, Neslin S A. Revenue Premium as An Outcome Measure of Brand Equity ［J］. Journal of Marketing, 2013, 67 (4): 1 – 17.

［3］ Alam A, Arshad M U, Shabbir S A. Brand Credibility, Customer Loyalty and the Role of Religious Orientation ［J］. Asia Pacific Journal of Marketing & Logistics, 2013, 24 (4): 583 – 598.

［4］ Albert N, Merunka D, Valette – Florence P. Brand Passion: Antecedents and Consequences ［J］. Journal of Business Research, 2013, 66 (7): 904 – 909.

［5］ Alt M, Griggs S. Can A Brand be Cheeky? ［J］. Marketing Intelligence & Planning, 2013, 6 (4): 9 – 16.

［6］ Anisimova T, Mavondo F T. The Performance Implications of Company – Salesperson Corporate Brand Misalignment ［J］. European Journal of Marketing, 2013, 44 (44): 771 – 795.

［7］ Apelbaum E, Gerstner E, Naik P A. The Effects of Expert Quality Evaluations Versus Brand Name on Price Premiums ［J］. Journal of Product & Brand Management, 2013, 12 (3): 154 – 165.

［8］ Arai A, Yong J K, Kaplanidou K. Athlete Brand Image: Scale Development and Model Test ［J］. European Sport Management Quarterly, 2013, 13 (4): 383 – 403.

［9］ Aurand T W. Human Resource Management's Role in Internal Branding: An Opportunity for Cross – functional Brand Message Synergy ［J］. Journal of Product & Brand Management, 2013, 14 (3): 163 – 169.

［10］ Aurier P. Impacts of In – store Manufacturer Brand Expression on Perceived Value, Relationship Quality and Attitudinal Loyalty ［J］. International Journal of Retail & Distribution Management, 2013, 39 (11): 810 – 835.

［11］ Baca E E, Jr J H, Stratemeyer A W. Direct – to – Consumer Advertising and Young Consumers: Building Brand Value ［J］. Journal of Consumer Marketing, 2013, 22 (7): 379 – 387.

［12］ Baumgarth C. "Living the Brand": Brand Orientation in the Business – to – Business Sector ［J］. European Journal of Marketing, 2013, 44 (5): 653 – 671.

［13］ Becerra E P, Badrinarayanan V. The Influence of Brand Trust and Brand Identification on Brand Evangelism ［J］. Journal of Product & Brand Management, 2013, 22 (5/6): 371 – 383.

［14］ Becker C. From Brand Vision to Brand Evaluation： The Strategic Process of Growing and Strengthening Brands［J］. Journal of Brand Management, 2013, 18 (4－5)： 303－304.

［15］ Betts P. Brand Development［J］. Marketing Intelligence & Planning, 2013.

［16］ Blackett T. Researching Brand Names［J］. Marketing Intelligence & Planning, 2013, 6 (3)： 5－8.

［17］ Blombäck A, Brunninge O. The Dual Opening to Brand Heritage in Family Businesses［J］. Corporate Communications An International Journal, 2013, 18 (18)： 327－346 (20).

［18］ Blombäck A, Scandelius C. Corporate Heritage in CSR Communication： A Means to Responsible Brand Image? ［J］. Corporate Communications An International Journal, 2013, 18 (3)： 362－382 (21).

［19］ Blumrodt J, Bryson D, Flanagan J. European Football Teams' CSR Engagement Impacts on Customer－based Brand Equity［J］. Journal of Consumer Marketing, 2013, 29： 482－493 (12).

［20］ Bodet G, Chanavat N. Building Global Football Brand Equity［J］. Unknown, 2013.

［21］ Boisvert J, Ashill N J. How Brand Innovativeness and Quality Impact Attitude toward New Service Line Extensions： The Moderating Role of Consumer Involvement［J］. Journal of Services Marketing, 2013, 25 (7)： 517－527.

［22］ Bregoli I. Effects of DMO Coordination on Destination Brand Identity： A Mixed－method Study on the City of Edinburgh［J］. Journal of Travel Research, 2013, 52 (2)： 212－224.

［23］ Bregoli I. Effects of DMO Coordination on Destination Brand Identity［J］. Unknown, 2013.

［24］ Bregoli I. Effects of DMO's Coordination on Destination Brand Identity： A Mixed Method Study on Edinburgh［J］. Journal of Travel Research, 2013, 52 (2)： 212－224.

［25］ Bristow D N, Sebastian R J. Holy Cow! Wait' til Next Year! A Closer Look at the Brand Loyalty of Chicago Cubs Baseball Fans［J］. Journal of Consumer Marketing, 2013, 18 (3)： 256－275.

［26］ Brown S, Ii C J S. Titanic： Consuming the Myths and Meanings of an Ambiguous Brand［J］. Journal of Consumer Research, 2013, 40 (4)： 595－614.

［27］ Broyles S A, Leingpibul T, Ross R H, et al. Brand Equity's Antecedent/Consequence Relationships in Cross－cultural Settings［J］. Journal of Product & Brand Management, 2013, 19 (3)： 159－169.

［28］ Budac C, Baltador L. The Value of Brand Equity［J］. Procedia Economics & Finance, 2013 (6)： 444－448.

［29］ Buil I, Chernatony L D, Martínez E. Examining the Role of Advertising and Sales

Promotions in Brand Equity Creation [J]. Journal of Business Research, 2013, 66 (1): 115 – 122.

[30] Buil I, Martínez E, Chernatony L D. The Influence of Brand Equity on Consumer Responses [J]. Journal of Consumer Marketing, 2013, 30 (1): 62 – 74.

[31] Chan K, Yu L N, Luk E K. Impact of Celebrity Endorsement in Advertising on Brand Image among Chinese Adolescents [J]. Young Consumers Insight & Ideas for Responsible Marketers, 2013, 14 (2): 167 – 179.

[32] Chapman R G. Brand Performance Comparatives [J]. Journal of Product & Brand Management, 2013, 2 (1): 42 – 50.

[33] Choong Lyong Ha. The Theory of Reasoned Action Applied to Brand Loyalty. Internet Research [J]. Journal of Product & Brand Management, 2013, 7 (1): 51 – 61.

[34] Dahlén M, Granlund A, Grenros M. The Consumer – perceived Value of Non – traditional Media: Effects of Brand Reputation, Appropriateness and Expense [J]. Journal of Consumer Marketing, 2013, 26 (3): 155 – 163.

[35] Danes J E, Hess J S, Story J W, et al. Brand Image Associations for Large Virtual Groups [J]. Qualitative Market Research, 2013, 13 (3): 309 – 323.

[36] Davies G, Chun R. Employee as Symbol: Stereotypical Age Effects on Corporate Brand Associations [J]. European Journal of Marketing, 2013, 46 (5): 663 – 683.

[37] Devlin J F, Mckechnie S. Consumer Perceptions of Brand Architecture in Financial Services [J]. European Journal of Marketing, 2013, 42 (5/6): 654 – 666.

[38] Dillon W R, Madden T J, Kirmani A, et al. Understanding What's in a Brand Rating: A Model for Assessing Brand and Attribute Effects and Their Relationship to Brand Equity [J]. Journal of Marketing Research, 2013, 38 (4): 415 – 429.

[39] Dwivedi A, Merrilees B. Brand Extension Feedback Effects: Towards A Mediated Framework [J]. Journal of Consumer Marketing, 2013, 30 (5): 450 – 461.

[40] Eagle L, Kitchen P J. IMC, Brand Communications, and Corporate Cultures [J]. European Journal of Marketing, 2013, 34 (56): 667 – 686.

[41] Eggers F, O' Dwyer M, Kraus S, et al. The Impact of Brand Authenticity on Brand Trust and SME Growth: A CEO Perspective [J]. Journal of World Business, 2013, 48 (3): 340 – 348.

[42] Ewing M T, Wagstaff P E, Powell I H. Brand Rivalry and Community Conflict [J]. Journal of Business Research, 2013, 66 (1): 4 – 12.

[43] Ewing M T. Brand and Retailer Loyalty: Past Behavior and Future Intentions [J]. Journal of Product & Brand Management, 2013, 9 (2): 120 – 127.

[44] Fang X, Gammoh B S, Voss K E. Building Brands through Brand Alliances: Combining Warranty Information With a Brand Ally [J]. Journal of Product & Brand Management,

2013，22（22）：153 – 160.

［45］Fernandez P. Valoracion de Marcas e Intangibles（Brand Valuation）［J］. Ssrn Electronic Journal，2013：77 – 116.

［46］Fetscherin M. The Determinants and Measurement of a Country Brand：The Country Brand Strength Index［J］. International Marketing Review，2013，27（4）：466 – 479.

［47］Fountain J，Fish N，Charters S. Making A Connection：Tasting Rooms and Brand Loyalty［J］. International Journal of Wine Business Research，2013，20（1）：8 – 21.

［48］Ghosh A K，Chakraborty G，Ghosh D B. Improving Brand Performance by Altering Consumers' Brand Uncertainty［J］. Journal of Product & Brand Management，2013，4（5）：14 – 20.

［49］Glynn M S，Chen S. Consumer – factors Moderating Private Label Brand Success：Further Empirical Results［J］. International Journal of Retail & Distribution Management，2013，37（11）：896 – 914.

［50］Ha C L. The Theory of Reasoned Action Applied to Brand Loyalty［J］. Journal of Product & Brand Management，2013，7（1）：51 – 61.

［51］Ha H，Janda S，Park S. Role of Satisfaction in an Integrative Model of Brand Loyalty ［J］. International Marketing Review，2013，26（2）：198 – 220.

［52］Hameed F. The Effect of Advertising Spending on Brand Loyalty Mediated by Store Image，Perceived Quality and Customer Satisfaction：A Case of Hypermarkets［J］. Asian Journal of Business Management，2013，5（1）.

［53］Hamerman E J，Johar G V. Conditioned Superstition：Desire for Control and Consumer Brand Preferences［J］. Journal of Consumer Research，2013，40（3）：428 – 443.

［54］Han Y J，Nunes J C，Drèze X. Signaling Status With Luxury Goods：The Role of Brand Prominence［J］. Journal of Marketing，2013，74（4）：1547 – 7185.

［55］Hayes J B，Alford B L，Silver L，et al. Looks Matter in Developing Consumer – brand Relationships［J］. Journal of Product & Brand Management，2013，15（5）：306 – 315.

［56］Hennigthurau T，Houston M B，Heitjans T. Conceptualizing and Measuring the Monetary Value of Brand Extensions：The Case of Motion Pictures［J］. Journal of Marketing，2013，73（6）：167 – 183.

［57］Hoeffler S，Keller K L. AMA Journals – Building Brand Equity through Corporate Societal Marketing［J］. Journal of Public Policy & Marketing，2013.

［58］Hofstede A. Projective Techniques for Brand Image Research［J］. Qualitative Market Research，2013，10（3）：300 – 309.

［59］Hudson B T. Brand Heritage and the Renaissance of Cunard［J］. European Journal of Marketing，2013，45（45）：1538 – 1556.

〔60〕 Hyun SungHyup〔Hyun, S. H. S.〕, Han H S. A Model of a Patron's Innovativeness Formation Toward A Chain Restaurant Brand〔J〕. International Journal of Contemporary Hospitality Management, 2013, 24（2）: 175 – 199（25）.

〔61〕 Iglesias O, Ind N, Alfaro M. The Organic View of the Brand: A Brand Value Co – creation Model〔J〕. Journal of Brand Management, 2013, 20（8）: 670 – 688.

〔62〕 Ingenhoff D, Fuhrer T. Positioning and Differentiation by Using Brand Personality Attributes〔J〕. Corporate Communications An International Journal, 2013, 15（1）: 83 – 101（19）.

〔63〕 Jalilvand M R, Samiei N. The Effect of Electronic Word of Mouth on Brand Image and Purchase Intention〔J〕. 2013.

〔64〕 James D. Guilty through Association: Brand Association Transfer to Brand Alliances〔J〕. Journal of Consumer Marketing, 2013, 22（22）: 14 – 24.

〔65〕 Jensen M, Drozdenko R. The Changing Price of Brand Loyalty under Perceived Time Pressure〔J〕. Journal of Product & Brand Management, 2013, 17（2）: 115 – 120.

〔66〕 Jiang P. The Role of Brand Name in Customization Decisions: A Search Vs. Experience Perspective〔J〕. Journal of Product & Brand Management, 2013, 13（2）: 73 – 83.

〔67〕 Jin B, Yong G S. Integrating Effect of Consumer Perception Factors in Predicting Private Brand Purchase in a Korean Discount Store Context〔J〕. Journal of Consumer Marketing, 2013, 22（2）: 62 – 71.

〔68〕 Jin K L, Lee B K, Lee W N. Country – of – origin Fit's Effect on Consumer Product Evaluation in Cross – border Strategic Brand Alliance〔J〕. Journal of Business Research, 2013, 66（3）: 354 – 363.

〔69〕 Jordá – Albiñana B, Ampuero – Canellas O, Vila N, et al. Brand Identity Documentation: A Cross – national Examination of Identity Standards Manuals〔J〕. International Marketing Review, 2013, 26（26）: 172 – 197.

〔70〕 Katsanis L P. The Ideology of Political Correctness and Its Effect on Brand Strategy〔J〕. Journal of Product & Brand Management, 2013, 3（2）: 5 – 14.

〔71〕 Keng K A, Uncles M, Ehrenberg A, et al. Competitive Brand – choice and Store – choice among Japanese Consumers〔J〕. Journal of Product & Brand Management, 2013, 7（6）: 481 – 494.

〔72〕 Kim C K. Brand Popularity and Country Image in Global Competition: Managerial Implications〔J〕. Journal of Product & Brand Management, 2013, 4（5）: 21 – 33.

〔73〕 Kim H. Examination of Brand Personality and Brand Attitude within the Apparel Product Category〔J〕. Journal of Fashion Marketing & Management, 2013, 4（3）: 243 – 252.

〔74〕 Kim S Y, Lehto X Y. Projected and Perceived Destination Brand Personalities: The Case of South Korea〔J〕. Journal of Travel Research, 2013, 52（1）: 117 – 130.

[75] King C, Grace D, Weaven S. Developing Brand Champions: A Franchisee Perspective [J]. Journal of Marketing Management, 2013, 29 (11): 1308-1336.

[76] King C, Grace D. Exploring Managers' Perspectives of the Impact of Brand Management Strategies on Employee Roles within A Service Firm [J]. Journal of Services Marketing, 2013, 20 (6): 115-123.

[77] Kirk C P, Ray I, Wilson B. The Impact of Brand Value on Firm Valuation: The Moderating Influence of Firm Type [J]. Journal of Brand Management, 2013, 20 (6): 488-500.

[78] Kotler P, Pfoertsch W. Being Known or Being One of Many: The Need for Brand Management for Business - to - Business (B2B) Companies [J]. Journal of Business & Industrial Marketing, 2013, 22 (6): 357-362.

[79] Kremer F, Viot C. How Store Brands Build Retailer Brand Image [J]. International Journal of Retail & Distribution Management, 2013, 40 (7): 528-543 (16).

[80] Kuo Y F, Feng L H. Relationships among Community Interaction Characteristics, Perceived Benefits, Community Commitment, and Oppositional Brand Loyalty in Online Brand Communities [J]. International Journal of Information Management, 2013, 33 (6): 948-962.

[81] Lange F. Let's be Strange: Brand Familiarity and Ad - brand Incongruency [J]. Journal of Product & Brand Management, 2013, 12 (7): 449-461.

[82] Lehmann D R, Keller K L, Farley J U. The Structure of Survey - based Brand Metrics [J]. Journal of International Marketing, 2013, 16 (4): 29-56.

[83] Liberali G, Urban G L, Hauser J R. Competitive Information, Trust, Brand Consideration and Sales: Two Field Experiments [J]. International Journal of Research in Marketing, 2013, 30 (2): 101-113.

[84] Littel S, Orth U R. Effects of Package Visuals and Haptics on Brand Evaluations [J]. European Journal of Marketing, 2013, 47 (1-2): 198-217 (20).

[85] Lourenço C J S, Gijsbrechts E. The Impact of National Brand Introductions on Hard - Discounter Image and Share - of - Wallet [J]. International Journal of Research in Marketing, 2013, 30 (4): 368-382.

[86] Lundqvist A, Liljander V, Gummerus J, et al. The Impact of Storytelling on the Consumer Brand Experience: The Case of a Firm - originated Story [J]. Journal of Brand Management, 2013, 20 (4): 283-297.

[87] Mackay M M. Evaluation of Brand Equity Measures: Further Empirical Results [J]. Journal of Product & Brand Management, 2013, 10 (1): 38-51.

[88] Maehle N, Shneor R. On Congruence between Brand and Human Personalities [J]. Journal of Product & Brand Management, 2013, 19 (1): 44-53 (10).

［89］ Marzocchi G，Morandin G，Bergami M. Brand Communities：Loyal to the Community or the Brand？［J］. European Journal of Marketing，2013，47（47）：93 – 114.

［90］ Maskulka J M. Place – based Marketing Strategies，Brand Equity and Vineyard Valuation［J］. Journal of Product & Brand Management，2013，7（5）：379 – 399.

［91］ Medina J F，Duffy M F. Standardization vs. Globalization：A New Perspective of Brand Strategies［J］. Journal of Product & Brand Management，2013，7（3）：223 – 243.

［92］ Medway D，Warnaby G. Alternative Perspectives on Marketing and the Place Brand ［J］. European Journal of Marketing，2013，42（42）：641 – 653.

［93］ Mitchell R，Hutchinson K，Bishop S. Interpretation of the Retail Brand：An SME Perspective［J］. International Journal of Retail & Distribution Management，2013，40（2）：157 – 175.

［94］ Mizik N，Jacobson R. The Financial Value Impact of Perceptual Brand Attributes ［J］. Journal of Marketing Research，2013，45（1）：15 – 32.

［95］ Morgan – Thomas A，Veloutsou C. Beyond Technology Acceptance：Brand Relationships and Online Brand Experience［J］. Journal of Business Research，2013，66（1）：21 – 27.

［96］ Morhart F M，Herzog W，Tomczak T. Brand – specific Leadership：Turning Employees into Brand Champions［J］. Journal of Marketing，2013，5（5）：122 – 142.

［97］ Müller B，Kocher B，Crettaz A. The Effects of Visual Rejuvenation through Brand Logos［J］. Journal of Business Research，2013，66（1）：82 – 88.

［98］ Nairn A，Griffin C，Wicks P G. Children's Use of Brand Symbolism［J］. European Journal of Marketing，2013，42（5 – 6）：627 – 640.

［99］ Namkung Y，Jang S C. Effects of Restaurant Green Practices on Brand Equity Formation：Do Green Practices Really Matter？［J］. International Journal of Hospitality Management，2013，33（3）：85 – 95.

［100］ Nysveen H，Pedersen P E，Skard S. Brand Experiences in Service Organizations：Exploring the Individual Effects of Brand Experience Dimensions［J］. Journal of Brand Management，2013，20（5）：404 – 423.

［101］ Ohe Y，Kurihara S. Evaluating the Complementary Relationship between Local Brand Farm Products and Rural Tourism：Evidence from Japan［J］. Tourism Management，2013，35（4）：278 – 283.

［102］ Orth U R，Malkewitz K. Holistic Package Design and Consumer Brand Impressions ［J］. Journal of Marketing，2013，72（3）：64 – 81.

［103］ Park C W，Eisingerich A B，Pol G，et al. The Role of Brand Logos in Firm Performance［J］. Journal of Business Research，2013，66（2）：180 – 187.

［104］ Park C W，Macinnis D J，Priester J，et al. Brand Attachment and Brand Attitude

Strength：Conceptual and Empirical Differentiation of Two Critical Brand Equity Drivers［J］.
Journal of Marketing，2013，74（6）：1-17.

［105］Parker B T. A Comparison of Brand Personality and Brand User - Imagery Congruence［J］. Journal of Consumer Marketing，2013，26（3）：175-184（10）.

［106］Parkvithee N，Miranda M J. The Interaction Effect of Country - of - Origin，Brand Equity and Purchase Involvement on Consumer Purchase Intentions of Clothing Labels［J］. Asia Pacific Journal of Marketing & Logistics，2013，24（1）：7-22.

［107］Pham M T，Geuens M，Pelsmacker P D. The Influence of Ad - evoked Feelings on Brand Evaluations：Empirical Generalizations From Consumer Responses to More than 1000 TV Commercials［J］. International Journal of Research in Marketing，2013，Forthcoming（4）：383-394.

［108］Phipps M，Brace - Govan J，Jevons C. The Duality of Political Brand Equity［J］. European Journal of Marketing，2013，44（3/4）：496-514.

［109］Pike S，Bianchi C，Kerr G，et al. Consumer - based Brand Equity for Australia as A Long - haul Tourism Destination in an Emerging Market［J］. International Marketing Review，2013，27（4）：434-449.

［110］Pina J M，Riley F D，Lomax W. Generalizing Spillover Effects of Goods and Service Brand Extensions：A Meta - analysis Approach［J］. Journal of Business Research，2013，66（9）：1411-1419.

［111］Podoshen J S. Word of Mouth，Brand Loyalty，Acculturation and the American Jewish Consumer［J］. Journal of Consumer Marketing，2013，23（5）：266-282（17）.

［112］Polonsky M J，Jevons C. Understanding Issue Complexity When Building A Socially Responsible Brand［J］. European Business Review，2013，18（5）：340-349.

［113］Puth G，Mostert P，Ewing M. Consumer Perceptions of Mentioned Product and Brand Attributes in Magazine Advertising［J］. Journal of Product & Brand Management，2013，8（8）：38-50.

［114］Puzakova M，Kwak H，Rocereto J F. When Humanizing Brands Goes Wrong：The Detrimental Effect of Brand Anthropomorphization amid Product Wrongdoings［J］. Journal of Marketing，2013，77（3）：81-100.

［115］Quester P，Farrelly F. Brand Association and Memory Decay Effects of Sponsorship［J］. Journal of Product & Brand Management，2013，7（7）：539-556.

［116］Raffelt U，Schmitt B，Meyer A. Marketing Function and Form：How Functionalist and Experiential Architectures Affect Corporate Brand Personality［J］. International Journal of Research in Marketing，2013，30（3）：201-210.

［117］Richardson P S. Are Store Brands Perceived to be Just Another Brand？［J］. Journal of Product & Brand Management，2013，6（6）：388-404.

[118] Roehm M L, Tybout A M. When Will a Brand Scandal Spill Over, and How Should Competitors Respond? [J]. Journal of Marketing Research, 2013, 43 (3): 366 – 373.

[119] Romaniuk J, Nenycz – Thiel M. Behavioral Brand Loyalty and Consumer Brand Associations [J]. Journal of Business Research, 2013, 66 (1): 67 – 72.

[120] Ruane L, Wallace E. Generation Y Females Online: Insights From Brand Narratives [J]. Qualitative Market Research, 2013, 16 (3): 315 – 335.

[121] Rundle – Thiele S, Bennett R. A Brand for All Seasons? A Discussion of Brand Loyalty Approaches and Their Applicability for Different Markets [J]. Journal of Product & Brand Management, 2013, 10 (1): 25 – 37.

[122] Santos – Vijande M L, Río – Lanza A B D, Suárez – Álvarez L, et al. The Brand Management System and Service Firm Competitiveness [J]. Journal of Business Research, 2013, 66 (2): 148 – 157.

[123] Shukla P. Conspicuous Consumption among Middle Age Consumers: Psychological and Brand Antecedents [J]. Journal of Product & Brand Management, 2013, 17 (1): 25 – 36.

[124] Simeon R. A Conceptual Model Linking Brand Building Strategies and Japanese Popular Culture [J]. Marketing Intelligence & Planning, 2013, 24 (5): 463 – 476.

[125] Simmons G, Thomas B, Truong Y. Managing I – Branding to Create Brand Equity [J]. European Journal of Marketing, 2013, 44 (9/10): 1260 – 1285.

[126] Sinha I. The Impact of Culture on Brand Perceptions: A Six – nation Study [J]. Journal of Product & Brand Management, 2013.

[127] So K K F, King C, Sparks B A, et al. The Influence of Customer Brand Identification on Hotel Brand Evaluation and Loyalty Development [J]. International Journal of Hospitality Management, 2013, 34 (6): 31 – 41.

[128] Spiggle S, Caravella M. More than Fit: Brand Extension Authenticity [J]. Journal of Marketing Research, 2013, 49 (6): 967 – 983.

[129] Stokburger – Sauer N E, Teichmann K. Is Luxury Just a Female Thing? The Role of Gender in Luxury Brand Consumption [J]. Journal of Business Research, 2013, 66 (7): 889 – 896.

[130] Story J, Hess J. Segmenting Customer – brand Relations: Beyond the Personal Relationship Metaphor [J]. Journal of Consumer Marketing, 2013, 23 (7): 406 – 413.

[131] Sweetin V H, Knowles L L, Summey J H, et al. Willingness – to – punish the Corporate Brand For Corporate Social Irresponsibility [J]. Journal of Business Research, 2013, 66 (10): 1822 – 1830.

[132] Swoboda B, Haelsig F, Schramm – Klein H, et al. Moderating Role of Involvement in Building A Retail Brand [J]. International Journal of Retail & Distribution Management,

2013, 37 (11): 952－974.

［133］Terence A. Shimp. Attitude Toward the AD As a Mediator of Consumer Brand Choice ［J］. Journal of Advertising, 2013, 10 (2): 9－48.

［134］Thomas M J. Celebrity Endorsement, Brand Credibility and Brand Equity ［J］. 2013.

［135］Thorbjørnsen H. Brand Extensions: Brand Concept Congruency and Feedback Effects Revisited ［J］. Journal of Product & Brand Management, 2013, 14 (4): 250－257 (8).

［136］Tifferet S, Herstein R. Gender Differences in Brand Commitment, Impulse Buying, and Hedonic Consumption ［J］. Journal of Product & Brand Management, 2013, 21 (3): 176－182.

［137］Torres－Moraga E, Vásquez－Parraga A Z, Zamora－González J. Customer Satisfaction and Loyalty: Start with the Product, Culminate with the Brand ［J］. Journal of Consumer Marketing, 2013, 25 (5): 302－313.

［138］Traylor M B. Ego Involvement and Brand Commitment: Not Necessarily The Same ［J］. Journal of Consumer Marketing, 2013, 1 (2): 75－79.

［139］Trueman M, Cornelius N, Wallace J. Building Brand Value Online: Exploring Relationships Between Company and City Brands ［J］. European Journal of Marketing, 2013, 46 (7/8): 1013－1031.

［140］Tsai H, Lo A, Cheung C. Measuring Customer－based Casino Brand Equity and Its Consequences ［J］. Journal of Travel & Tourism Marketing, 2013, 30 (8): 806－824.

［141］Urška Tuškej, Urša Golob, Klement Podnar. The Role of Consumer－brand Identification in Building Brand Relationships ［J］. Journal of Business Research, 2013, 66 (1): 53－59.

［142］Wang H, Wei Y, Yu C. Global Brand Equity Model: Combining Customer－based With Product－market Outcome Approaches ［J］. Journal of Product & Brand Management, 2013, 17 (17): 305－316.

［143］White R C, Josephmathews S, Voorhees C M. The Effects of Service on Multichannel Retailers' Brand Equity ［J］. Journal of Services Marketing, 2013, 27 (4): 259－270.

［144］Wilcox J B, Laverie D A, Kolyesnikova N, et al. Facets of Brand Equity and Brand Survival: A Longitudinal Examination ［J］. International Journal of Wine Business Research, 2013, 20 (3): 202－214.

［145］Wilson J A J, Hollensen S. Saipa Group, Lran－using Strategic Brand Extensions to Build Relationships ［J］. Journal of Islamic Marketing, 2013, 1 (2): 177－188.

［146］Wirtz J, Ambtman A D, Bloemer J, et al. Managing Brands and Customer Engagement in Online Brand Communities ［J］. Journal of Service Management, 2013, 24 (3):

223 – 244.

[147] Woisetschläger D M, Michaelis M. Sponsorship Congruence and Brand Image [J]. European Journal of Marketing, 2013, 46 (3/4): 509 – 523.

[148] Wright L T, Nancarrow C. Researching International "Brand Equity": A Case Study [J]. International Marketing Review, 2013, 16 (16): 417 – 431.

[149] Wu C, Yen Y. How The Strength of Parent Brand Associations Influence the Interaction Effects of Brand Breadth and Product Similarity With Brand Extension Evaluations [J]. Journal of Product & Brand Management, 2013, 16 (5): 334 – 341.

[150] Wu G. Country Image, Informational Influence, Collectivism/Individualism, and Brand Loyalty: Exploring the Automobile Purchase Patterns of Chinese Americans [J]. Journal of Consumer Marketing, 2013, 28 (3): 169 – 177.

[151] Xue F. The Moderating Effects of Product Involvement on Situational Brand Choice [J]. Journal of Consumer Marketing, 2013, 25 (2): 85 – 94.

[152] Yoo B, Donthu N. Testing Cross – cultural Invariance of the Brand Equity Creation Process [J]. Journal of Product & Brand Management, 2013, 11 (11): 380 – 398.

[153] Özsomer A, Altaras S. Global Brand Purchase Likelihood: A Critical Synthesis and An Integrated Conceptual Framework [J]. Journal of International Marketing, 2013, 16 (4): 1 – 28.

[154] Özsomer A. The Interplay between Global and Local Brands: A Closer Look at Perceived Brand Globalness and Local Iconness [J]. Journal of International Marketing, 2013, 20 (2): 72 – 95.

后　记

一部著作的完成需要许多人的默默奉献，闪耀着的是集体的智慧，其中铭刻着许多艰辛的付出，凝结着许多辛勤的劳动和汗水。

本书在编写过程中，借鉴和参考了大量的文献和作品，从中得到了不少启悟，也汲取了其中的智慧菁华，谨向各位专家、学者表示崇高的敬意——因为有了大家的努力，才有了本书的诞生。凡被本书选用的材料，我们都将按相关规定向原作者支付稿酬，但因为有的作者通信地址不详或者变更，尚未取得联系。敬请您见到本书后及时函告您的详细信息，我们会尽快办理相关事宜。

由于编写时间仓促以及编者水平有限，书中不足之处在所难免，诚请广大读者指正，特驰惠意。